낚시춘추 '실전 낚시' 시리즈 ④

월척 쉽게 낚는 책

초고속 월척 사냥술

서찬수의 갓낚시

허만갑 지음

예조원

'초고속 월척 사냥술'

갓낚시의

큰사진 신록이 눈부신 5월의 수면에 세상 시름 다 녹아 스러집니다. 경남 함안군 칠원면 장암리 윗장동지.

◀월척을 낚아 들고 행복해 하는 낚시인들. 경남 합천군 삼가면 용흥리 설월지.

세계로 초대합니다

우리가 꿈꿔온 영혼의 안식처는 황금빛 월척이 노니는 맑은 물.

저수지의 주인은 붕어, 낚시인은 잠깐 머물다 가는 손님. 멋진 낚싯대를 자랑하지 마세요. 소리 없이… 흔적 없이… 어둔 밤에 살며시 찌를 던져야 우리가 그리는 월척을 만날 수 있어요.

1

2

3

4

월척의 꿈

이게 바로 갓낚시의 위력입니다.

기억하세요. 토종붕어는 새우를 잡아먹고 사는 육식어! 새우가 모여 있는 곳은 얕은 물가! 그래서 밤에는 깊은 곳보다 얕은 물가에 미끼를 던져야 깜짝 놀랄 월척이 걸려듭니다. 그렇게 얕은 물가를 노리는 것이 갓낚시입니다.

5

6

7

8

1 "몽땅 4짜예요." 경남 진주시 이반성면 지화지에서 잊지 못할 밤을 샌 갓낚시클럽 허송세월 회원들. 왼쪽부터 김정구, 서찬수, 김영현씨.

2 40cm 월척을 낚아 올리는 서찬수씨. 바로 이 사람이 갓낚시를 개발한 주인공입니다. 그런데 저 괴뢰군 모자는 어디서…? 경남 의령군 정곡면 죽전리 큰골지.

3 토종붕어. 세계에서 가장 잘 생긴 고기라는데 토 달 사람 없겠죠?

4 밤새워 고작 한 마리씩 낚았는데 뭐 저리 자랑스러운 표정이냐구요? 월척이니까요! 경남 진주시 이반성면 개암리 소아못에서 서찬수 · 유창호 · 박충기씨.

5 먼 거제도까지 찾아가서 4짜 월척을 낚아낸 서찬수씨와 울산 낚시인 최성규씨. 거제시 동부면 가배리 영북지.

6 살림망 속으로 살짝 비쳐도 한눈에 범상치 않은 붕어들! 가장 큰 놈이 42cm.

7 둑방에 출현한 생선장수들? 월척, 준척에 가물치까지 낚으며 손맛을 즐긴 울산 낚시인들입니다. 경남 진주시 일반성면 운천리 포실지.

8 이것도 모두 4짜입니다. 폭우 뒤 흙탕물로 변한 의령군 의령읍 서동리 우수골지에서 월척 벼락을 만난 허송세월의 서찬수, 김종호, 허만진씨(왼쪽부터).

갑시다! 에덴동산으로...

2

3

4

저 둑 너머 과연 어떤 수면이 펼쳐져 있을까요? 저 산 너머엔 또 어떤 저수지가 있을까요?

우리나라 땅덩어리가 좁다구요? 무슨 섭섭한 말씀. 큰 호수부터 작은 소류지까지 다 합치면 붕어가 우글대는 저수지가 3만8000개가 넘는답니다. 그러니, 어서 갑시다. 늙기 전에 붕어를 한 놈이라도 더 만나고 싶어, 마음이 급해요 급해!

1 염소들이 풀을 뜯는 제방을 올라가는 낚시인들. 초여름 햇살이 눈부십니다. 경남 거제시 하청면 칠천도 연구마을 위의 소류지. **2** 함안군 산인면 입곡리의 산 꼭대기에 '숨은 월척 못'이 있다는 말을 듣고 답사에 나선 허송세월 회원들. 길도 없는 계곡을 올라갔다가 마침내 저수지는 발견했지만 멧돼지에게 쫓겨 내려왔다는군요. **3** 낚싯대 펼쳐놓고 해 지기를 기다리며 한참 때리기. **4** 이게 뭔지 아십니까? 바로 멧돼지의 잠자리입니다. 산중 소류지 탐사에서 흔히 봅니다. **5** 오늘은 어디로 가볼까? 지도를 펼쳐놓고 고민에 빠진 서찬수씨(우). **6** 못가의 자두를 따먹기에 여념 없는 서찬수씨. 슬쩍 돌아보며 '주인 없는 야생자두' 라는군요. **7** 물가에 앉아서 포인트를 가늠하는 갓낚시클럽 허송세월 회원들. 경남 진주시 이반성면 용암리 용암소류지.

소쩍새 우는 계곡, 장사 붕어

사계절이 뚜렷한 우리나라는 철 따라 조행길에 꽃들도 만발합니다.
사계절이 있어 붕어낚시가 더 즐겁습니다.

▲경남 함안군 대산면 옥열리 옥열소류지 무넘기에서 밤에 낚은 월척 포획 장면을 아침에 재연하고 있군요. 오른쪽 제방 가장자리에서 걸었습니다.

▶이렇게 수초 없는 계곡지의 붕어는 오롯이 물가에서만 먹이 사냥을 합니다. 가장자리가 아니면 너무 깊어서 새우나 작은 물고기들이 살지 않기 때문이죠. 이런 곳이 갓낚시의 명당입니다. 60cm 미만의 얕은 수심을 노리면 해거름부터 바로 붕어를 낚을 수 있습니다. 함안군 함안면 대산리 도림소류지.

거친 계곡지에서 만난 월척 손맛 한번 끝내줍니다!

삶이 힘겹고 팍팍할 때, 참한 붕어 한 마리, 찌 시원하게 올려주는 낚시터가 그립지 않습니까?

갓낚시 입질 시간표

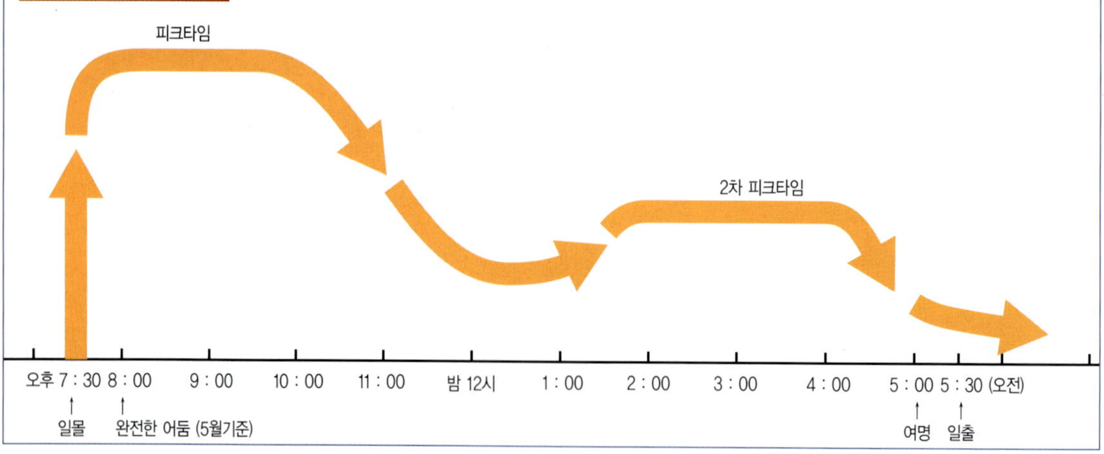

수심에 따른 월척 입질 시간대

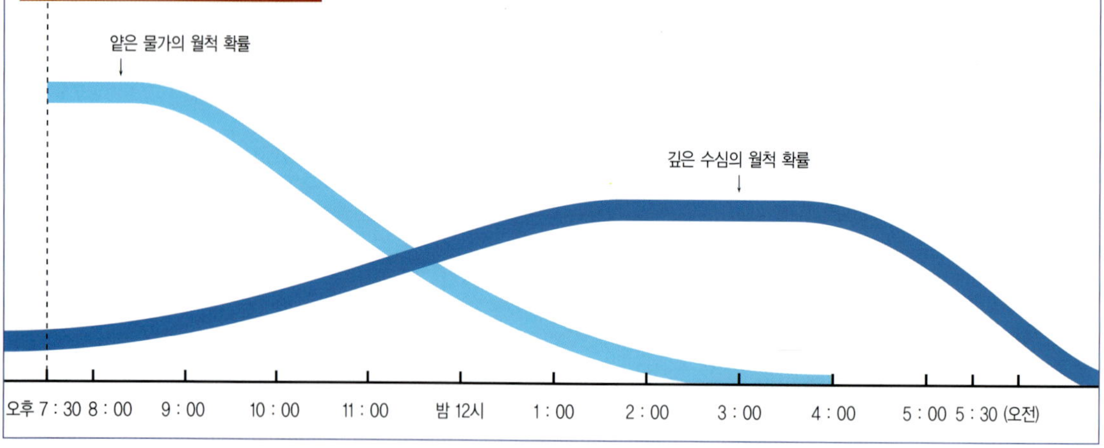

달의 변화와 밤낚시의 적기

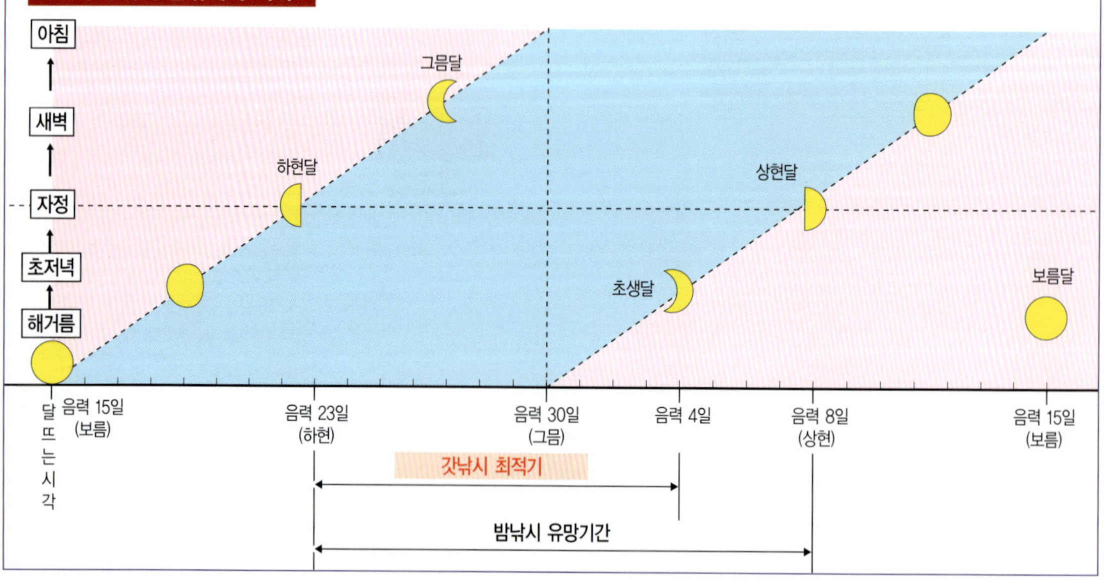

한사람 한사람의 환경보호로 지구환경은 개선된다
YGK YOZ-AMI
민물 대물 낚시의 중심엔-
YGK·요쯔아미 피싱라인이 있습니다.
고도의 낚시 기술로 4짜 대물붕어를
손쉽게 낚을수 도 있습니다.
포인트와 타이밍이 절묘하게
일치 되었을 때에도 낚을수가 있습니다.
남들과 같아선 낚을수 없는것이 4짜 대물낚시!
낚고 싶다면 치밀한 대물 낚시 전략을 세우십시오!
때로는 부드럽게- 때로는 강하게-
신 기술로 탄생한
YGK·요쯔아미 피싱라인과 함께 하십시오.
당신의 4짜 대물낚시 전략을
YGK·요쯔아미 피싱라인이 도와 드립니다.
신공법 복합 5층구조 100%후로로카본 목줄
FC 파라딕
지금까지 시도하지 않는 신공법 복합 5층구조 목줄 FC 파라딕! 제일 안쪽 내경에는 초경질 후로로카본 맨 바깥쪽에 내마모 후로로카본 표면수지 처리로 목줄의 단점을 보완하고 장점을더욱 되살린 100% 후로로카본으로 경이로운 목줄입니다. 굴절이 전혀 없는 평행권사로 더욱 품질이 향상된 목줄입니다.
●소재:후로로 카본100%
●칼라:투명 흰색
●길이:50m
●호수:0.8/1.0/1.2/1.5/1.75 2.0/2.5/3.0/4.0/5.0호
FC/PARADICK
초 고강력 후로로카본 100%목줄
FC TXT 울트라 하리스
최고품질의 후로로카본 100% 소재를 채택하여 결속 내구력을 향상시킨 DY가공 5층구조의 카본라인으로 단단하면서 강력한 고내구성을 갖추었고 흡수성 제로와 강력저하가 없으며 수중에서 투과도가 높아 미끼의 자연스러움과 조류 친화성이 뛰어나다. 매듭에서 강력이 약해지는 카본라인의 단점을 5층구조 시스템의 밸런스로 보완하여 카본 목줄 라인이 요구하는 성능을 모두 겸비한 최상의 후로로카본 100% 5층구조 목줄 입니다.
●소재:5층구조 후로로카본 100%
●칼라:투명흰색
●길이:50m
●호수:0.8/1.0/1.2/1.5 1.75/2.0/2.5/3.0/4.0/5.0호
신제품
멀티 시스템 카본 라인 100m
후로로카본 100%
수중에서 뛰어난강도를 유지할수 있도록 바다물과 자외선의 열화현상을 없앤 요쯔아미사의 후로로 카본 100%목줄. 후로로 카본의 딱딱함을 보완하고 강력하게 설계되어 미끼의 자연스러움을 배가 시켰습니다. 스페샬 후로로카본은 100m를 평행권사로 감아 라인의 퍼머 현상을 극소화 시켰으며 목줄의 소모가 많은 조사님들이 부담없이 사용할 수 있는 경제적인 100m카본 목줄입니다. 섬세한 릴찌 낚시부터 초대물용까지 여러장르에 사용할수 있습니다.
●소재:후로로 카본
●칼라:투명 흰색
●길이:100m
●호수:0.6/0.8/1/1.2/1.5 1.7/2/2.5/3/4/5/6/7/8/10 12/14/16/18/20호
フロロカーボン100%
슈퍼다이니마 100% PE 목줄
다이니마 하리스
슈퍼다이니마 100%를 사용하여 강력한 강도와 고내구성을 자랑하며 특수 UV코팅으로 물을 흡수하지 않고 라인이 힘이 있어 미끼 투척시 채비의 엉킴이 발생하지 않습니다. 저신도의 감도는 미세한 입질까지도 바로 감지하며 대물과의 힘겨루기에서 순간하중을 감소시켜 끈끈한 파워를 발휘합니다. 민물 내림 중층낚시에서 바닥용 낚시까지 사용가능한 PE 목줄라인.
●소재:슈퍼다이니마
●칼라:라이트 블루
●길이:12 m
●호수:0.4/0.6/0.8/1/1.2/1.5 2호
Dyneema
대물용 케브라
케브라
초 고강력 케브라 라인으로 대물과의 파워에도 손쉽게 제압하는 최고의 목줄채비용라인. 비중이 1.42의 고 비중으로 물속에서 빨리 안정되어 채비의 안정성이 탁월한 요쯔아미사의 케브라 라인이며, 각 호수마다 정확한 라인 굵기로 제조한 정규격 케브라 라인.
●소재:케브라
●칼라:브라운
●길이:10m
●호수:0.8/1/1.5/2/2.5/3/4/5 6/8/10/12/15/20호
신제품
일반케브라 보다 2배 강한 신소재
자이론-X
신세대 슈퍼섬유 자이론으로 낚시줄로는 일본YGK처음 가공에 성공하였고, 강도가 케브라의 2배이며 고강도, 고탄성, 저신도, 고내열성을 지닌 유기섬유의 최고봉이다. 대물낚시에 최적!
●소재:자이론
●칼라:검정
●길이:5m
●호수:0.8/1.5/3/4/6/8호
ザイロンX
헤라 전용 도사
헤라 격(激)
DMV 나일론 채용으로 늘어남이 적고 복원력이 뛰어나 층 벗어남이 없고 특수 친수 가공으로 침수가 빠르며 바람이나 물결의 영향을 덜받아 채비의 안정성을 유지 합니다. 계절이나 낚시방법을 가리지않고 중층내림낚시와 높은 사이즈는 바닥 올림 낚시용으로 어디에서나 사용 할수 있는 헤라 전용 도사입니다.
●소재:DMV 나일론
●칼라:그린 20Cm+검정10Cm 반복마크
●길이:50m
●호수:0.6/0.8/1.0/1.2/1.5/1.75/2.0/2.5/3.0호
신제품
민물 중층 낚시 전용 원줄
DMV 헤라 원줄
저신도, 저흡수성을 실현한 DMV시스템 나일론 헤라 전용줄. 수중에 장시간 있어도 늘어남이 없고 내마모성이 우수하며 주름이나 오그라 들지 않는 특성까지도 겸비하였다. 예정된 고기유영층을 벗어나는 것을 해소하는 획기적인 중층붕어원줄이다.
●소재:DMV나일론
●칼라:흰색
●길이:50 m
●호수:0.4/0.6/0.8/1/1.2/1.5/1.7/2호
민물 중층 낚시 전용 목줄
DMV 헤라 목줄
내마모성이 통상 나일론의 약 20배인 DMV나일론 100%를 사용하여 강력한 강도를 실현 하였으며 특수소프트 가공으로 부드럽고 친수성이 뛰어나 미끼 흡입시 탁월한 기능을 발휘한다. 특히 퍼머현상이나 늘어남이 없어 항상 채비의 안정성을 유지할 수 있는 중층 내림낚시 헤라 전용목줄.
●소재:DMV나일론
●칼라:투명 흰색
●길이:50 m
●호수:0.3/0.4/0.5/0.6/0.8/1호
IT'S DREAM FISHING
ARIM 아림
요쯔아미 한국총판
부산광역시 서구 토성동 4가 15-2 통신판매
TEL 051) 248-0848 / 248-1848 FAX 051) 248-6848
YGK YOZ-AMI

High Performance Carbon Rod.

Powerful & Flexible

I've Got Dream Fishing Rod

RYUYANG

신개념, 신기술이 탄생시킨

민물 대물 낚시대!

유양 "SL 조수"

SL 釣水

민물 대물 낚시대의 자부심 유양 SL 조수

대물 낚시 매니아가 원하는 감각, 대물 낚시 매니아가 원하는 기능, 대물 낚시 매니아가 원하는 개념의 유양 "SL 조수" 대물 전용 낚시대 대물 낚시의 필수조건인 파워와 강단이 있는 탄력성! 대물과의 한판승부에 적합한 질기고 강한 허리힘! 최고 대물 낚시 매니아를 만족 시켜 줄 신 감각, 신 기능의 대물 전용 낚시대 유양 "SL 조수"!

유양의 신 기술 파워와 자부심이 "SL 조수"에 담겨 있습니다

● SL 조수

제품명	품번	편길이(m)	마디수	접은길이(Cm)	표준무게(g)	선경(m)	원경(mm)	재질(%)
SL 조수	16	2.9	5	74	49	0.7	16.5	카본 99
	18	3.2	5	84	58	0.7	16.5	카본 99
	20	3.6	6	80	55	0.7	17	카본 99
	22	3.9	6	84	59	0.7	17	카본 99
	24	4.3	7	80	74	0.7	18	카본 99
	26	4.6	7	84	80	0.7	18	카본 99
	28	5.0	8	80	93	0.7	19	카본 99
	30	5.4	8	84	100	0.7	19	카본 99
	32	5.7	9	80	123	0.7	20	카본 99
	34	6.0	9	84	131	0.7	20	카본 99
	36	6.1	10	80	154	0.7	21	카본 99
	38	6.8	10	84	169	0.7	21.5	카본 99
	40	7.1	11	80	192	0.7	22	카본 99
	42	7.5	11	84	213	0.7	23	카본 99
	44	7.8	12	80	247	0.7	23	카본 99
	46	8.2	12	84	268	0.7	25	카본 99
	48	8.4	13	80	301	0.7	25	카본 99
	50	9.0	13	84	334	0.7	27	카본 99

Special! 水雲棒 SL

발상의 전환이 새롭다. 가볍고 탄력성이 뛰어난 새로운 민물낚시대 "수운봉 SL"을 자신있게 선보입니다!

카본 낚시대의 강도와 무게, 고탄성을 잘 살려 내는것은 카본시트 입니다. 카본시트의 특성을 최대한 살려내는 기술력이 낚시대의 특•장점이 다르게 나타내어 집니다. 유양의 앞선 기술력으로 카본시트 본연의 특징을 최대한 살려낸 제로 시스템 공법과 발상의 전환이 무게와 강도의 발란스가 절묘한 저중량의 강인한 낚시대 수운봉 SL"을 탄생 시켰습니다. 최상의 손맛을 나타내는 민물낚시대! 2.8칸 86g의 자신감 –

유양 "수운봉 SL"을 선보입니다.

● 수운봉 SL

제품명	품번	편길이(m)	마디수	접은길이(cm)	표준무게(g)	선경(m)	원경(mm)	재질(%)
수운봉 SL	20	3.6	6	80	53	0.7	17	카본 99
	22	3.9	6	84	59	0.7	17.5	카본 99
	24	4.3	7	80	68	0.7	18	카본 99
	26	4.6	7	84	76	0.7	18.5	카본 99
	28	5.0	8	80	86	0.7	19	카본 99
	30	5.4	8	84	96	0.7	19.5	카본 99
	32	5.7	9	80	110	0.7	20	카본 99
	34	6.1	9	84	122	0.7	20.5	카본 99
	36	6.4	10	80	142	0.7	21	카본 99
	38	6.8	10	84	153	0.7	21.5	카본 99
	40	7.1	11	80	170	0.7	22	카본 99
	42	7.5	11	84	190	0.7	22.5	카본 99
	44	7.8	12	80	211	0.7	23	카본 99
	46	8.2	12	84	237	0.7	24	카본 99
	48	8.4	13	80	268	0.7	25	카본 99
	50	9.0	13	84	295	0.7	26	카본 99

● 水雲棒(수운봉)SL-三十二

湖沼 GOLD

기능과 품질은 프리미엄급! 가격은 최저급!

초봄 산란기 수초속에 움추리리고 있는 8치급 붕어든, 얕은 수심에 빼곡히 들어찬 수초대든, 독립수초대든, 중류권 맨바닥 포인트 든 어떤장소 라도 좋습니다. 신제품 유양 "호소 골드"가 생각하신 대물을 낚도록 해결 해 드리겠습니다. 기능과 품질은 프리미엄급! 가격은 최저급! 2007년 유양이 선보이는 "호소골드"로 새봄 대물붕어낚시에 도전 해 보십시오.

● 湖沼(호소)골드

제품명	품번	편길이(m)	마디수	접은길이(cm)	표준무게(g)	선경(m)	원경(mm)	재질(%)
호소 골드	20	3.6	6	80	59	0.7	17.5	카본 99
	22	3.9	6	84	61	0.7	18	카본 99
	24	4.3	7	80	79	0.7	18.5	카본 99
	26	4.6	7	84	85	0.7	19	카본 99
	28	5.0	8	80	102	0.7	19.5	카본 99
	30	5.4	8	84	111	0.7	20.5	카본 99
	32	5.7	9	80	131	0.7	21	카본 99
	34	6.1	9	84	147	0.7	22	카본 99
	36	6.4	10	80	169	0.7	22.5	카본 99
	38	6.8	10	84	188	0.7	24	카본 99
	40	7.1	11	80	213	0.7	24	카본 99
	42	7.5	11	84	234	0.7	25.5	카본 99
	44	7.8	12	80	264	0.7	27	카본 99
	46	8.2	12	84	291	0.7	27.5	카본 99
	48	8.4	13	80	325	0.7	28	카본 99
	50	9.0	13	84	353	0.7	29.5	카본 99

● 호소골드-三十二

I've Got Dream Fishing Rod
RYUYANG
www.ryuyang.co.kr
대구광역시 북구 노원동 3가 683-2번지
053-356-5605 FAX:053-352-1656
683-2,Noweon 3-ga,Buk-gu,Daegu,south, korea
053-356-5605 FAX:053-352-1656

強한 민물대는 질긴 성질의
대물용 민물장대를 말합니다.

621-841. 경남 김해시 주촌면 천곡리 917-3 (055) 329-2300 FAX. (055) 329-0352
917-3, Chungok-Ri, Juchon-Myun,Gimhae-City, Gyeong-Nam, Korea
TONIC
HAEMOSU SL
Fishing With Human & Nature.

대물 낚시의 필수품!
흔들어주지 않아도
밝기가 오래 지속된다.
• 낮에도 꺾어서 사용하면 밝기가 뛰어나 주간케미로 사용가능하고, 밤에도 무게차이 없이 사용할 수 있습니다.
FiKO
라이트
"피코"는 fising korea의
약자로 국산 토종 브랜드 입니다.
젤 타입
국내 토종기술로
日本 시장 진출!
액상 케미와
분말 케미의
장점을 모아만든
첨단기술 집약체
젤 방울형
젤 일반형
젤 미니방울형
젤 미니일반형
ESSE SPORTS
에세스포츠
중부총판 인영낚시 02-844-7447
남부총판 대우낚시 053-552-1046
서울·경기영업소 / 경기북부영업소
강 원 영 업 소 / 충남·충북영업소
전남 · 전북영업소 / 광 주 영 업 소
대구 · 경북영업소 / 부산 · 경남영업소

낚시춘추 **'실전 낚시' 시리즈④**

월척 쉽게 낚는 책

초고속 월척 사냥술
서찬수의 갓낚시

허만갑 지음

예조원

머 리 말

나는 스물여섯 살 되던 해인 1992년에 「낚시춘추」에 입사했다. 그리고 96년에 「월간낚시」로 이적했다가 2006년 4월에 다시 「낚시춘추」로 돌아왔다. 2005년에 「주간조선」의 기자로 1년 남짓 일한 시간을 빼고는 15년 동안 오로지 낚시기자로만 일해 온 셈이다. 그동안 나는 전국의 낚시 현장을 누비면서 수많은 낚시천재들을 만나 그들의 낚시를 보고 배울 수 있었다. 낚시인으로서는 더없는 호사를 누린 셈이다.

그 낚시여정에서 가장 큰 행운이라면 서찬수씨와 그의 갓낚시를 만난 것이다. 갓낚시를 알고 나는 붕어낚시의 즐거움을 다시 알았다. 나는 '서찬수의 갓낚시'를 정리하고 이론화하면서 나 자신이 갓낚시의 가장 열렬한 애호가가 되었다.

갓낚시는 2001년 봄에 「월간낚시」를 통해 처음 소개된 후 전국적 센세이션을 불러일으켰고, 그 후 「낚시춘추」와 FTV, FS-TV, 각종 낚시인터넷 사이트 등 여러 경로로 전파되어 붕어낚시인이라면 한번쯤은 그 이름을 들어보았을 정도로 유명해졌다. 그러나 아직 갓낚시가 무엇인지 제대로 이해하는 낚시인은 많지 않다. 갓낚시는 일반 낚시의 시각으로 보면 '도저히 이해되지 않는 기법' 일 만큼 독특하고 생경하기 때문이다.

그러나 갓낚시는 모든 붕어낚시인의 꿈이라 할 수 있는 월척을 정말 쉽고 빠르게 낚아낼 수 있는 방법이다.

이 책의 내용은 내가 「월간낚시」 기자로 있던 2001년부터 2004년까지 썼던 갓낚시 관련 기사를 골격으로 삼아 다시 살을 붙이고 다듬은 것이다. '그동안 낱낱으로 소개된 갓낚시 기법을 한 권의 책으로 정리하자' 는 주변 낚시인들의 권유에 따라 출간하게 되었다.

이 글의 모티브는 물론 그 속에 담긴 아이디어들은 대부분 서찬수씨의 경험과 놀라운 관찰력에서 나온 것이다.

나는 서찬수씨를 99년 봄에 만나 8년 넘게 함께 낚시했다. 물을 찾아 산과 들을 함께 누비며 추위에 떨고 폭염에 늪고 물에 빠지기도 하고 멧돼지에게 쫓기기도 했다. 그리고 우리는 밤마다 붕어에 대해 이야기했고 실로 엄청난 양의 월척을 낚았다. 이 글은 그 탐험에 대한 총체적 리포트다.

서찬수씨는 새로운 낚시패턴을 만들어냈지만 그 성과를 자랑하고 싶어 하지 않았고 '갓낚시의 창안자' 라고 사람들이 부르면 쑥스러워 했다. 만일 내가 그를 만나지 않았다면 이 유쾌한 낚시와 우리 토종붕어의 씩씩한 매력은 아직 경남의 깊은 숲속에 묻혀 있을지 모른다. 그래서 갓낚시의 소매를 잡아끌어서 이렇게 낚시 동호인들에게 소개할 수 있게 된 것은 나의 작은 보람이다.

갓낚시는 단순한 월척 사냥술이 아니다. 그동안 몰랐던 우리 토종붕어의 비밀을 밝혀내는 작업이었고, 특히 밤낚시의 새로운 해법이다. 그 과정에서 도출된 결과에는 기존의 붕어낚시 통념을 흔드는 내용이 많다. 외람되게도 선배낚시인들이 다듬어온 전통적 붕어낚시법을 반박하는 내용도 있다. 모쪼록 '새로운 사실을 알리고 싶어 그러는구나' 하고 너그럽게 이해해주시기 바란다.

낚시춘추 편집장 허만갑

목 차

Prologue

서찬수

갓낚시는 '가+낚시'의 합성어다. 붕어가 밤에는, 얕은 물가로 나와서 새우를 사냥하는 습성을 간파해 붕어를 낚아내는 방법이다.

갓낚시를 창안한 서찬수씨는 경남 창원시에서 「세월낚시」라는 상호의 갓낚시 전문점을 운영한다. 유양산업과 토닉의 필드테스터로 활동하고 있으며, 갓낚시클럽 '허송세월'의 회장으로 전국 갓낚시 동호인들의 사랑방주 역할을 하고 있다.

나는 서찬수씨를 99년 봄, 마산시 회성동의 한 지하다방에서 만났다. 작고 다부진 체구에 낡은 명품 스웨터를 걸친 그는 며칠 감지 않은 듯 부스스한 머리에 장난기 어린 눈으로 나를 보았다. 그때 이미 서찬수씨는 마산에서 이름난 낚시인이었으니 낚시기자인 내가 그를 만난 건 결코 우연은 아니었다.

그는 다재다능하고 친구가 많고 엉뚱하고 매력적이며 천재성이 넘치지만 종잡을 수 없었다. 심각하거나 잘난 체 빼기거나 지루한 것을 못 참는 성격의 그는 늘 이벤트를 구상해 주변 사람들을 흥미진진하게 만들었다. 그리고 붕어를 너무 잘 낚았다.

저수지에 가면 서찬수씨는 먼저 자리를 잡는 법이 없었다. 남들이 다 앉고 남은 옹색한 자리를 골라서 밤낚시를 했는데, 참으로 모양새라고는 없었다. 보통 새우를 미끼로 낚시할 때는 일고여덟 대씩 펼치게 마련인데 그는 겨우 서너 대 펴놓고 어신을 기다렸다. 대의 높낮이도 제각각이었고, 수면의 찌 높이도 들쑥날쑥했다. 어떤 곳에서는 받침대도 꽂지 않고 낚싯대를 땅바닥에 주르르 깔아버리기도 했다. 그러나 날이 밝고 보면 항상 그의 조과가 1등이었다.

나는 비결이 뭘까 궁금해졌다. 그러나 서찬수씨는 그의 특이한 붕어낚시를 주변 사람에게 권하지도 설명해주지도 않았다. 그런데 당시 나도 딴에는 낚시 좀 했다고 '도대체 월척을 그리 쉽게 낚는 비결이 뭐요' 하고 다그쳐 묻지는 않았다. 나는 그때까지 새우낚시의 본고장인 대구·경북에서 8년 동안 대물낚시를 배웠고, 그에 대한 자긍심을 가지고 있었다. 서씨도 내 그런 속내를 알아채고 은근히 약 올리며 즐거워했던 것 같다.

그런데 오히려 그것이 좋았다. 아무런 사전정보를 주지 않은 덕에 나는 서찬수씨의 낚시를 냉철하고 비판적인 관찰자의 눈으로 해석해나갔다. 그렇게 2년이 흘렀다. 나는 어느새 그 낚시에 빠져버린 나를 발견했다. 그도 그럴 것이 서찬수씨와 함께 다닌 2년 동안, 나는 꿈에 그리던 4짜를 두 마리나 낚았고 월척만 무려 100여 마리를 낚았다. 그의 낚시무대인 경남은 내 고향(진주)이기도 해서 그 전에 내가 낚시해본 저수지도 많았다. 그런데 그때는 잘 낚이지 않던 붕어가 '서찬수 스타일' 로 하니까 너무 쉽게 낚였다. 어찌 빠져들지 않을까.

나는 낚시기자로서, 새우를 미끼로 쓰면서도 떡밥보다 잦은 입질을 받아낼 수 있는 이 신기한 낚시법을 전국의 붕어낚시인들에게 알려야겠다고 결심했다. 산수유 꽃망울이 밤이슬에 젖어가던 2001년 3월 하순, 진주시 일반성면의 포실지에서 나는 서찬수씨와 커피를 마시며 "갓낚시라는 이름을 붙여봤는데 어떻습니까" 하고 물었다. "갓낚시? 갓낚시라… 물가를 노린다는 뜻이니까, 괜찮네요. 부르기도 쉽고."

그 날 밤, 나는 포실지 제방에서 서찬수씨의 갓낚시를 촬영했다. 서씨가 높은 제방 위에 의자를 놓고 낚싯대를 모조리 땅 위에 올린 채 석축 가장자리 30~60cm 수심에서 월척을 낚아낸 그 화보와 기사는 그야말로 대단한 화제를 몰고 왔다. 독자들의 반응은 예상보다 훨씬 뜨거웠고, 5월에 접어들자 "기사를 읽고 따라 해서 월척을 낚았다" 는 전화가 쇄도했다. 갓낚시는 금세 대물낚시의 새 아이콘으로 떠올랐다.

서찬수씨는 유명해졌지만 그의 삶은 여전히 조용하고 시니컬하다. 그는 갓낚시 동호인 클럽을 만들고 이름을 「허송세월」이라 지었다. 꿈과 도전의 이미지를 주로 담아 짓기 좋아하는 대물낚시 동호회의 이름을 하필 허송세월이라니…. 그러나 그 이름에는 낚시를 통해 삶의 희로애락을 곱씹어온 서씨의 인생역정과 달관이 깃들어 있다. "낚시는, 내게야 숙명 같은 것이지만 남이 볼 때는 그냥 낚시일 뿐입니다. 굳이 거창한 이름을 지어놓고 쑥스러울 바에야 속 편하게 그래, 낚시는 허송세월이 맞다, 인정해버렸죠. 그런데 그 이름을 우리 회원들과 다른 낚시인들이 참 좋아해요. 어깨 힘을 뺀 것 같아 편하고 정겹다나요?"

관습의 틀에 얽매이는 것을 거부했기에 탄생할 수 있었던 갓낚시처럼, 세평에 연연하지 않는 그의 낚시관마저 사뭇 통쾌하기 이를 데 없다.

갓낚시는 붕어낚시인의 꿈이라 할 수 있는 월척을 만날 수 있는 로얄석 티켓이다. 정체된 고속도로에도 '갓길' 은 훤하게 뚫려 있듯이, 갓낚시는 오늘날 척박한 민물낚시 환경에서 누구나 쉽게 즐길 수 있는 '월척 사냥의 갓길' 이다. 갓길은 특수차량만 달릴 수 있지만 갓낚시는 우리 모두에게 열려 있는 미답의 하이웨이다.

Part 1

왜 가장자리인가?

아직 월척을 낚지 못하셨나요?

그럼 미끼를 바꿔보시죠.

떡밥으로는 월척(30.3cm가 넘는 토종붕어)을 낚기 어렵습니다.

왜냐구요? 월척은 채식보다 고기반찬을 좋아하기 때문이죠.

토종붕어의 식성은 플랑크톤을 걸러 먹고 사는 초식성의 떡붕어와 다릅니다.

녀석은 마치 아프리카 초원의 사자처럼 물속의 새우나 작은 물고기를 사냥하고 살아가는 육식동물입니다.

붕어의 먹이는 물가에 있다

자연 그대로의 저수지를 상상해보자. 인간의 발길이 오래도록 닿은 적 없는 저수지… 깊은 숲 속에 묻혀 멧돼지, 고라니만 간혹 물 마시러 찾아오는 그런 저수지를 마음속에 그려보자.

잡초 우거진 제방에는 낡은 무넘기가 있고, 얕은 상류에는 물풀이 자라고, 수면에는 소금쟁이가 떠다니고, 물속에는 작은 고기들이 유유히 헤엄친다. 물가에 앉아 낙엽을 가만히 헤쳐 보면, 팔짝 하고 그 속에서 새우가 튀고 장구벌레가 종종걸음으로 달아나고 올챙이와 거머리가 꼬물거린다. 그리고 우리 눈에 보이지 않지만, 맑은 물속에 붕어가 있다.

바로 그 곳에서 우리가 그리는 황금비늘의 월척은 어디에 있을까? 가물치나 메기, 잉어에 밀려 구석진 자리에서 처량한 눈빛을 두리번거리고 있을까? 아니다.

저수지에서 붕어는 먹이피라미드의 꼭대기에 있다. 다 자란 붕어를 잡아먹는 포식자는 없다. 가물치, 메기 등의 육식어는 붕어에 비해 수가 너무 적고, 다섯 치 이상으로 성장한 붕어는 쉽게 잡아먹지도 못한다. 북아메리카 출신의 난폭한 배스가 침입하면 붕어들도 당황하지만 곧 배스에 대항하기 위해 덩치를 키운다. 그래서 작고 홀쭉한 붕어가 살던 저수지에 배스가 유입되면 붕어들이 스모 선수처럼 우람한 덩치로 변신한다. 그리고 배스의 공격에서 살아남은 붕어들은 오히려 더 커져서 4짜로 성장하는 개체가 늘어나는 현상을 보인다.

물가에 놓인 찌! "이게 뭐야?"하고 놀라셨나요? 밤에는 이 자리에서 월척이 낚입니다.

오히려 붕어가 사나운 육식어종이다. 붕어는 어릴 때는 수초 순, 식물성 플랑크톤, 물벼룩 등을 먹다가, 성장하면서 사냥기술을 배워 육식성으로 변한다. 부쩍 커진 덩치를 유지하려면 이제 물벼룩이나 짚신벌레 따위로는 어림도 없고 새우나 참붕어 같은 고단백 식품을 먹어야 하기 때문이다. 붕어는 일곱 치 이상 자라면 거머리와 올챙이까지 잡아먹는다.

핵심은 이것이다. 장성한 붕어는 초식동물이 아니라 새우나 작은 물고기를 잡아먹는 육식동물로 전환한다는 사실!

☞월척-1척(尺)은 30.3cm다. 그래서 30.3cm가 넘는 붕어는 척을 넘는다(越)는 뜻에서 '월척'이라 부른다. 붕어 외의 다른 물고기는 월척으로 칭하지 않는다. 1자는 10치다. 따라서 1치는 3.03cm이며 5치 붕어는 약 15cm, 8치(뼘치) 붕어는 약 24cm, 9치 붕어는 약 27cm다. 27cm부터 30.3cm 사이의 붕어는 월척에 버금가는 고기라는 뜻에서 '준척(準尺)'이라 부른다.

붕어는 자라면서 육식어로 변한다

우리가 낚고자 하는 토종붕어는 어릴 때도 육식성에 가깝다. 그것은 미끼로 떡밥과 지렁이를 넣었을 때 지렁이를 물고 나오는 붕어가 훨씬 많다는 것에서도 알 수 있다. 그런데 낚시인들은 붕어가 연약하고 소심한 초식어인 줄 알고 있다. 그 이유는 일본의 떡붕어와 우리 토종붕어를 혼동하기 때문이다.

70~80년대에 정립된 초창기 붕어낚시 이론은 일본의 떡붕어낚시 이론을 참고한 것이 많았고, 그 결과 떡붕어의 습성이 토종붕어의 습성인 양 오도된 부분이 있다. '붕어는 입질이 예민하다', '붕어낚시의 제1미끼는 떡밥이다', '붕어를 잘 낚으려면 가는 낚싯줄과 작은 낚싯바늘을 써야 한다'는 등의 이야기는 떡붕어낚시에서 파생된 것이며 토종붕어에는 적용되지 않는 것이다.

한국 붕어와 일본 떡붕어는 생김새만 흡사할 뿐 성격이나 생활양식은 전혀 딴판이다. 우선 입의 구조가 다르다. 떡붕어는 주둥이가 작고 얇으며 아랫입술이 윗입술보다 길다. 그런 입 구조는 중층을 떠다니며 플랑크톤을 흡입하는 떡붕어의 생태에 맞게 진화한 것이다. 반면 토종붕어는 주둥이가 크고 두꺼우며 윗입

술이 아랫입술보다 길다. 그런 구조는 바닥에 있는 먹이를 주둥이로 파헤쳐서 잡아먹기에 좋게 발달한 것이다.

뼈도 토종붕어가 떡붕어보다 유연하여(두 물고기의 몸통을 잡고 휘어보면 차이를 느낄 수 있다) 좁은 지역에서 급선회할 수 있고, 비늘도 더 두껍고 단단해 장애물에 부딪쳐도 상처를 입지 않는다. 그래서 떡붕어는 장애물이 적고 넓은 수면을 좋아하는데 비해 토종붕어는 수초 등의 은신처가 많은 곳에 둥지를 튼다.

사는 수심층도 다르다. 떡붕어는 부레가 크고 수압에 강해 2m 이상 깊은 수심에서 활동하며 7~8m 수심까지 내려갈 수 있다. 그러나 토종붕어는 한겨울에도 2m 이내의 얕은 수심에 많이 머문다. 붕어가 깊은 수심을 기피하는 이유는 붕어의 먹이가 깊은 수심에는 없기 때문이다.

넘넘~ 멋지지 않습니까? KS규격에서 한 치도 빠지지 않는 완벽한 체형의 토종붕어 월척입니다.
빵이 별로라구요? 이보다 살찐 붕어는 비만입니다..
이 녀석이 살던 곳은 47.5cm 붕어가 2년 간격으로 두 마리 배출된 경남 고성군 회화면 어신리의 산북지! 5짜로 자랄 수 있는 고귀한 혈통이 배어 있는 놈입니다.

붕어의 먹이 사냥터는?

그러면 붕어는 어디에서 먹이를 사냥하는가? 녀석의 사냥터(우리가 미끼를 던져두어야 할)는 얕은 곳이다.

☞붕어는 간혹 3~5m 수심에서 낚일 때도 있지만, 주로 2m 이하의 수심에서 잘 낚인다. 그래서 물 안에 수상좌대를 놓을 때도 2m보다 얕은 수심에 놓고, 보트낚시나 릴낚시도 밋밋하게 얕은 곳을 목표로 삼는다.

2001년 7월 31일 고성군 대가면 척정리 동지동지에 출현한 생선장수! 울산 낚시인 최성규씨가 들어 보이는 43.5cm 외에 쿨러 위에 얹힌 붕어들도 '37오버'! 뒷전으로 나앉은 30여 마리의 붕어들도 80% 월척입니다. 이게 다 갓낚시로 낚은 겁니다.

특히 밤이 되면, 붕어는 우리의 상상을 초월할 정도로 얕은 곳에서 먹이를 찾는다. 그 장소는 붕어낚시인들이 수십 년 동안 전혀 눈치 채지 못할 정도로 비밀스런 곳이었다. 그곳은 바로 '물가' 다.

저수지의 맨 가장자리! 우리 눈에 바닥이 환히 보이고 늘 살림망을 담가놓던 그 얕은 물가가 바로 붕어의 밤 사냥터다. 붕어는 어둠이 찾아들면 땅에서 불과 10cm 거리까지 살금살금 접근한다.

"설마!" 하고 놀라는 것이 당연하다. 조심성 많기로 둘째가라면 서러울 붕어가 땅과 맞닿은 곳까지 나올 거라곤 생각조차 못했고, 아무도 밤에 물가로 접근한 붕어를 보지는 못했으니까…. 그런데 그 사실을 어떻게 아냐고? 땅에서 불과 10cm 거리의 물가에 미끼를 던져서 붕어를 직접 낚아봤으니까 안다.

낮에 보면 '포인트' 라기엔 우습기까지 한 그 물가에서 붕어를 낚는 것이 갓낚시다.

밤에 물가를 노리는 갓낚시는 기존의 낚시방법보다 굵은 붕어를 훨씬 많이 낚을 수 있다. 내가 한창 갓낚시에 몰입해 서찬수씨와 함께 다니던 2000년대 초에는 1년에 월척만 40~50마리를 낚았다. 붕어낚시의 절정기인 4월과 5월에는 하룻밤에 월척을 2마리 이상 낚은 적도 많았고, 2001년 7월, 고성군 대가면의 동지동지에서는 43.5cm를 비롯해 혼자서 월척 10마리를 하룻밤에 낚기도 했다.

어떤 낚시인은 "월척이 많은 경남의 소류지에서 낚시했으니까 그런 조과를 거둔 것 아니냐"고 말한다. 물론 나는 서찬수씨가 골라준, 붕어가 많은 저수지만 선별해서 찾아갔다. 그러나 그런 특전(?)은 낚시기자 생활 15년 동안 줄곧 누려온 것이다. 오히려 월척 자원은 경남보다 전남과 충남, 경북에 더 많다. 또 나는 갓낚시를 알기 전에도 8년 동안 새우를 미끼로 한 대물낚시를 했다. 그러나 그 8년간 낚은 월척을 다 합쳐도 갓낚시의 2년 조과에 못 미쳤다.

만약 갓낚시를 하지 않았다면 나는 그만한 월척을 낚지 못했을 것이다. 내가 낚은 월척의 80%는 무릎 수심에 불과한 저수지 가장자리에서 걸려들었기 때문이다. 아무도 주목하지 않는 밤낚시의 명당들이 물가에 무주공산으로 널려 있었고, 지금도 그렇다.

물가는 붕어에게 위험한 장소지만 밤이 되면 붕어는 한사코 그 물가로 나온다. 그럴 만한 이유가 있다. 붕어의 사냥감들이 몽땅 물가에 있기 때문이다. 새우, 거머리, 올챙이, 참붕어, 피라미나 동사리의 치어부터 수서곤충까지… 모두 얕은 연안에만 몰려 있다.

붕어의 먹잇감들이 물가에 나와 있는 이유는 두 가지다. 우선 붕어 등 큰 포식자의 공격을 피할 장소는 물가밖에 없다. 아울러 새우나 치어들의 먹이도 물가에 많다. 수초와 식물성 플랑크톤은 광합성을 하므로 일조량이 풍부한 얕은 수심에서 자랄 수밖에 없고, 또 그것을 먹고 사는 동물성 플랑크톤과 새우, 치어들도 얕은 곳에 모인다. 물가에는 숲에서 굴러 떨어진 유기물이나 상류의 개울을 타고 흘러든 유기물도 많다. 그래서 붕어의 사냥터 역시 물가일 수밖에 없는 것이다.

붕어의 먹이 사냥시간은?

그럼 붕어의 사냥시간은 언제일까? 사람과 마찬가지로 붕어를 비롯한 물고기들의 식사시간도 아침과 초저녁이다. 그래서 붕어는 아침과 초저녁에 가장 잘 낚인다. 그럼 아침과 초저녁 중 언제가 더 나을까? 그 우열은 낚시터의 붕어 습성에 따라 달라진다.

만약 그 낚시터의 붕어가 낮에 활동하는 주행성이라면 초저녁보다 아침에 잘 낚인다. 그런 곳은 밤낚시가 안 되는 것이 특징이다. 해안의 수로나 간척호수, 늪이 대체로 그런 유형이다. 반대로 그 낚시터의 붕어가 밤에 활동하는 야행성이라면 아침보다 초저녁에 잘 낚인다. 대부분의 저수지(특히 계곡형)가 그런 유형이다. 따라서 우리나라 붕어낚시터의 90%를 점유하는 저수지에서 큰 손맛을 보려

면 밤낚시를 하는 것이 낫다.

밤 중에는 초저녁이 가장 활발한 입질시간이다. 낮에 휴식을 취한 야행성 붕어들이 가장 배고플 때가 해거름~초저녁이기 때문이다.

특히 큰 붕어들은 밤에 움직인다. 어둠 속에 몸을 숨기고 사냥감에 더 가까이 접근할 수 있기 때문이다. 붕어의 사냥 스타일은 은밀하게 접근해서 단숨에 덮치는 매복형이다. 강에 사는 끄리나 강준치는 빠른 유영속도를 이용해 먹이를 쫓아가는 초원의 치타와 흡사하다면, 붕어는 덤불 속에 숨어 있다가 순간적으로 기습하는 숲속의 표범이라고 할 수 있다. 그래서 붕어는 몸을 숨길 수 있는 장애

자세히 보면, 받침대 밑으로 헤엄치는 올챙이들. 약간 안쪽에는 참붕어들이 놀고 있고, 밤이면 새우가 기어 올라옵니다. 이래서 저수지 가장자리는 붕어의 입장에서 보면 뷔페나 마찬가지지요. 그런데 남의 식당에 저렇게 받침대를 꽂아 놓고 있으면 되겠습니까?

물을 유난히 좋아한다. 낚시인들은 붕어가 은폐물을 좋아하는 것을 보고 '겁이 많아서 그렇다' 고 생각한다. 그러나 붕어가 은폐물을 찾는 이유는 낚시인에게 들킬까봐 그런 것이 아니라 사냥감에게 들키지 않고 은밀히 다가가기 위해서다.

야행성은 육상의 맹수를 포함해 매복사냥을 하는 모든 동물의 특징이다. 밤에는 새우가 물가에 밀집하고, 낮에 빠르게 움직이던 치어들도 물가에서 휴식을 취하므로 이들을 노리는 사냥시간대로 적격이다.

최고의 사냥시간은 새우가 가장자리로 가장 많이 몰리는 초저녁, 즉 해 진 뒤 2시간이다. 어두워지기만 기다려온 붕어들은 일몰과 동시에 사냥감이 모여 있는 물가로 향한다. 공격목표는 새우나 작은 물고기다. 목표지점의 수심은 불과 20~60cm. 초저녁 새우는 모두 그곳에 있다. 만일 급경사 연안이라면 그런 수심은 물가에서 불과 10~30cm 거리에 있다.

물론 붕어가 그 곳까지 접근하려면 전제조건이 있다. 그 물가에 '낚시인' 이 없어야 하는 것이다. 이것이 갓낚시의 둘째 핵심이다.

참붕어는 붕어가 아니에요!

참붕어는 사진에서 보듯 붕어와 전혀 다른 종이다. 송사리를 닮은 이 고기에게 한국의 어류학자들은 대체 무슨 생각으로 참붕어라는 이름을 붙였는지 따져 묻고 싶다.

참붕어는 우리나라 전역에 서식하는데, 살이 부드럽고 고단백질이라 붕어, 가물치, 메기, 잉어가 즐겨 잡아먹는다. 10cm까지 자란 놈도 더러 있지만 대개 6cm 이하의 크기가 주종이며 미끼로 쓰는 것은 3~4cm짜리다. 낚시인들은 "길쭉한 수컷보다 배가 통통한 암컷 참붕어에 붕어가 잘 낚인다"고 한다.

참붕어는 80년대 말, 신안군의 섬낚시를 즐겨 다니던 몇몇 광주 낚시인들이 쉬쉬하며 돌려쓰기 시작했고, 「낚시춘추」 93년 10월호에 처음 소개된 후 전국으로 퍼져 지금은 새우와 함께 대물낚시의 대표적인 미끼로 자리 잡았다.

지금도 전남 해안지방에는 참붕어가 특별한 위력을 발휘하는 저수지가 많다. 전남 해안의 저수지나 간척호에서는 "밤에도 새우보다 참붕어에 월척이 더 잘 낚인다"고 한다. 참붕어 등지느러미 밑에 감성돔 3~4호 바늘을 꿰어서 쓴다.

붕어의 두 얼굴

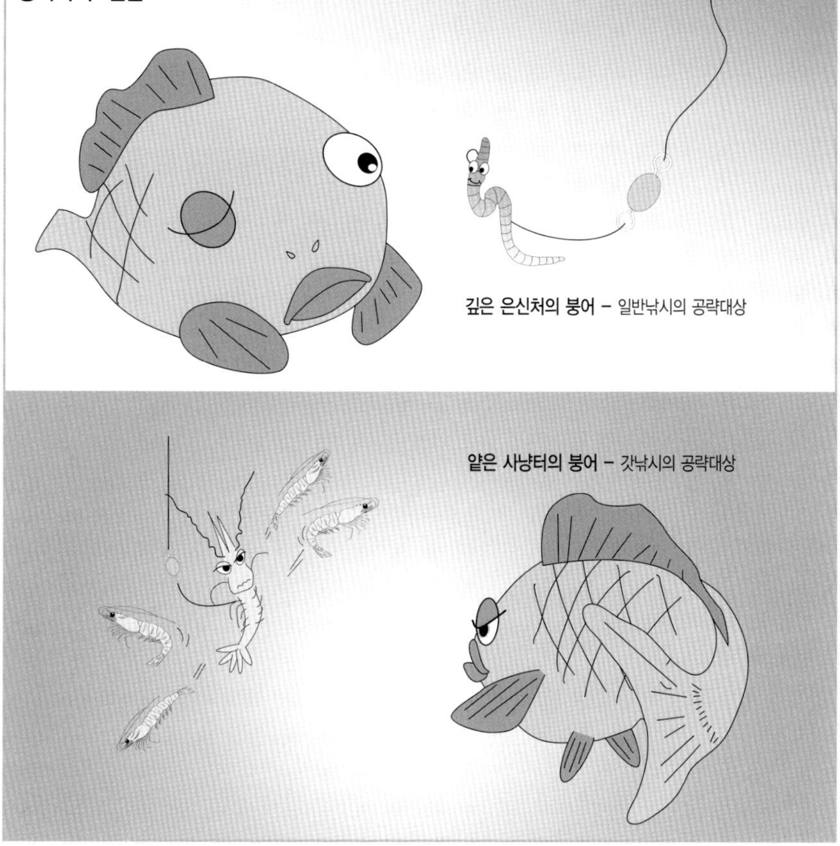

붕어의 사냥감은?

초저녁의 붕어가 찾는 사냥감은 새우다. 저수지에 자생하는 새우는 붕어가 가장 선호하는 영양식이다. 새우가 없는 저수지에선 참붕어나 그밖의 작은 물고기가 붕어의 사냥대상이다. 참붕어 역시 새우와 마찬가지로 밤에는 연안에 모여 휴식을 취한다. 그래서 참붕어 미끼로 갓낚시를 해도 잘 된다.

새우와 참붕어가 혼생하는 저수지라면 어떤 미끼가 나을까? 밤에는 새우가, 낮에는 참붕어가 더 좋은 미끼가 된다. 그동안 새우와 참붕어를 함께 써서 입질의 빈도 차이를 측정한 결과, 낮에는 6:4로 참붕어가 우세했고, 밤에는 8:2로 새우에 입질이 집중되었다. 심지어 참붕어만 살고 새우는 없는 저수지에서도 밤에는 새우미끼의 효과가 월등하였다. 그래서 갓낚시는 새우를 으뜸 미끼로 삼는다.

월척은 두 얼굴을 가지고 있다. 아주 조심스럽지만, 대단히 용맹스럽기도 하다. 큰 붕어는 배가 부를 땐 먹이의 유혹에 냉담하지만 일단 사냥에 나서면 집요하고 과감해진다. 그리고 덩치가 커질수록 사냥시간은 짧은 대신 한 번에 많은 먹이를 포식한다. 5~7치 붕어보다 9치~월척을 낚기 어려운 이유는 큰 붕어의 개체수가 적기 때문이기도 하지만 녀석들의 먹이활동시간이 짧기 때문에 그렇다.

그러나 그 짧은 먹이활동시간에는 힘이 센 큰 붕어가 잔 붕어보다 먼저 미끼를 차지한다. 그것이 자연의 법칙이다. 그래서 낚시가 잘 안 되는 시간(붕어가 먹이활동을 않는 시간)에는 6치 이하의 잔 붕어가 낚이지만, 낚시가 잘 되는 시간(먹이활동시간)에는 7치 이상의 큰 붕어가 낚이는 것이다.

밤이 이슥해지면 입질은 뜸해진다. 물가에서 새우를 사냥한 붕어들이 배를 두드리며 깊은 수심으로 물러나기 때문이다. 휴식에 들어간 붕어들은 새벽~아침에 다시 한 번 사냥에 나선다. 그러나 새벽~아침에는 초저녁과 같은 맹렬함은 없고 사냥시간은 더 길며 넓은 범위를 유영한다. 그래서 화끈한 연발 입질은 드물다. 이윽고 날이 밝으면 큰 붕어들은 은신처로 돌아가고 마냥 배가 고픈 어린 붕어들만 이리저리 배회하며 먹이를 찾는다. 대를 접어야 할 시간이 된 것이다.

배고픈 붕어가 쉽게 낚인다

어둠과 동시에 사냥에 나선 붕어가 얕은 물가를 찾는다면 최고의 밤낚시 포인트도 얕은 물가일 것이다. 갓낚시란 그 붕어의 사냥터(물가)에 덫을 놓는 낚시다. 그리고 붕어가 노리는 사냥감(새우)을 덫의 미끼로 쓴다. 그러면 사냥에 나선 붕어는 그 미끼에 걸려든다. 이것이 갓낚시의 원리다.

물가를 노리는 갓낚시와 깊은 곳을 노리는 일반 붕어낚시 중 어떤 낚시에 붕어가 잘 낚일까? 그 우열은 붕어가 그 날 밤 사냥에 나서느냐 그렇지 않으냐로 엇갈린다.

붕어들이 사냥에 나서지 않으면 갓낚시는 실패한다. 갓낚시로 노리는 곳은 붕어가 상주하는 집이 아니기 때문이다. 그래서 붕어가 사냥에 나서지 않는 날은 갓낚시로는 한 마리도 낚지 못할 수 있다.

그러면 그런 날은 붕어의 은신처를 노리는 일반 낚시로 더 많은 붕어를 낚을 수 있는가? 그것도 아니다. 붕어는 은신해 있을 때는 먹이활동을 하지 않으므로 녀석의 코앞에 미끼를 떨어뜨려도 한두 마리 이상 낚기 어렵다. 즉 일반 낚시로 붕어를 많이 낚는 날 역시 붕어가 먹이를 사냥하는 날이다.

문제는 붕어가 사냥하는 날, 갓낚시의 입질 빈도는 일반 낚시의 경험과 상상을 완전히 뛰어넘는다는 데 있다. 그 날 밤 붕어들이 사냥에 나선다면 저수지 전역에 흩어져 있던 붕어들이 얕은 연안에 일제히 응집되어 물가의 미끼에 폭발적인

월척이 입질하는 시간

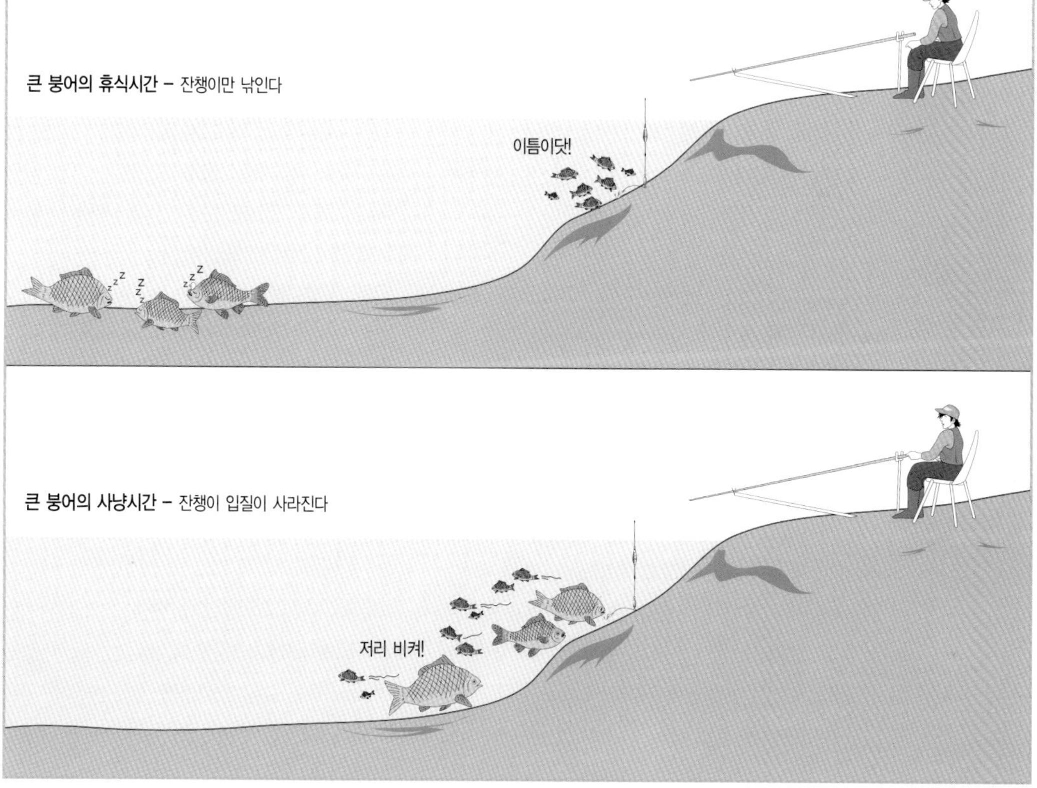

입질을 보인다. 반면 깊은 수심에 던져둔 미끼는 사냥터로 가는 붕어들의 관심에서 벗어나 있어 거의 입질이 없다. 오히려 사냥을 마치고 밤늦게 귀가하는 붕어들이 이따금 주워 먹는데, 그래서 산발적인 낱마리 입질을 받는데 그친다.(상세한 내용은 제4장에서 따로 설명)

그럼 붕어가 사냥하지 않는 날은 갓낚시는 밤새 말뚝찌만 붙들고 있어야 하는가? 그것도 아니다. 갓낚시를 해서 초저녁에 입질을 받지 못하면 그 날 밤은 그 저수지의 붕어가 움직이지 않는 날이라 판단해도 된다. 밤새 버텨봐야 낱마리이

사냥터와 길목의 차이

합천 설월지의 괴로웠던 밤

99년 5월이었다. 신록이 눈부신 산청군 생비량면 양천강에서 서찬수씨 일행과 돌붕어를 신나게 낚고 있었다. 한낮이 되어 한 농부가 지나다가 우리 살림망을 들여다본다. 때글때글한 6~8치 돌붕어 열댓 마리가 물보라를 튀긴다. '많이 잡았네!' 하고 놀랄 줄 알았는데 농부는 혀를 끌끌 차면서 "이런 것도 붕어라고 잡고 있냐"고 도로 물에 밀어 넣는다.

오잉? 홀연히 나타나 이런 멘트를 날릴 정도라면 분명 초야에 묻힌 낚시도사? 즉각 옷깃을 여미고 나서서 "이 근처에 어디 큰 붕어 좀 낚이는데 없습니까?" 하고 공손히 여쭈었다. 그 농부가 가르쳐준 곳이 합천군 삼가면 용흥리의 설월저수지였다.

물어물어 찾아가보니 정말 그림 같이 아름다운 4천평짜리 준계곡지가 있었다. 한낮인데도 지렁이를 담그자 6~7치 붕어가 줄줄이 올라온다. 그야말로 물 반 고기 반! 우리는 쾌재를 부르고 내친 김에 밤낚시까지 하기로 했다. 서찬수씨는 내가 떡밥으로 7치 붕어를 타작한 오른쪽 작은 골의 최상류에 낚싯대를 폈다.

☞낚시글에서 저수지의 우안, 좌안으로 표기하는 것은 제방에서 상류를 보았을 때의 방향이다. 즉 오른쪽 골이라면 제방에서 상류를 봤을 때 오른쪽 방향에 있는 골이라는 뜻이다.

나는 그냥 낮에 재미 본 자리에서 미끼만 새우로 바꿔 밤낚시를 해보기로 했다. 그와 나의 거리는 불과 20m, 수심은 내 자리는 평균 1.5m, 서씨 자리는 60cm였다.

그때 설월지에 전남 여수 낚시인들이 찾아왔다. 여수시 율촌에서 낚시점을 운영하던 위귀양씨가 "붕어 좀 낚이는데 없냐"고 내게 전화를 했기에 '기막힌 곳을 찾았다'며 오라고 한 것이다. 그런데 갑자기 서찬수씨의 일행이 일이 생겨 먼저 가게 되었다. 하는 수 없이 서찬수씨도 그와 함께 철수하고 서씨 자리에는 위귀양씨가 앉게 되었다.

나는 서찬수씨가 했던 대 편성 그대로 위귀양씨의 낚싯대를 차려주었다. 풀 한 포기 없는 50~60cm 수심의 완경사에 2.5칸~3.5칸 4대를 깔고, 오른쪽 골 맨 안쪽의 30cm 수심에 3칸대 하나를 던져 넣었다. 바다낚시는 전문가지

므로 더 늦기 전에 다른 저수지로 이동하든지, 차에서 자고 아침낚시를 하든지, 일찍 귀가하는 등의 판단을 내린다. 즉 갓낚시는 초저녁 한두 시간의 낚시를 통해 그 날 밤의 전체 조과를 예측할 수 있다는 것이 큰 장점이다.(상세한 내용은 제4장에서 설명한다)

찌에 나타나는 어신도 판이하다. 물가에 접근한 붕어는 하나같이 사냥감을 찾고자 혈안이 돼 있기 때문에 미끼를 발견하면 거칠게 달려든다. 그 터프함에 혀를 내두를 정도다. 가령 6치 붕어가 깊은 수심에 머물 때는 지렁이 미끼에도 깔

합천 설월지의 밤낚시 조과. 손에 든 월척들은 모두 위귀양(가운데)씨가 낚은 것입니다.

만 붕어낚시는 서툴렀던 위씨는 걱정스런 표정으로 "이렇게 얕은 곳에서 붕어가 낚이느냐"고 말했다. 나는 "내가 앉고 싶은 것을 꾹 참고 양보하는 것이니 딴말 말라"고 눌러 앉혔다.

그러나 내가 앉고 싶은 자리를 왜 양보하리오? 나는 그때까지 그 자리보다 내 자리의 밤 조과가 더 나을 줄 알았다. 지금이라면 당연히 그 최상류를 꿰찼겠지만 그때만 해도 나는 갓낚시를 이해하지 못한 상태였다.

어둠이 깔리고, 위귀양씨 쪽으로 던진 내 3.5칸대의 찌가 비스듬히 솟았다. 챘으나 헛방! 그것이 악몽의 서곡일 줄이야….

밤 9시부터 위씨의 찌들이 춤을 추기 시작했다. 그리고 "와당탕… 푸당탕…" 터지는 물소리! 이후 4시간 동안 위귀양씨는 네 번의 입질을 놓치고도 월척 5마리를 올렸다. 차라리 귀를 막고 싶었다. 나는 입질 한 번 받지 못했다. 낚시인이라면 내 심정을 이해하리라. 말뚝인 내 찌 바로 옆에서 벌어지는 난리굿판을 물끄러미 구경만 해야 하는 그 심정을…. 아~ 내가 왜 저 자리에 앉지 않았을꼬!

내가 위귀양씨 쪽을 향해 던진 4칸대의 찌와 위씨의 가장 먼 찌는 불과 3m 떨어져 있었다. 좁은 물골의 중간에 내가 앉았으니 위귀양씨의 새우에 걸려드는 붕어들은 분명히 내 앞을 거쳐야 위씨의 자리로 접근할 수 있었다. 그러나 길목에 깔아둔 내 새우 일곱 마리는 철저히 외면당했다.

정확히 새벽 1시에 입질은 거짓말처럼 끊겼다. 나는 위귀양씨에게 다가갔다. 살림망 속에서 가장 큰 붕어를 꺼내 재보니 37cm였다. 그는 손을 덜덜 떨고 있었다. 그리고 내게 비늘 하나를 보여주었다. "저기 오른쪽 골 맨 안쪽에서 놓친 놈의 비늘이오. 이 정도면 대체 몇 센치짜리요?" 비늘을 본 나도 입이 딱 벌어졌다. 그것은 40cm는 무조건 넘는 붕어의 것이었다.

사냥터와 길목의 차이

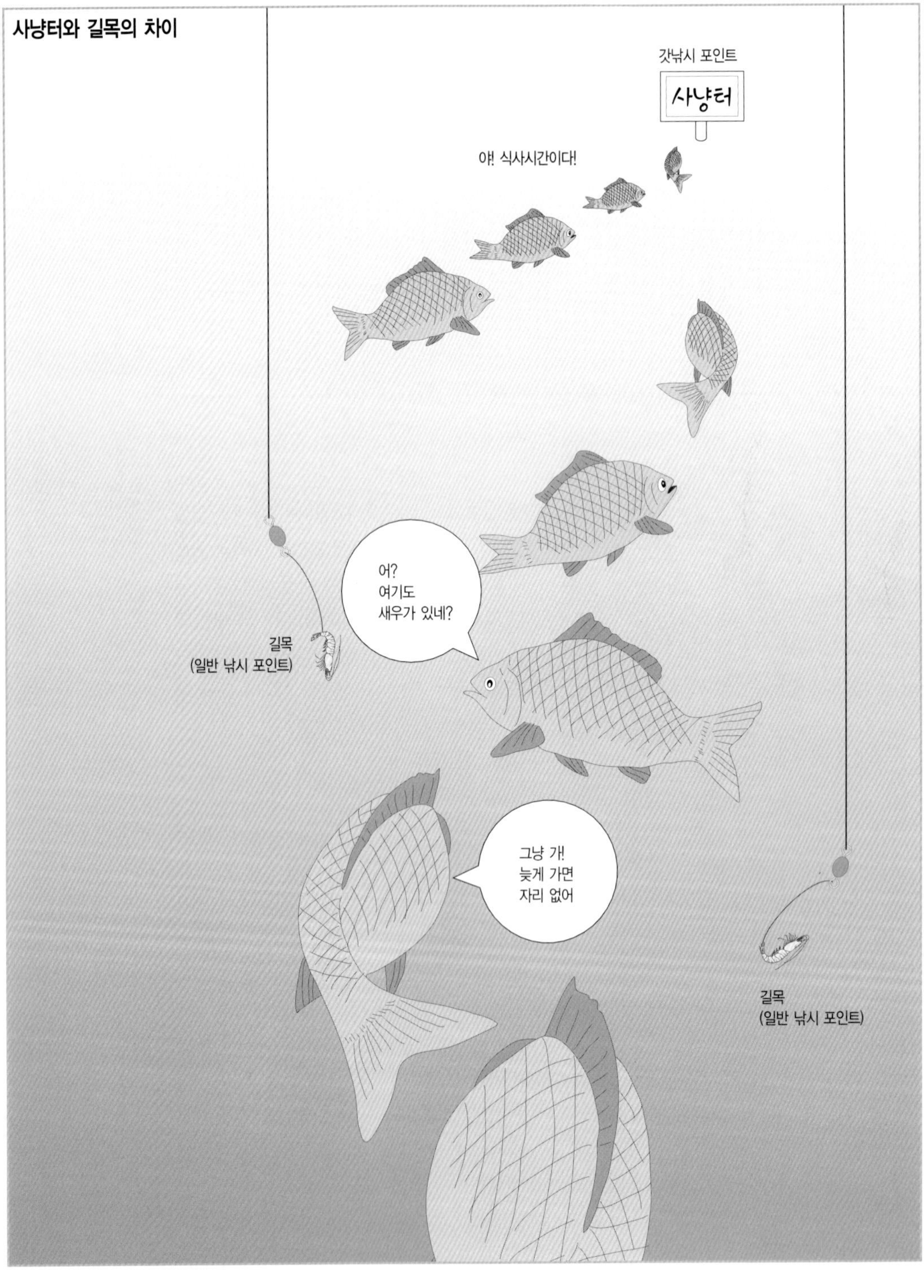
갓낚시 포인트
사냥터
야! 식사시간이다!
어?
여기도
새우가 있네?
길목
(일반 낚시 포인트)
그냥 가!
늦게 가면
자리 없어
길목
(일반 낚시 포인트)

짝대는 입질을 보이지만, 물가에서 입질할 때는 딱딱한 통새우에도 달려들어 찌를 뒤집고 낚싯대를 끌고 가는 공격성을 과시한다.

사냥하는 붕어는 미끼에 걸려들 확률도 높다. 먹이를 찾아 사방으로 서성대기 때문에 가장자리에만 대충 미끼를 던져두면 기어코 찾아낸다.

그래서 갓낚시의 매력은 연타로 걸려드는 마릿수 입질에 있다. 밤 11시 전까지 붕어 10마리쯤 낚는 것은 흔한 조과다. 물론 씨알은 새우미끼를 쓰기 때문에 7치 이상, 8치~월척이다. 준척과 월척을 마릿수로 솎아낸다? 이 거짓말 같은 조과가 갓낚시에서는 가능하다. 새우를 미끼로 쓰는 대물낚시에서는 '대어를 낚으려면 마릿수는 포기하라' 고 말하지만 갓낚시는 두 마리 토끼를 다 잡을 수 있다.

씨알과 마릿수를 겸비한 그 화려한 조과는 저녁시간에 이름난 맛집 앞에 줄지

물가 공략용 갓낚시 채비. 40cm 수심을 노리기 위해 맞춰 놓은 것입니다. 찌 길이는 30cm.
이래서 갓낚시에서는 긴 찌는 쓸 수 없습니다. 그리고 저 큼직한 바늘 보이시죠? 감성돔 7호 바늘입니다. 좀 놀라셨나요? 바늘에 관한 얘기는 제9장에서….

어 서서 차례를 기다리는 사람들을 연상하면 되겠다. 미끼는 식당의 문 안에 던져두어야 한다. 그러면 붕어들이 앞 다퉈 문을 밀치고 들어와 새우미끼에 달려든다.

그런데 지금까지의 붕어낚시는 미끼를 식당의 문 바깥에 던져두었다. 아니면 식당으로 들어오는 골목에 미끼를 깔아두거나, 심지어 붕어의 집을 가가호호 방문해 미끼를 흔들어대며 유혹하려 들었다. 그러나 그런 노력은 큰 성과를 거둘 수 없었다. 붕어는 식욕이 없으면 코앞에 먹이가 있어도 냉담하다.

그렇다면 붕어들이 밤 사냥에 나서는 날과 그렇지 않은 날 중 어떤 날이 많을까? 저들도 먹고 살아야 하니까 사냥하는 날이 많지 않겠는가? 갓낚시의 상상은 그래서 탁월한 조과로 실현된다.

Part 2

최선의 낚시에 이르는 길

어젯밤 붕어를 낚지 못했다면, 당신은 그 이유가 무엇이라 생각합니까?

갑자기 떨어진 수온? 휘영청 밝은 달빛? 맑은 물색? … 이유로 댈 만한 여러 가지가 머릿속에 떠오르겠지요?

그러나 원인은 그런 것들이 아닙니다.

그것은 바로 당신! 즉 '낚시인' 입니다.

당신이 물가에 있었으니까 붕어가 낚이지 않은 겁니다. 붕어는 물가에서 사냥하는데 당신이 그 곳에 떡 버티고 있으니 붕어가 다가오지 않은 것입니다.

그러므로 최선의 낚시는 바로 물가에서 '나' 를 삭제하는 것입니다.

물가에서 '나'를 삭제하라

사냥에 나선 붕어는 얕은 물가를 찾는다! 그 물가에 붕어의 먹이가 있기 때문이다! 이 지극히 상식적인 사실을 왜 낚시인들은 모르고 있을까? 이유는 바로 낚시인 자신에게 있다.

자연 속의 붕어는 매일 밤 연안에서 먹이를 찾고 있지만 낚시인의 침입으로 모든 것이 파괴된다. 붕어를 낚으러 간 낚시인들은 자신도 모르는 사이에 붕어의 사냥터를 점거하고 배고픈 붕어를 쫓아버리는 결과를 초래한다. 낚시인이 먼저 물가에 앉아버리기 때문에 사람이 없다면 그곳에 올 붕어를 만나지 못하고, 그러니 붕어가 매일 밤 가장자리로 온다는 사실조차 감지하지 못하게 된다.

새우와 참붕어가 우글대는 붕어의 '식당'에 받침대를 꽂고 살림망까지 떡하니 걸쳐놓고 있는데 붕어들이 접근하겠는가? 어떤 낚시인은 의자를 끌어당겨서 물속에 집어넣기까지 한다. 붕어를 쫓지 못해 안달하는 셈이다.

그러므로 붕어낚시의 가장 큰 적은 저수온도, 비바람도, 급격한 수위변동도 아니다. 바로 낚시인, 나 자신이다. 따라서 최선의 낚시는 곧 나 자체를 저수지에서 삭제하는 것이다.

아무런 인기척 없이 자연 그대로의 상태를 복원하는 것, 낚시인의 침입으로 끊겼던 풀벌레의 노래가 다시 울리고, 흩어졌던 새우들이 물가로 다시 기어오르고, 수초밭의 붕어들이 다시 뛰어 놀게 만드는 것! 그것이 바로 갓낚시다. 낚시인

웬 수풀 속에 사람이 앉아 있냐구요? 찌를 물가에 세워둔 낚시인이 인기척을 줄이기 위해 멀찌감치 물러나 있습니다. 이처럼 물가에 앉으면 칸반대 아니라 1칸대로 노려도 될 포인트를 먼 거리에서 3.5칸 이상의 긴 대로 노리면 월척 확률은 몇 배로 높아집니다. 고성군 대가면 신전리의 신전소류지 제방.

갓낚시의 원리-인기척을 없애야 하는 이유

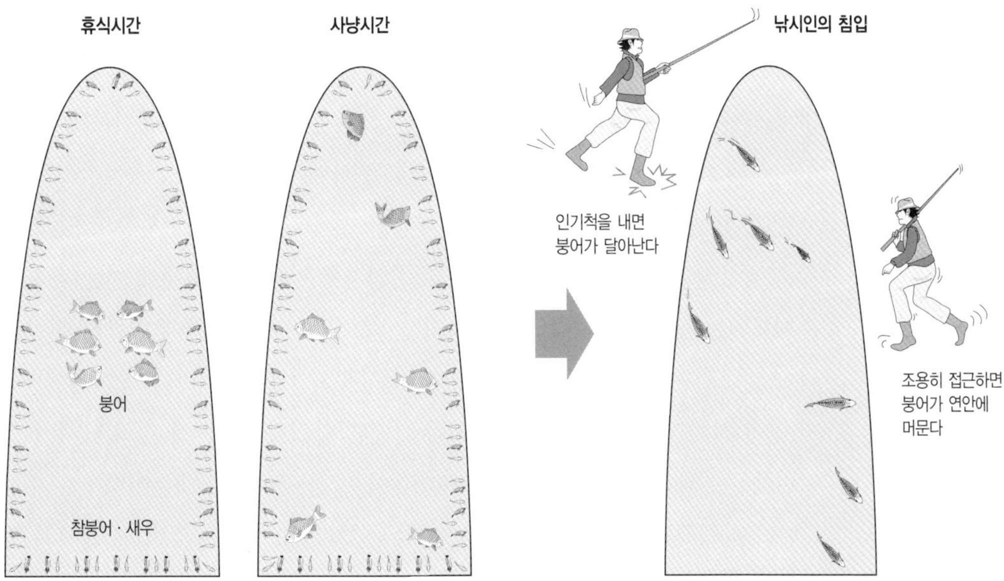

역시나~ 물가에 접근해 낚시하려 하고 있군요. 그러나 받침대를 꽂는 곳 바로 앞이 밤이면 붕어가 새우나 치어를 사냥하는 장소입니다. 다만 늘 물가에 앉는 버릇을 가진 낚시인들이 그 사실을 모르고 있을 뿐입니다.

만 물가에서 사라져주면, 수중세계는 다시 활기를 되찾고 붕어는 먹이를 찾아 움직인다.

저수지에 막 당도했을 때 물가에 나와 있다가 흙탕물을 일으키며 달아나는 붕어를 목격한 적은 없는가? 그처럼 붕어는 사람만 없다면 낮에도 가로 나온다. 또 하필 자리를 비운 사이에 입질했거나, 입질이 없어 차에서 한숨 자고 나오면 붕어들이 낚싯대를 다 헝클어놓은 적은 없는가? 또 낚싯대 앞으로 다가갈 때 살림망 속의 붕어들이 놀라서 튀는 광경을 본 적은 없는가? 그런 것들은 모두 붕어가 인기척에 대단히 민감하다는 것을 증명하는 사례다.

"어두운 밤에는 낮보다 붕어의 경계심이 덜하다"고 말하는 사람도 있으나 그것은 상상일 뿐 붕어는 물의 진동으로 침입자를 알아채기 때문에 어둡다고 해서 은폐되지는 못한다. 특히 월척 이상의 큰 붕어일수록 인기척에 민감하게 반응하여 소란스런 곳에서는 낚이지 않는다. 낚시대회가 열릴 때마다 붕어가 잘 낚이지 않아 참가자들이 투덜댄다. 그러나 그것이 당연하다. 수 백 명의 낚시인이 한꺼번에 쏟아내는 인기척이 물가의 붕어들을 멀리 쫓아내기 때문이다.

따라서 월척을 낚는 가장 중요한 열쇠는 인기척을 없애는 것이다. 인기척을 없애려면 어떻게 해야 할까?

붕어의 식당에서 그만 나오시오!

해답은 물가에서 멀리 떨어지는 것이다. 물가에 바짝 붙어 앉아선 아무리 조심하고 정숙하려 해도 물속으로 전달되는 인기척을 차단할 수 없다. 그래서 갓낚시에서는 낚시의자를 물가에서 2~3m 떨어진 곳에 놓는다. 4~5m 떨어지면 더 좋다.

대물낚시인들은 '월척을 만나려면 첫째도 정숙, 둘째도 정숙해야 한다'고 강조하면서 기침소리도 내지 말고 담뱃불도 손바닥으로 가려주라고 하지만, 정작 자신이 물가에서 물러날 생각은 하지 않는다. 낚시인이 물가에서 멀찌감치 물러나면, 기침도 맘껏 하고 담배도 편하게 피우면서 물속에 인기척은 훨씬 적게 전달할 수 있다. 하다못해 1m만 물러나도 효과가 있다.

붕어가 매일 찾던 사냥터에 낚시인이 받침대를 꽂고 낚싯대를 휘휘 휘둘러대면 붕어는 침입자가 나타났음을 알고 발길을 돌려버린다. 만일 다른 장소에서도 인기척이 감지되면 불안해진 붕어는 먹이사냥 자체를 포기해버린다. 그래서 인적이 드문 소규모의 저수지는 한꺼번에 많은 낚시인이 찾아가면 붕어들이 움직임을 멈추고 전혀 입질하지 않는 경우가 허다하다. 혼자 찾아간 저수지에서 붕어를 많이 낚고는 뒷날 친구들을 대동해 다시 가면 입질 한 번 없어 거짓말쟁이로 오인 받는 경우가 그래서 생긴다. 철없는 잔챙이는 그 와중에 낚일지 몰라도 연안접근성이 강하고 그만큼 경계심이 많은 대어들은 인기척의 영향을 심하게 받는다.

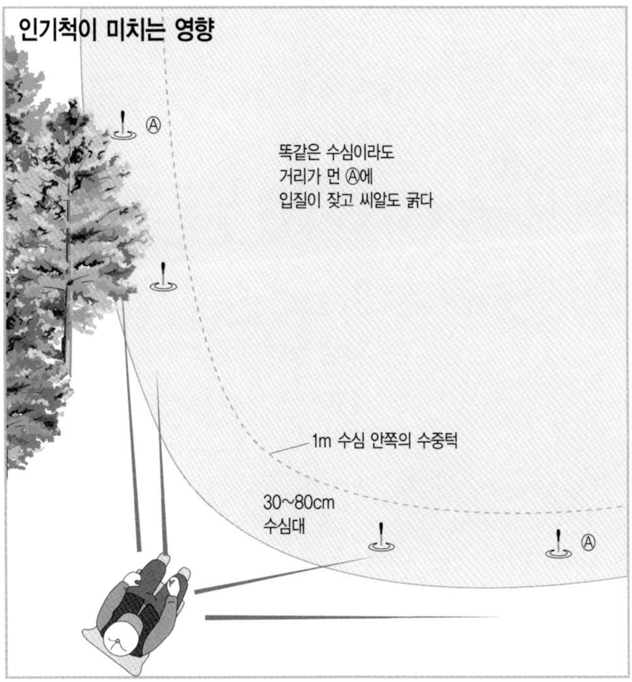

낚시인이 물가에서 멀어질수록 붕어는 더 쉽게 낚시인에게 다가온다. '붕어는 꾼들의 연인' 이라 했던가? 다가가면 멀어지고 돌아서면 다가오는 변덕스런 애인처럼, 쫓아가지 말고 거리만 유지하면 어둠 속의 연인은 뜻밖에 쉽게 다가온다.

☞붕어가 미끼 옆에 있어도 입질하지 않을 수 있다-입질이 뚝 끊기면 '붕어들이 멀리 갔나보다' 생각하지만 그렇지 않다. 붕어는 미끼 옆에 있어도 입질하지 않을 수 있다. 수족관 구석에 웅크린 붕어처럼 식욕이 사라진 붕어는 코앞에 지렁이를 흔들어도 상관하지 않는다. 붕어가 잘 낚이는 시간은, 붕어가 내 미끼로 다가오는 시간이 아니라 그 저수지의 붕어들이 지느러미를 털고 움직이는 시간이다. 그래서 입질은 동시에 여러 곳에서 터진다.

받침대가 자주 생략되는 갓낚시 대편성. 이처럼 낚싯대 전체가 풀밭 위에 올라온 상황에선 굳이 받침대를 쓸 필요 없습니다. 붕어를 끌어낼 때 거치적거릴 뿐이거든요.
서리가 하얗게 내린 초겨울 밤에도 월척은 물가에서 잘 낚입니다.

큰 붕어일수록 먹이활동 시간이 짧고 쉬는 시간에는 '군것질' 을 하지 않는다. 따라서 붕어의 휴식처를 노리는 낚시, 즉 밀생수초 속이나 깊은 수심을 노리는 낚시는 사냥터를 노리는 갓낚시에 비해 큰 소득이 없다.

참새 소쿠리 효과

어릴 때 시골에서 자랐다면 '소쿠리 덫' 으로 참새를 잡아본 기억이 있을지 모른다. 마당에 콩이나 볍씨를 뿌려놓고 그 위에 소쿠리를 세운 다음 작대기에 실을 연결해놓고 멀리 숨어서 참새가 모여들기를 기다린다. 참새들이 날아들어 소쿠리 밑의 곡식을 주워 먹을 때 실을 당겨 작대기를 쓰러뜨리면, 소쿠리가 참새들을 덮치는 것이다.

그때 만일 멀리 숨지 않고 소쿠리 옆에 앉아 있으면 참새가 모여들 리 없다. 갓낚시란 그 참새 소쿠리와 똑같은 원리다. 즉 물가에서 물러나 멀리서 긴 대

로 찌를 연안에 던진 다음 어둠 속에 나를 숨기는 것이다.

보통 낚시인들이 1.5칸대나 2칸대로 붕어를 낚는 자리가 있다면 갓낚시에선 훨씬 뒤로 물러나서 3.5칸대나 4칸대로 그 자리를 노린다. 그리고 더 얕은 물가 쪽에 찌를 놓는다. 바로 그것만으로 월척의 확률은 몇 배로 높아진다.

아마 지금은 이 말이 믿기지 않을 것이다. 물가에서 떨어져서 낚시해본 적 없기 때문에 내가 살림망을 걸쳐놓았던 그곳에서 붕어들이 낚이리라고 상상하지도 못한다. 나도 처음에는 그랬다.

실제 낚시터에서는 뒤쪽에 나무나 기타 장애물이 있게 마련이라 의자를 물가에서 멀리 물리기가 쉽지 않다. 그때는 하는 수 없이 의자는 물가에 두고 낚싯대를 옆으로 비껴 쳐서 연안을 노리는 형태로 전환한다. 그때 같은 연안에 3칸대와 4칸대를 나란히 비껴 치면 4칸대에서 낚이는 씨알과 마릿수가 늘 월등하다. 그

비탈진 자리에서 갓낚시 대 편성.
보기에도 편하고 여유롭지 않습니까? 물가에 의자를 놓겠다고 땅을 팔 것 없이 조금만 시선을 위로 돌리면 이렇게 편한 자리들이 도처에 널려 있습니다.

만큼 붕어는 인기척에 민감하다. 그래서 갓낚시는 3.5칸대와 4칸대를 많이 쓴다. 그것으로 저수지 중앙부를 노리려는 게 아니라 옆으로 뿌려서 내 인기척이 적게 전달되는 먼 물가에 찌를 세우려는 것이다.

좁은 물골에서 낚시할 때, 갓낚시는 포인트로 예상되는 연안에 앉지 않고 일부러 멀리 돌아가서 긴 대로 넘겨 친다. 그 경우 인기척을 크게 줄일 수 있어 굵은 붕어를 낚을 수 있다. 대개 손맛을 볼 요량으로 포인트 앞에서 짧은 대를 쓰지만 건너편에서 긴 대를 뿌리는 갓낚시 조과와 비교하면 하늘과 땅 차이다. 수로낚시를 해본 사람은 이쪽 연안보다 건너편 연안에서 붕어가 잘 낚인다는 것을 알 것이다. 그것은 건너편이 더 나은 자리여서가 아니라 인기척 때문이다. 만일 건너편에 가서 낚시하면 건너편 연안보다 이쪽 연안에서 더 잘 낚인다.

갓낚시가 알려지기 전에도 '물가에서 붕어가 잘 낚인다'는 사실을 알고 있는 사람은 많았다. 그런데 "물가에서 낚이는 붕어는 씨알이 잘더라"고 말했다. 그렇게 말하는 이유는 연안을 노리긴 하되 가까운 연안만 노렸기 때문이다. 대물낚시에서 흔한 대 편성이 부채꼴형인데, 그때 양쪽 옆으로 벌려 연안 가까이를 노리는 낚싯대는 대개 짧은 낚싯대를 편다. 그러니 인기척에 민감한 큰 붕어가 입

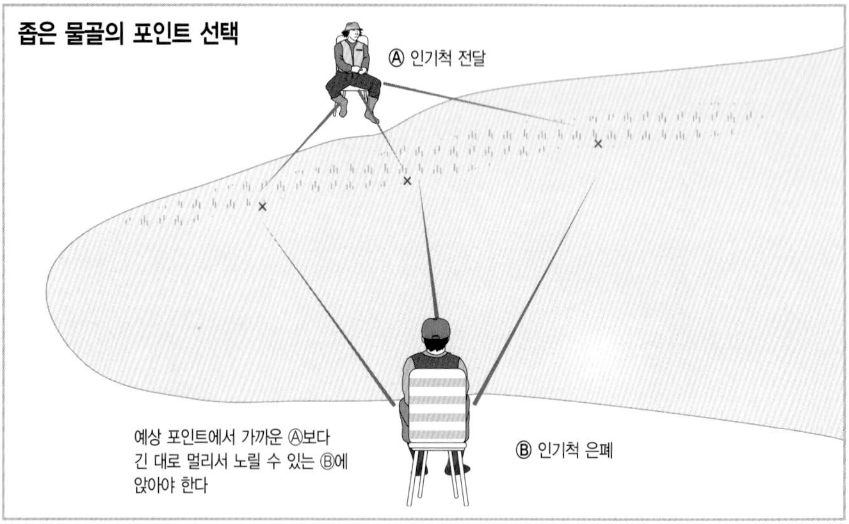

질할 리 없다.

갓낚시 클럽 허송세월 회원들이 낚아내는 월척은 90%가 3.5칸 이상 긴 대에 걸려들고 있다. 즉 포인트가 중요한 게 아니라 '내가 그 포인트에서 얼마나 멀리 떨어지느냐'가 중요하다.

붕어의 투정 "너무 다가오심 싫어요"

뒤로 물러설 곳이 없는 비탈에서는 한 계단 높은 고지(高地)에 의자를 놓는다. 가령 제방이라면 석축에 앉지 않고 편평한 제방 꼭대기에서 2~3m 아래의 수면을 내려다보고 낚시하는 것이다. 그러면 인기척도 줄이고 훨씬 편하게 낚시할 수 있다.

그런데 낚시인들은 한사코 물가로 내려가려고 든다. 의자를 놓을 자리도 없는 좁은 비탈을 기어코 삽으로 깎아서 한발이라도 물가에 다가가려 한다. 그러면서 말한다. "물가로 다가가면 같은 포인트를 짧은 대로도 노릴 수 있잖아요. 그러니 낚시하기도 편하고 손맛도 좋지요. 높은 자리에 앉으라구요? 큰 붕어를 낚으면 달랑 들어 올려야 하는데 그러다 떨어지면 어떡해요?"

그 심정 이해하지만, 붕어란 녀석은 낚시인이 다가가면 그만큼 더 멀어질 뿐이다. 손에 익기 전에는 3.5칸 이상의 긴 대가 불편하고 물가에서 떨어진다는 것도 내키지 않겠지만, 만일 당신이 월척을 낚고 싶다면 조금씩 뒤로 물러서야 한다.

높은 고지까지 낚시자리로 이용하기 때문에 갓낚시를 익히면 포인트 선택의 폭이 현저히 넓어진다. 다른 낚시인은 생각지도 못한 자리가 갓낚시의 명당으로 비어 있다. 가령 2~3m 높이의 석축이나 제방 위, 차가 지나다가는 도로 위, 산자락의 가파른 절벽지형은 일반 낚시에서는 엄두도 내지 못하는 곳이지만 갓낚시에서는 훌륭한 포인트가 된다.

그런 급심지형은 일반적인 낚시로 붕어를 낚기 힘든 곳이다. 짧은 대를 던져도

덕암지 붕어를 꼼짝없이 묶어버린 '노끈조법'

참새 소쿠리 효과를 단적으로 보여준 재미있는 에피소드를 하나 소개한다. 경남 함안군 칠원면 운곡리 덕암지에서 허송세월 회원 김정구씨가 시도한 낚시방법으로, 이름 하여 '노끈조법'이다.

"이놈의 붕어들이 낚싯대 앞에 앉아 있을 때는 입질이 없다가, 자리만 비우면 낚싯대를 차고 가기에 나도 꾀를 냈죠."

김씨는 차에 있던 노끈을 입질이 잦은 두 낚싯대의 손잡이에 묶은 다음, 멀찌감치 나무 뒤에 숨어서 끈을 쥔 채 입질을 기다렸다고 한다. 그러자 거짓말처럼 입질이 연이어졌고, 노끈을 잡아당겨서 챔질하여 준척 세 마리를 낚았다.

허송세월 회원 황병길씨는 초저녁에는 물가에서 보기 힘든 사람이다. 낚싯대만 있을 뿐 의자도 없다. 가끔 숲속에서 담배불빛이 빠끔거리면 황씨가 거기 숨어 있음을 알 뿐이다. 그러나 밤낚시의 첫 붕어는 거의 그가 낚는다. 황씨는 말한다.

"첫 고기를 받기 전에는 최대한 멀리 숨어 있습니다. 그러면 확실히 입질이 빨라요. 새우미끼는 떡밥과 달리 찌가 솟았다가 잠길 때까지 기다렸다 채도 되니까 10m 이상 떨어져도 걸어가서 챔질할 여유가 충분합니다. 만약 입질이 연달아 오면 그때는 의자를 물가로 가져가야지요."

서찬수씨 일행이 종종 사용하는, 차마 권장하기 어려운 참새 소쿠리 조법도 있다. 초저녁 조황이 신통찮은 날이면 모두 낚싯대를 놓아두고 한쪽에 모여 삼겹살을 굽는다. 한 시간 후 이빨을 쑤시며 낚싯대 앞으로 가보면 한두 마리씩 붕어가 걸려 있다. 인기척이 사라진 틈을 타 입질한 것이다. 물론 그렇게 건진 붕어를 낚았다고 할 수는 없다. 다만 그만큼 붕어는 우리가 알고 있는 것 이상으로 인기척에 민감하다. 갓낚시의 과제는 낚시인이 물가에 있으면서도 없는 듯 연출하는 것이다.

미끼가 3m 이상 가라앉기 때문이다. 그러나 갓낚시는 찌를 연안으로 바짝 당겨서 60cm~1.2m 수심의 경사면 턱에 세워둔다. 1m 미만의 수중턱에 세우면 찌가 거의 직벽에 닿을 정도로 근접할 것이다. 얼음낚시에서처럼 찌가 눈앞에서 반짝인다. 그리고 어둠이 내리면, 그 찌가 거짓말처럼 움직인다. 한두 마디 솟다가 서서히 물속으로 잠수하는데, 케미라이트가 눈앞에서 심연 속으로 사라져가는 광경은 황홀하다. 일부러 한참 기다렸다가 챈다. 짧은 대의 절반이 물속으로 처박히는 그 짜릿한 손맛은 갓낚시가 아니면 맛보기 힘든 것이다.

낚시인 중심에서 '붕어 중심' 으로

갓낚시는 단순한 테크닉이 아니라 붕어낚시의 새로운 사고이자 밤낚시의 혁신적 전환이다. 지금까지의 붕어낚시는 '낚시인 중심' 이었지만 갓낚시는 '붕어 중

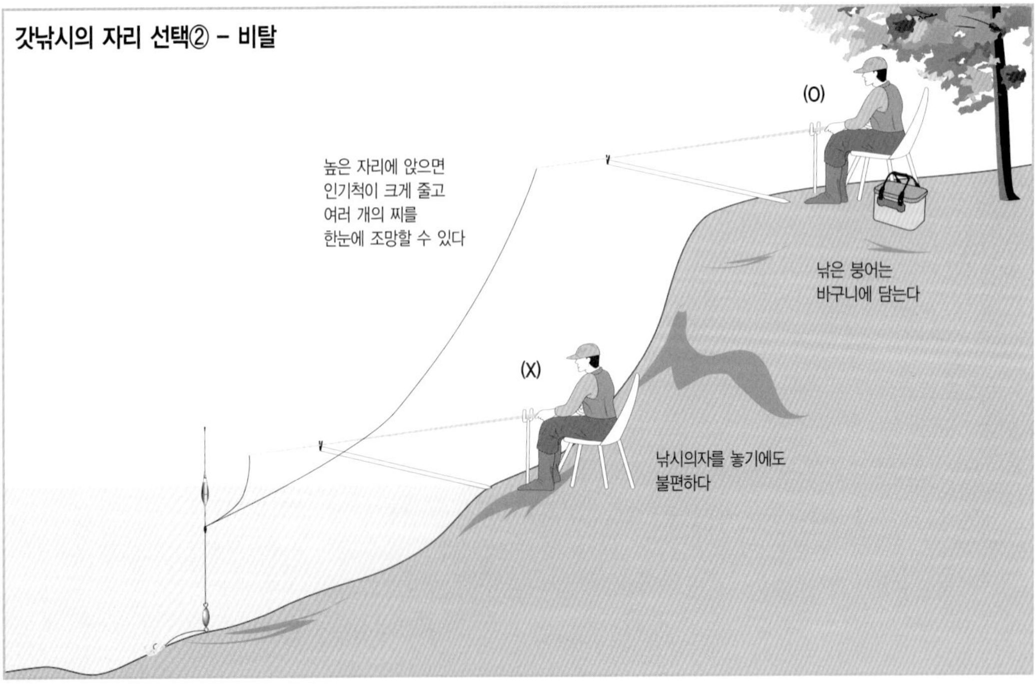

심' 이란 것이 가장 큰 차이다.

붕어는 사람을 보거나 인기척을 느끼면 달아나는 동물이다. 그래서 붕어를 낚으려면 붕어에게 들키지 말아야 한다. 또 붕어는 자신의 서식터전에 변화가 생기면 한동안 먹이활동을 정지한다. 그래서 물속은 물론 물 바깥의 환경도 건드리면 안 된다. 붕어가 사는 환경을 최대한 보존해주는 것이 월척 비결이다.

붕어를 비롯한 물고기는 악어처럼 냉혈동물이라서 한 달 넘게 먹지 않고도 살 수 있다. 그래서 며칠 동안 저수지의 붕어가 한 마리도 낚이지 않을 수 있다. 만일 붕어가 매일 매일 먹어야 기초 신진대사에 필요한 열량을 낼 수 있는 온혈동물이라면 우리는 꽝 치는 날이 줄어들 것이다. 그러나 유감스럽게도 붕어는 위기감을 느끼면 한동안 먹이활동을 정지하며 그래도 건강에 전혀 지장이 없다.

먹지 않는 붕어를 낚을 재간은 없다. 그래서 갓낚시는 붕어가 식욕을 잃지 않도록 긴장감을 풀어준다. 그러면 붕어는 제 발로 미끼를 찾아와 낚시에 걸리게 돼 있다. 낚시인이 던져둔 미끼는 배고픈 붕어의 입장에서 결코 거부할 수 없을

3대 인기척

1위 발소리, 2위 불빛, 3위 말소리

차 시동 걸고 잠들면 이후 입질은 뚝

낚시터에서 가장 해로운 것은 발소리다. 땅의 진동은 물의 파장으로 바로 연결되어 연안으로 접근하는 붕어를 쫓는다. 발소리뿐 아니라 땅을 울리는 모든 행동은 금기시된다. 땅을 삽으로 파거나 발로 다지는 행위, 차량을 물가까지 몰고 들어가는 행위는 금물이다. 잠깐 낚싯대 앞을 떠났다가 멀리서 찌가 솟는 것을 보더라도 뛰어가선 안 된다. 제2, 제3의 입질을 기대한다면 그 입질을 놓치는 한이 있더라도 조용히 걸어가야 한다.

둘째로 해로운 것은 불빛. 잠시 후 불빛에 관한 상세한 얘기를 해본다.

셋째로 해로운 것이 말소리다. 그러나 크게 외치지 않고 대화를 나누는 정도의 말소리는 물속 붕어에게 크게 영향을 미치지 않는다. 나는 핸드폰 통화 중에 입질을 받아 낚은 월척도 많다. 물소리를 듣고 "월척입니까"하고 물어도 붕어들이 놀랄까봐 대답하지도 않는 낚시인이 있는데, 좀 지나친 기우다.

오히려 낚시인들이 무심코 저지르는 대표적 악행(?)이 춥다고 차에 시동을 걸어둔 채 자는 것이다. 장시간 털털거리는 차 엔진 진동은 물속을 뒤흔들어서 그 날 저수지의 입질은 모조리 끊긴다. 차에서 꼭 자야 할 사람은 미리 저수지에서 멀리 떨어진 곳에 주차하자.

만큼 맛있는 유혹이니까….

그러나 붕어낚시인들은 안락한 낚시공간을 구축하기 위해 붕어의 터전을 파괴하는 것을 서슴지 않고 있다. 텐트를 치기 위해 물가의 나무를 베어내고, 많은 찌를 세우기 위해 수초를 걷어내고, 입질확률을 높이겠다고 10여 개의 케미라이트를 물속에 던져 넣는다. 이미 인기척을 왕창 쏟아놓고 숨죽인 채 기다려봐야 결국 헛된 기다림 밖에 되지 않는다.

갓낚시는 땅을 파지도 않고, 수초제거작업도 하지 않고, 낚싯대도 3~6대로 줄인다. 붕어가 늘 살아가던 그대로의 자연환경을 보존하고, 대신 낚시인이 비좁은 자리와 길

경남 의령군 정곡면 죽전리의 큰골지(대신지)에서 논두렁 바로 밑을 노리는 갓낚시로 월척을 뽑아낸 서찬수씨가 낚는 순간을 아침에 재연하고 있습니다.

월척 비결 두 가지

1. 두 명만 출조하라

인기척을 줄이는 것은 나 혼자의 노력으로 되는 것이 아니다. 다른 일행이 발소리를 내거나 불필요한 소음을 일으키면 초저녁 밤낚시 여건은 파괴된다. 따라서 출조인원은 가능한 한 줄여야 한다. 가볍게 즐기는 출조라면 동행인이 많아야 좋겠지만, 월척터를 마음먹고 노릴 때는 딱 두 사람만 가는 게 좋다. 조과만 놓고 보면 혼자가 더 좋지만 좀 쓸쓸하지 않은가.

초보자들은 '여러 명 가서 여러 포인트를 노리면 붕어가 더 많이 낚이지 않을까' 생각하지만 붕어낚시의 조과는 낚시인의 숫자에 반비례한다. 즉 두 명 가서 10마리를 낚을 수 있는 곳에 3명 가면 5마리 낚이고, 4명 가면 겨우 한두 마리다. 낚시회 정출에서 월척 출현이 드문 것도 과다한 인기척 때문이다.

2. 낚싯대 수를 줄여라

낚싯대와 인기척은 같은 의미다. 한 사람이 10대의 낚싯대를 펼치는 것이나 두 사람이 5대씩의 낚싯대를 펼치는 것이나 붕어가 받아들이는 인기척은 같다. 그러므로 최소한의 낚싯대만 펼쳐야 한다. 최근의 대물낚시는 다대편성을 당연시하고 있으나, 8~10대씩 펼치는 것은 '과대편성'이다. 새우미끼를 쓰더라도 4~6대가 최적이며, 많이 펼수록 붕어의 씨알은 잘아진다.

고 불편한 낚싯대를 감수한다. 그것이 핵심이다. 그밖에 채비니 찌니 미끼니 수온이니 수초니 하는 것은 미미한 부수사항일 뿐이다.

갓낚시는 그 이론이나 방법이 극히 낯선 만큼 실제로 시도해서 직접 붕어를 잡아보지 않고는 받아들이기 쉽지 않다. 낚시인들은 붕어에게 자꾸 다가가려고만 했기 때문에 내가 한 발 접근할 때 붕어는 서너 발 물러나고, 내가 한 발 물러서면 붕어는 서너 발 다가온다는 사실을 모르고 있다. 지금까지의 한국 붕어낚시 발전사가 모두 그랬다.

한국의 낚시인들은 과거 칸반~두칸대를 쓰다가 지금은 5칸대까지 쓰고 있다. 그 결과 "역시 붕어는 긴 대로 저수지 복판을 노려야 잘 낚인다"는 믿음을 가지게 되었다. 또 릴낚시, 바지장화 수초낚시, 보트낚시가 등장하면서 "역시 붕어는 물가에서 멀리 떨어진 안쪽으로 들어가야 잘 낚이는구만"하는 믿음이 더욱 확고해졌다. 그런 판국에 "밤이 되면 다릅니다. 붕어는 바로 여러분이 앉아 있는 그

여름날 저수지 둑방에서 서찬수씨가 주섬주섬 낚싯대를 꺼내고 있군요.
갓낚시 대편성은 서둘 필요가 없습니다. 찌밑 수심을 1m 미만으로 제한하고 물가에만 주르르 찌를 까니까 네댓대 까는데 10분이면 충분합니다. 이런 자리라면 받침대도 필요 없으니 시간은 더 단축되죠.

물가로 나옵니다"하고 외쳐봤자 큰 호응이 없을 것은 뻔한 이치다.

그러나 뜻밖에도 그렇지 않았다. 갓낚시는 낚시잡지에 소개된 지 불과 2년 만에 전국으로 퍼졌다. 지금은 수많은 낚시인이 많든 적든 갓낚시 패턴을 채용하고 있다. 짧은 기간에 이토록 폭넓은 공감대를 끌어낸 이유는 이미 낚시인 대다수가 '붕어는 깊은 곳보다 얕은 곳에서, 저수지 중심부보다 연안에서 잘 낚인다'는 갓낚시적 체험을 해왔기 때문이다. 그러나 갓낚시의 수심이 너무 얕고 공략거리가 너무 가까워서 그 파격 앞에 혼란을 느낄 뿐이다.

찌불까지 줄여라 – '흑케미'의 비밀

최선의 낚시는 물가에서 '나'를 삭제하는 것이다. 그러나 내가 물가에 없고서는 낚시를 할 수 없으니 차선의 방책으로 물가에서 물러나 낚시하는 것이 갓낚시다.

그러나 밤낚시에는 낚시인 외에 또 하나의 필요악이 있으니, 바로 '찌불'이다. 붕어의 입장에서 수면에 떠 있는 찌의 불빛은 낯선 것이며 조심성 많은 대어는 그 불빛에 민감하게 반응한다. 특히 얕은 수심을 노리는 갓낚시에서는 찌불의 악영향이 더 크다.

'흐음, 상식적으로 생각해봐도 밤낚시에서 케미라이트 불빛이 해로우면 해로웠지 이롭지는 않을 거야'라는 생각은 누구나 가지고 있다. 그러나 그 빛이 얼마나 해로운지 구체적으로 실험해보고 체험해본 낚시인은 거의 없기 때문에 그 불빛을 줄이기 위한 노력도 거의 없다.

2000년 초여름, 나는 서찬수씨가 낚시한 자리에서 이상한 케미를 발견했다. 새까맣게 칠해진 케미라이트였다. 손톱으로 긁어보니 칠이 벗겨졌다. 순간, 며칠간 서찬수씨만 계속 월척을 낚아낸 것과 이 이상한 케미라이트가 연관이 있을 것이라는 느낌이 들었다. 그 케미를 들이대고 '이건 뭐냐'고 따져 물었다.

서찬수씨는 "실험이 끝나면 얘기하려 했다"며 싱긋 웃고는 '흑黑케미'의 비밀을 털어놓았다. 늘 그런 식이었다. 서찬수씨는 남달리 낚시에 대한 의문이 많았

수면을 환하게 밝힌 찌불. 1.5m 이상의 깊은 수심을 노릴 땐 찌불의 악영향이 적지만 60cm 이하의 얕은 수심을 주로 노리는 갓낚시에선 찌불이 밝으면 입질이 뜸하고 씨알도 잡니다.

고 그때마다 혼자 조용히 낚시터에서 실험해보았지만 확실한 결과가 드러나기 전에는 그 사실을 먼저 얘기하지 않았다.

"나는 찌 끝에 케미 대신 원자발광체를 달아서 쓰고 있어요. 왜 받침대 주걱에 꽂는 원자 있잖습니까? 원자발광체는 영구적으로 빛을 발하기 때문에 케미 대신 찌에 꽂아 쓰면 매번 케미를 갈아야 하는 불편을 덜 수 있어요. 그런데 빛이 아주 약하기 때문에 두 개를 합쳐서 써야 하죠. 한 달 전인가 낚시 도중 원자찌가 부러져서 케미라이트 찌로 대체했어요. 그런데 계속 오던 입질이 딱 끊겨버리지 뭡니까? 이상하다 싶어 다른 낚싯대에 꽂혀 있던 원자찌를 빼내 다시 갈아줬어요. 그러자 다시 입질이 들어오더군요. 그때 나는 케미라이트의 환한 빛이 얕은 수심에서는 붕어에게 경계심을 준다는 사실을 알았죠. 그 후로 더 원자찌를 아끼고 있는데, 문제는 원자 하나가 5천원씩 할 만큼 비싼데다 최근에는 수입하는 업

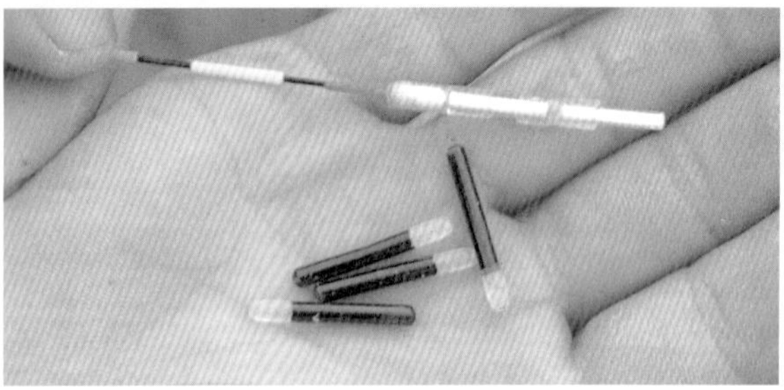

낚시터의 미술시간? 유성펜을 들고 케미라이트에 열심히 색칠하는 서찬수씨. 붕어 한 마리 낚아보려고 애쓰시는군요.
아래는 그의 작품 '흑케미'. 찌톱에 연결된 것은 발광원자 두 개를 연결한 것입니다.

체가 없어 구하기도 힘들다는 겁니다. 그래서 케미라이트의 불빛을 원자만큼 줄여보면 어떨까 생각하다가 까만 유성펜으로 칠을 해봤습니다. 한 달째 써보고 있는데, 효과는 기대 이상입니다. 허 기자에게도 얘기하려 했는데 조금 일찍 들켜버렸네요."

사람들은 초저녁에 붕어 입질이 뜸하다고 한다. 그런데 그 이유는 해거름에 꺾은 케미라이트 빛이 가장 강하기 때문일 수 있다. 케미 빛이 희미해질 때 대물이 잘 낚이는 것도 찌 불빛의 강도와 무관하지 않다고 말하는 낚시인이 많다. 그래서 밤낚시를 하기 한 시간 전에 미리 케미를 부러뜨려 놓는 사람도 많다. 그러나 케미에 검은 칠을 입히는 흑케미의 효과는 그보다 한 단계 위다.

"낚싯대를 많이 펼치면 입질이 뜸한 것은 그만큼 케미 빛이 많아지기 때문입니다. 3mm 케미보다 4mm 케미라이트나 방울형 케미를 쓰면 조과가 떨어지는 이유는 결국 빛 때문입니다. 과거 칸델라를 쓸 때보다 케미라이트를 쓰는 요즘 월척이 잘 낚이는 것은 불빛을 그만큼 줄였기 때문이 아닙니까? 그렇다면 케미 빛마저 줄인다면 더 잘 낚이지 않겠습니까?"

서찬수씨는 덧붙여서 이렇게 말했다.

"이따금 찌가 제 자리에 들어가지 않아서 찌톱이 수면 위로 불쑥 솟아 있을 때 입질을 받았던 경험은 없습니까? 붕어가 그때 입질하는 경우가 많았지요? 그 이

흑케미, 이렇게 칠해요

①초저녁에는 70%를 칠한다. 2칸 이하 짧은 대는 90% 칠해도 잘 보인다.
②빛이 너무 어두워지면 손톱으로 검은 칠을 적당히 긁어낸다.
③미리 케미꽂이에 끼워놓고 칠한 다음
④새벽에는 빼내서 칠하지 않은 부분이 위로 오게 거꾸로 꽂아서 쓰기도 한다.

유는 두 가지로 추정됩니다. 우선 그 자리는 주변보다 얕은 곳이라 밤에 얕은 수심에서 먹이를 찾는 붕어의 눈에 미끼가 잘 뜨였을 것입니다. 아울러 찌톱이 높이 솟아 있으면 물속에 투영되는 케미의 빛이 약합니다. 나는 그 두 가지 요인이 잦은 입질을 부른다고 생각합니다."

그날로 나도 문구점에 가서 검은 유성펜을 산 다음 밤마다 케미를 색칠해대기 시작했다. 그 효과는 놀라웠다. 특히 물이 맑은 곳, 마릿수가 극히 적은 '터 센' 곳, 아주 얕은 수심에서는 흑케미가 아니고서는 초저녁 입질을 받기 힘들 정도였다. 서찬수씨 주변 낚시인들도 흑케미의 위력을 알아채고 너도 나도 유성펜을 사기에 이르렀는데, 해거름이면 모두 케미라이트를 돌려가며 칠하느라 바빴고 서로 까매진 손가락을 가리키며 깔깔대고 웃었다.

흑케미를 만들 때는 부러뜨린 다음 칠해야 한다. 칠해놓고 부러뜨리면 칠이 깨진다. 그러므로 늘 밤낚시 직전에 칠해야 한다. 빛이 강한 발광 초기에는 케미라이트의 70%를 칠한다. 그리고 빛이 약해져서 찌불이 잘 보이지 않으면 조금씩 손톱으로 갉아내며 휘도를 조절한다. 새벽에는 칠을 모조리 벗겨 내거나 아예 새 케미로 교환하는데, 새 케미 역시 검게 색칠한다. 얕은 수심에 놓은 찌는 새 케미로 갈지 않고 그대로 간다.

갓낚시인들은 방울형 케미라이트를 쓰지 않는다. 하물며 전지케미는 아예 사용금지품목이다. "새벽이면 4칸 이상 긴 대의 케미라이트는 잘 보이지 않을 만큼 희미해지지만, 그 상태로 둬야 월척이 잘 낚인다는 것을 알기에 새 케미로 갈지 않습니다. 간혹 외지에서 온 분들이 전지찌를 사용하면 우리가 만류하죠. 간혹 밤눈이 어두워 전지찌를 쓴다는 분들만 빼구요." 허송세월 강윤용 총무의 말이다. 마산 경남대학교 앞에서 문구점을 운영하는 강씨는 서찬수씨를 알게 된 인연으로 붕어낚시에 늦깎이 입문했는데, 첫 출조에 35cm 월척을 낚는 행운을 안았고, 그 후 7년 동안 너무 많은 월척을 건져서 '붕어낚시 10년에 월척을 못한 낚시인이 있다' 고 하면 어리둥절해 하는 사람이다.

케미 빛은 물속에 들어가면 더 환하다

허송세월의 정대수 회원은 진주시 이반성면 이반성초교 맞은편의 지화지에서 흑케미를 능가하는 기발한 낚시법으로 탁월한 조과를 올렸는데 술김에 그 비밀을 털어놓았다.

"찌를 가장자리로 끌어당겨서 아예 땅 위에 올려버렸죠. 찌톱이 땅바닥에 달싹 붙어 있으니 물속에 들어가는 빛이 아예 차단되어 붕어가 더 잘 낚이지 않을까 싶어 시도해본 겁니다. 그러니까 정말 붕어가 더 잘 무는 거예요. 입질이 오면 땅바닥에 누워 있던 찌불이 발딱 섭니다. 졸다가도 깰 만큼 화끈한 어신이죠. 그리고는 찌불이 물속으로 질질 끌려 들어갑니다. 내가 지켜보는 줄도 모르고 새

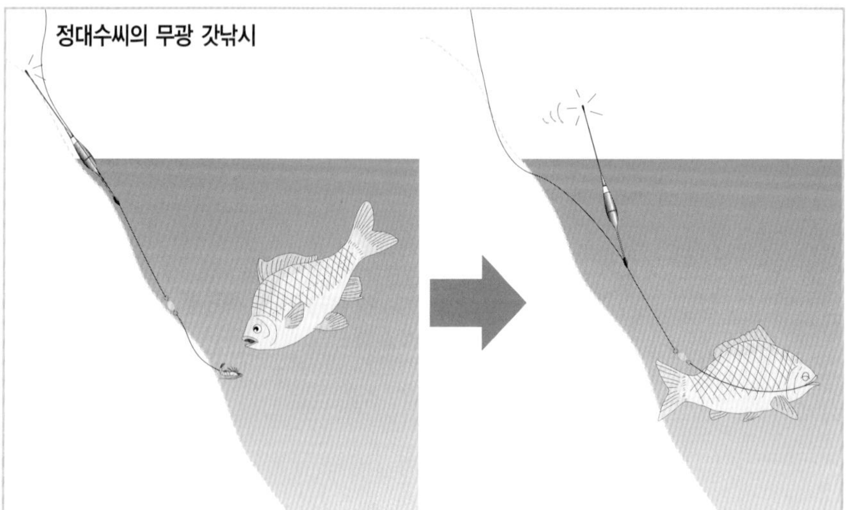

찌불이 높을수록 물속에 빛이 적게 투과된다

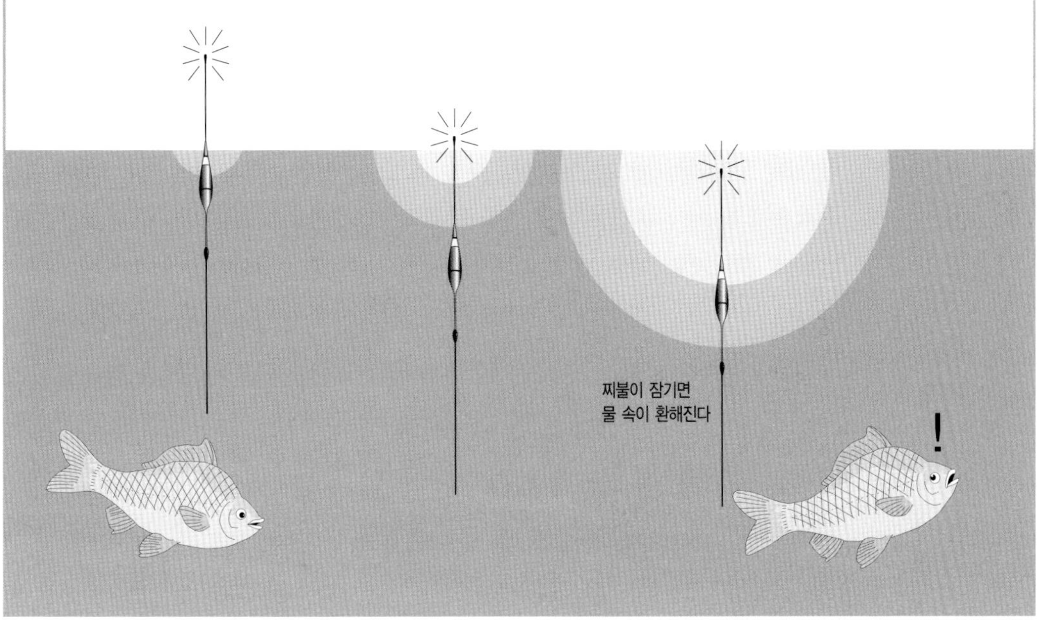

우를 물고 신나게 돌아가는 녀석들을 상상하노라니 그렇게 우스울 수가 없어요. 그런 식으로 길 건너편 물 유입구에서 하룻밤에 삼십 중반 월척만 다섯 마리를 낚았어요!" 모두 그 아이디어에 박수를 치고 그 후 급경사 연안에서 정씨를 흉내 내어 손맛을 보았다.

나는 그의 말에 힌트를 얻어 아예 '무케미 밤낚시'를 시도해보았다. 40cm 이하의 아주 얕은 수심에 던진 찌에는 케미를 빼버린 것이다. 아니나 다를까 입질의 빈도는 훨씬 높아졌다. 그러나 붕어가 낚싯대를 차고 나간 다음에야 어신을 알 수 있으니 걸었다 놓치기도 하고, 붕어가 다른 찌를 감아서 헝클어놓는 경우가 많아 딱 두 번 시도한 뒤로 지금은 하지 않지만, 케미라이트 불빛이 갓낚시에서 얼마나 해로운가를 피부로 느끼기에는 충분했다.

낚시인들은 찌불 끝만 수면에서 살짝 나오게 가지런히 정렬한다. 챔질타이밍을 잡기에는 편리하지만 조과의 측면에서는 마이너스다. 1m 이상의 깊은 수심이라면 그런 찌맞춤이 크게 해롭지 않지만 80cm 이하의 얕은 수심이라면 가급적 찌불을 수면에서 높이 띄워줄 때 입질의 빈도는 훨씬 높아진다. 그래야 물속에 투과되는 찌불의 빛이 약해지기 때문이다.

갓낚시에서는 양쪽 연안에 가장 가깝게 붙이는 찌는 거의 찌톱 전체를 물밖에 내놓을 만큼 찌불을 높이 띄운다. 그 경우 입질 판별에도 더 유리하다. 양쪽 가장자리의 찌는 시야의 사각지대에 있어 정면의 찌보다 집중력이 떨어진다. 그때 수직으로 솟는 찌올림은 알아채지 못할 수 있지만, 찌톱을 완전히 내놓은 찌는 붕어가 밀어 올릴 경우 좌우로 기우뚱하거나 흔들리기 때문에 거의 예신을 놓치지 않는다.

최악의 유형은 찌불을 수면 아래로 가라앉힌 채 낚시하는 것이다. 잠수한 케미는 물속을 더 환하게 밝힌다. "찌불을 모두 가라앉히면 다대편성을 해도 반짝 솟는 찌만 보고 어신을 감별할 수 있어 편리하다"고 말하는 낚시인들이 있는데, 어신을 보기에 편할지는 몰라도 대어의 경계심을 크게 자극할 수 있다. 간단하게 실험해보자. 케미라이트를 먼저 수면 위에서 비춰보고, 다음으로 물속에 넣어보면 물속으로 전파되는 빛의 차이를 알 수 있을 것이다.

Part3

물 위를 걷는 믿음으로…

낚시인은 본능적으로 '가장자리 공포증'과 '얕은 수심 공포증'을 가지고 있습니다. 갓낚시에 관심을 가지고 있는 낚시인도 60cm 수심의 벽을 쉽게 뛰어넘지 못합니다.

그래서 갓낚시를 해보려는 사람에게는 용기와 믿음이 필요합니다.

속는 셈 치고, 눈 딱 감고, 하룻밤만 새우미끼를 물가에 놓고 기다려보세요. 까짓 하룻밤 꽝 칠 요량으로…

가장자리 공포증을 극복하자

●먹이를 찾는 붕어는 먹이가 많은 얕은 곳을 찾는다.

●밤에는 어둠을 업고 더 얕은 곳을 찾는다.

●그리고 인기척이 없다면 최대한 물가로 붙는다.

이것이 토종붕어의 습성이다. 갓낚시는 그런 붕어의 습성을 간파한 낚시다. 그러나 그동안 갓낚시에 관심을 가지고 창원의 허송세월을 방문했던 낚시인들을 만나본 바로는, 붕어가 연안에서 먹이를 찾는다는 사실은 쉽게 이해하지만 실제 낚시터에서 갓낚시로 바로 실천하지는 못했다. 모두 '가장자리 공포증' 을 가지고 있었다.

"바로 여기가 붕어가 밤에 입질하는 장소입니다."
무넘기 가장자리에 찌를 세워 보이는 서찬수 씨. 수심은 20cm라도 충분하니까 최대한 가로 붙여줍니다.
그러나 대형지는 이런 무넘기 둑 밑이 너무 깊어서 포인트가 안 되는데, 만약 갈수기에 둑 가장자리 수심이 1m 미만으로 내려앉았다면 그때는 월척 포인트로 변모합니다.

해 지기 전에는 분명히 일러준 대로 연안에 붙여둔 찌를 확인했는데 한 시간 후에 가보면 더 깊은 수심으로 옮겨져 있다. "왜 저 자리에서 찌를 뺐습니까?"하고 힐난조로 물으면 몸을 비비꼬며 말한다. "암만 봐도 불안해서요. 근데요. 정말 월척이 저렇게 얕은 곳까지 올라오나요?"

하긴 그럴 수밖에 없다. 대한민국의 거의 모든 낚시인이 '큰 붕어는 저수지의 중앙부를 노려야 더 쉽게 낚을 수 있다' 고 생각하기 때문이다. 보트낚시, 릴낚시, 좌대낚시가 성행하는 오늘날 그렇게 생각하는 것이 어쩌면 당연하다. 그래서 갓낚시를 직접 체험해본 낚시인도 가장자리 공포증을 완전히 탈피하는 데는

아주 얕은 수심에서도 가에서 입질이 잦은 이유

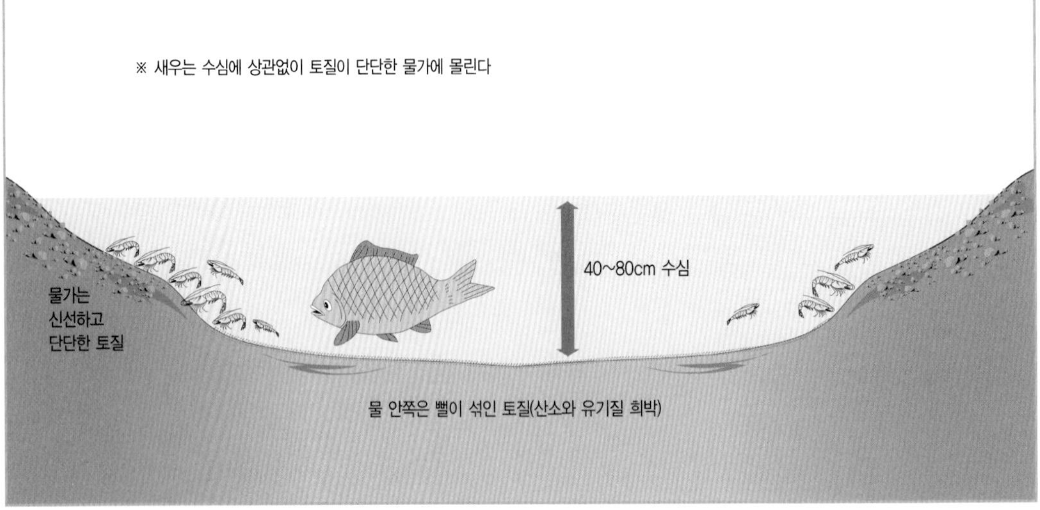

더 많은 시간이 걸린다.

몇 년 전 경기도 광명시에 사는 김재모씨가 허송세월을 찾았다. 그 날 나는 서찬수씨와 진주시 진성면 이천리의 월령지로 출조할 준비를 하고 있었다. 그는 '갓낚시 마니아' 라고 스스로를 소개하며 "그동안 갓낚시로 여러 번 재미를 보았다. 오늘은 오리지널 갓낚시가 어떤 것인지 보고 싶어 찾아왔다"고 했다.

서찬수씨는 그 날 밤 김재모씨를 월령지의 큰 골 상류에 안내하고 "3칸대를 옆으로 비껴 쳐서 30cm 수심의 수중턱에 새우를 올려보라"고 했다. 그러자 김씨의 눈이 휘둥그레졌다. "에이…, 아무리 갓낚시라도 그렇지, 이렇게 바닥이 환히 보이는 곳에 미끼를 던지라는 겁니까?"

아마 그는 가로 붙여보긴 했는데 바닥이 보일 정도로 얕은 곳은 노려본 적이 없나 보았다. 서찬수씨는 '속는 셈치고 그렇게 해보라' 고 했고 김재모씨는 그곳에서 초저녁 첫 입질에 28cm 붕어를 낚았다. 그 후 김씨는 명실상부한 갓낚시 마니아가 되어 숱한 월척을 갓낚시로 낚았다.

부산의 김종호씨는 갯바위낚시를 즐기다가 나를 만난 인연으로 갓낚시에 빠져들었다. 그와 함께 의령군 용덕면의 성비지에 처음 낚시를 갔을 때 내가 "논두렁에 앉아 가장 긴 대를 오른쪽 옆으로 쳐서 물가에 찌를 세워라. 땅에서 50cm 이상 떨어지면 안 된다"고 했더니 기가 차다는 듯 바라보았다. "형님, 내가 아무리 붕어낚시 초짜지만 이건 아닌 것 같은데요?" 나 역시 속는 셈 치고 시키는 대로 해보라고 했고, 김종호씨는 그날 밤 6~7치 붕어 몇 마리를 낚고는 흥분해버렸다. "이야, 진짜 맨 가에서만 붕어가 낚이고, 정면으로 멀리 던진 대에는 입질 한 번 없네요. 어떻게 이럴 수가 있죠?" 그날로 그는 붕어낚싯대 두 세트를 구입했고, 한 달 후 창녕군 남지읍 신전리의 신전2지에서 42cm 붕어를 낚았다.

내가 만난 모든 낚시인들은 갓낚시에 빠지기 전 '가장자리 공포증'을 홍역처럼 앓았다. 나 역시 그랬다. 그 공포증은 베드로가 갈릴리호수의 수면에 첫 발을 디딜 때와 맞먹는다 해도 과장이 아닐 것이다. "속는 셈치고 물가에 새우를 깔아보라"고 하면 낚시인들은 예수가 두 팔을 벌려 '나를 믿고 물 위를 걸으라'고 할 때 베드로가 지었을 법한 표정을 짓는다.

얕은 수심에 대한 공포는 쉽게 지워도 가장자리에 대한 공포는 더 오래 간다.

예컨대 중하류의 급경사지역에서는 쉽게 갓낚시를 한다. '붕어는 너무 깊은 수심에서는 잘 안 낚인다'는 것을 갓낚시를 하기 전에도 어렴풋이 알고 있었기에 찌를 1~1.5m 수심의 물가에 바짝바짝 붙여서 곧잘 붕어를 낚는다.

그러나 상류의 완경사에 가면 달라진다. 가장자리 기피증이 되살아난다. 가령 4칸대를 정면으로 던져도 60cm 수심을 보일 정도의 완경사라면 '설마 붕어가 이런 곳에서까지 가로 붙겠느냐'고 생각하는 것이다. 그러나 그런 곳에서도 붕어는 가장자리부터 공격한다. 다시 말해 붕어가 가 쪽으로 붙는 이유는, 가장자리의 수심이 얕기 때문이기도 하지만, 가장자리에 새우가 가장 많기 때문이다. 왼쪽 〈그림〉에서 보듯이 새우는 수심에 상관없이 가장자리에 가장 많이 모이고 붕어 역시 그쪽부터 먼저 공격한다.

그렇다면 왜 새우들은 똑같이 얕은 수심인데도 가장자리에 모이는 것일까? 가장자리에는 단단하고 신선한 흙이 많고 물결이 자주 일면서 산소량이 가장 풍부하기 때문이다.

이 대목에서 우리는 갓낚시의 가장 핵심적인 또 하나의 요소에 집중해야 한다. 그것은 바로 토질(土質)이다.

뻘 대신 단단한 바닥을 찾아라

토질은 지금까지 붕어낚시에서 간과돼온 부분이지만 갓낚시에서는 수심과 함께 토질을 포인트 선정의 제1기준으로 삼는다.

토질은 그 저수지의 수질과 붕어의 체형 · 체색 · 힘 · 수명을 결정짓는 요소다. 신토불이라는 말이 있듯이 어토불이魚土不二다. 저수지의 물이 담긴 토질에 따라 물색이 달라지며, 그 물에 사는 물고기의 습성이 달라지고, 그 땅에 뿌리박고 사는 수초의 종류가 달라진다.

토질과 관련한 붕어의 습성을 뒷 장의 상자기사에 정리해보았다. 이 내용은 많은 낚시인에 의해 검증된 것은 아니며, 내가 그동안의 낚시경험을 통해 나름대로 분류해본 것이다. 여러분도 낚시터에 갈 때마다 물가의 흙을 손으로 매만져보고 그 입자와 색깔, 물색 등을 비교해보면 한결 흥미로운 낚시를 즐길 수 있을 것이다.

경남 함안군 함안면 봉성리 대미골소류지에서 갓낚시로 준척 붕어를 낚아 올리는 모습입니다.
큰 붕어가 물가에서 입질하는 이유는 물가의 땅이 단단하고 신선해서 새우나 작은 물고기들이 물가에 몰려 있기 때문입니다.

그러나 갓낚시에 입문하는 단계에서는 일단 '단단한 땅과 뻘의 차이' 만 이해하면 된다.

▶뻘은 붕어낚시의 포인트가 되지 않는다.

▶물속 토질이 단단한 곳이 밤낚시 포인트다.

저수지의 붕어가 깊은 수심에서 잘 낚이지 않는 이유는 (깊은 곳의 수압이 높다기보다) 깊은 곳에 뻘이 쌓여 있기 때문이다. 뻘은 흙이 물속에서 부패하여 생성되는 것으로 영양소가 없고 유독가스가 발생하여 붕어는 물론 다른 고기도 기피한다. 반면 물가의 토질은 단단하고 신선하다. 바지를 걷고 물속에 들어가 보면 처음 내디디는 바닥은 단단하지만 깊이 들어갈수록 발이 푹푹 빠지는 뻘로 변하는 것을 알 수 있다. 그래서 신선한 흙을 찾는 새우가 가장자리에 몰리고 큰 붕어도 새우를 찾아 가로 붙는 것이다.

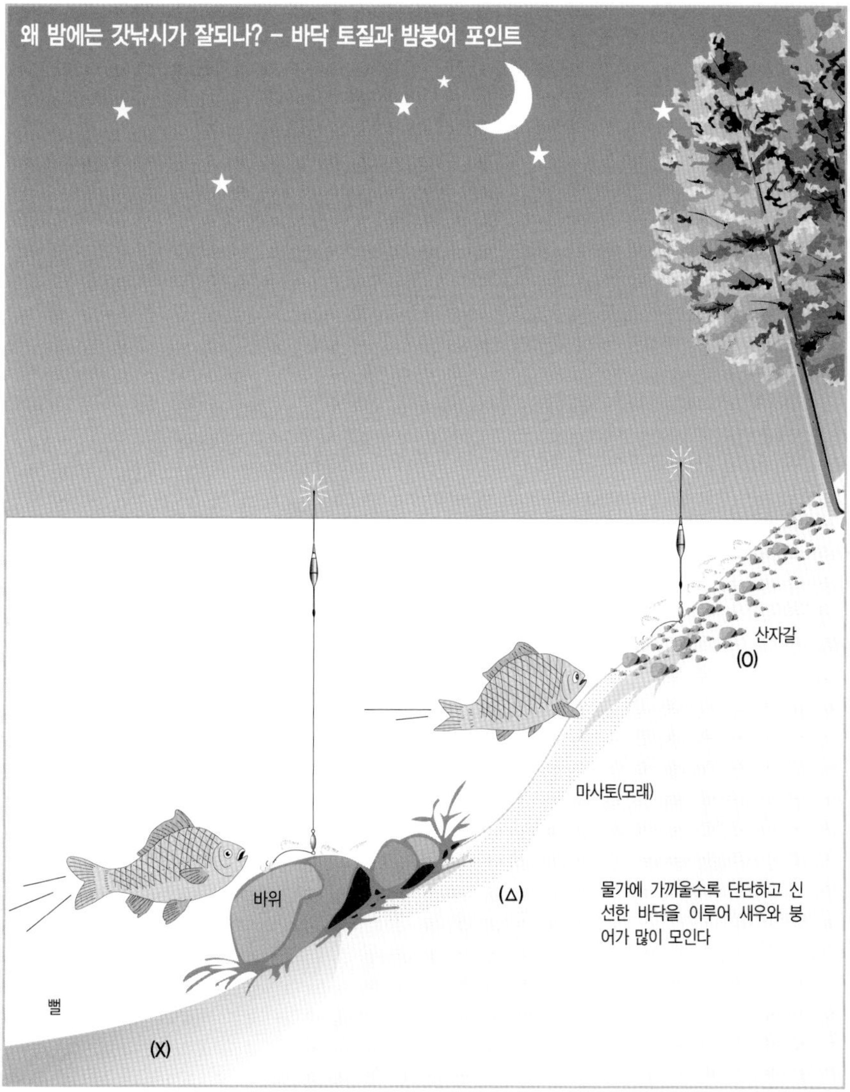

'토질' 을 보면 밤낚시터가 보인다

당진 대호, 보령 부사호, 해남 고천암호, 진도 군내호 등 바다의 갯벌을 막아서 만든 간척호수와 서남해안의 수로들은 밤낚시가 잘 안되고 아침낚시가 잘 된다. 또 남한강, 금강, 낙동강계 중하류의 수로들도 밤낚시가 안 되고 아침에 붕어가 낚인다. 한편 저수지는 대부분 밤낚시가 잘 되는 편이지만 마름이나 말풀 등 수초가 밀생한 저수지는 밤보다 아침에 큰 붕어가 잘 낚이는 경우가 많다.

이렇게 밤낚시보다 낮낚시가 잘 되는 낚시터의 공통점은 바닥 토질이 뻘로 형성돼 있다는 것이다.

반대로 뻘 대신 단단하고 깨끗한 바닥을 이룬 곳이라면 밤낚시가 잘 된다. 이를테면 간척호에서도 대호의 본류처럼 마사토로 형성된 곳이나 진도 소포수로 양섬처럼 자갈바닥인 곳에서는 밤낚시가 잘 된다. 연안에 갈대나 뗏장수초가 자란 곳은 바닥이 마사토란 뜻이므로 밤낚시가 된다. 또 강에서도 상류는 깨끗한 모래자갈이 깔려 있어 하류와 달리 밤낚시가 잘 된다.

저수지에서도 상류와 연안은 자갈이나 모래(마사) 토질인 반면 중하류의 깊은 수심에는 뻘이 쌓여 있다. 그래서 밤에는 얕은 상류에서 붕어가 잘 낚이며, 깊은 중하류를 노리면 새벽~아침에 붕어가 낚일 공산이 크다.(물론 갓낚시를 하면 중하류에서도 밤낚시가 잘 된다)

왜 밤에는 뻘보다 단단한 땅에서 붕어가 잘 낚이는 것일까? 단단한 땅이 유기질이 풍부한 신선한 땅이며 그곳에 새우를 비롯한 먹이가 많아 붕어가 사냥터로 삼기 때문이다. 물론 낮에도 붕어는 뻘보다 단단한 땅에서 먹이를 사냥하고 싶지만 단단한 땅은 얕은 곳이나 물가에만 있어서 환한 대낮에 접근하기는 쉽지 않다. 그래서 밤에 얕은 곳, 단단한 토질을 붕어가 더 탐낸다. 밤낚시 전용 기법인 갓낚시는 단단한 토질을 찾아 공략하는 낚시방법이다.

물론 붕어 자원을 보호하는 데는 뻘이 너무 없어도 안 된다. 뻘은 붕어가 한겨울에 파고들어 동면하는 장소라고 한다. 또 물이 빠져도 뻘이 깊은 곳에는 붕어들이 뻘 속에 파고들어 그물질을 피하고 생명을 유지한다. 뻘이 없는 저수지는 물을 빼고 나면 붕어들이 거의 전멸할 정도로 급감한다.

그러나 어쨌든 먹이를 찾는 붕어(낚시로 낚을 수 있는 붕어)는 뻘에 머물지 않는다. 더구나 새우는 붕어보다 더 많은 산소를 필요로 하는 녀석들이라 뻘밭에서는 아예 찾아볼 수 없다. 만약 깊은 수심에서도 붕어가 잘 낚이는 저수지가 있다면, 그곳은 깊은 곳에도 뻘이 없는 저수지라고 해석하면 거의 들어맞는다. 대표적인 예가 댐이다. 댐은 수위 변동 폭이 10m를 오르내리므로 깊은 곳에도 뻘이 없다. 갈수 때 드러나는 바닥은 뻘이 말라서 먼지로 날아가 버리기 때문이다. 수위 변동이 심한 대형 계곡지 역시 깊은 곳에도 뻘이 적다. 특히 갓 지은 신생

갈수상태의 저수지 연안입니다. 이처럼 물이 빠지면 단단한 토질이 물가에만 남아 있기 때문에 붕어가 물가에서만 먹이활동을 하게 됩니다. 그래서 갈수기에 갓낚시가 특히 잘 됩니다.

저수지는 당연히 뻘이 없다. 그래서 댐, 대형 계곡지, 신생지는 깊은 수심에서도 붕어가 잘 낚인다.

그러나 오래 묵은 고지(古池)나 수십 년간 고갈된 적 없는 저수지는 뻘이 깊어서 신선한 흙은 얕은 연안에만 분포한다. 갓낚시는 그래서 고지에서 더 큰 위력을 발휘한다.

갓낚시는 만수보다 갈수 때 더 잘 된다

이 뻘과 포인트의 관계 때문에 만수 때보다 갈수 때 갓낚시의 위력이 배가된다. 저수지의 물이 빠져 있는 상황일수록 신선한 토질을 찾는 붕어의 연안 접근

'어토불이' 붕어토질학

저수지의 토질을 흑토(黑土), 회토(灰土), 황토(黃土), 백토(白土)로 나누어 본다. 그 각각의 토질에 따라 포인트 선정요령과 낚시방법이 달라진다.

●흑토

뻘이 많이 섞인 이 토질은 수초가 많은 평지지에 분포한다. 대물이 많은 토질이지만 붕어의 회유가 활발하지 않아 마릿수는 적다. 말풀, 부들, 마름, 연이 많이 자란다. 포인트에 따라 갓낚시가 잘 되지만 밤 입질이 좀 늦게 시작되고 새벽~아침에 대물 출현이 잦은 편이다. 수초가 무성한 하절기보다 삭아 내리는 동절기에 빛을 발한다. 한 번 호황을 보이면 며칠간 길게 가는 것이 장점이다. 붕어 체형이 우람하고 비늘 윤곽이 뚜렷해 모양은 좋지만 힘은 떨어진다.

●회토

산자갈이 삭은 이 토질은 오래 묵은 산중 계곡지에 많다. 4짜에 이르는 대물이 많고 갓낚시가 잘 돼 갓낚시인들이 가장 선호하는 토질이다. 이 토질의 저수지 물은 맑은 자주색을 띠며 붕어의 비늘이 거칠고 힘이 천하장사다. 수초는 아예 없거나 뗏장과 말풀이 약간 분포한다. 보기에는 물색이 탁하지만 의외로 투명도가 높아서 달빛을 많이 탄다(밤에 랜턴을 비추면 바닥까지 투과된다). 붕어의 경계심이 높아서 인기척을 많이 탄다.

●백토

계곡지와 강계에 많은 마사토질이다. 붕어의 회유가 활발해 종종 마릿수 대박이 터지지만 몰황을 겪는 등 조황 기복이 심하다. 물이 맑아 달빛을 심하게 타므로 그믐때 공략하는 것이

성은 더 높아지는 것이다.

그러나 낚시인들은 거꾸로 알고 있다. '물이 빠지면 붕어들이 불안해서 한 치라도 더 깊은 수심을 찾아 들어가지 않겠느냐' 생각하는 것이다. 그러나 붕어는 오히려 정반대로 움직이는 경우가 더 많다.

우선 만수 상태의 저수지 바닥을 들여다보자. 만수가 되면 연안에서 꽤 먼 거리의 깊은 수심까지도 신선한 땅이 펼쳐진다. 물이 차오르기 전에 그곳은 육지였기 때문이다. 그 경우 붕어의 먹이 활동처는 먼 거리까지 광범위하게 분산된다. 그로 인한 조과는 다소 부정적이다. 물이 불어 오르는 오름수위 초기에는 붕어들의 연안접근이 활발

(위 사진)
백토질의 계곡지에서 갓낚시 대편성을 하는 모습입니다. 이렇게 물이 맑은 저수지는 물색이 흐려졌을 때 찾으면 대박을 만날 수 있습니다.

좋다. 수초는 거의 없다. 집중호우로 탁수가 유입되거나 심한 갈수로 물색이 흐려졌을 때 대단한 호황이 펼쳐진다. 붕어의 힘은 일품이지만 생명력이 약해 수족관에 넣어두면 쉽게 죽는다. 여름에 떡밥낚시도 잘 되는 편이다.

●황토

댐이나 대형지에 많은 토질이다. 터가 세고 마릿수는 적지만 걸었다 하면 대물인 곳이 이 토질에 많다. 물은 맑지만 달이 밝아도 붕어가 잘 낚이는 편이다. 뻘이 적어 깊은 수심에서도 새우미끼가 잘 먹히고 붕어 외에 잡어가 별로 없는 편이다. 수초가 없는 곳이 대부분이지만 깊은 수심에 말풀(주로 말즘)이 더러 자란다. 붕어의 체형과 힘이 좋다. 여름~늦가을에 빛을 발한다.

(아래 사진)
회토질에서 낚인 붕어. 비늘이 거칠지요? 이런 붕어가 천하장사입니다. 삼십오가 넘어서면 대 부러지는 소리가 납니다.

하여 호황이 전개되지만, 일단 만수가 되어버리면 붕어들이 분산되어 낱마리 조과로 돌아서 버린다. 그래서 만수 때는 저수지의 풍경은 멋지지만 보기보다 낚시가 잘 안 된다. 오름수위는 호황기지만, 그 후의 만수는 대개 불황이다.

반면 갈수 상태의 저수지 바닥을 보자. 물이 빠지면 연안의 깨끗하고 단단한 땅은 다 드러나 버리고 물이 고인 곳에는 뻘밖에 남지 않는다. 그래서 갈수기의 붕어들은 한 치라도 더 뻘이 적은 연안으로 접근하고자 움직인다. 그래서 대박의 찬스는 갈수기에 많이 주어진다.

그런데 물이 급속도로 빠지고 있는 상황에서는 붕어들이 생존에 위협을 느껴 먹이활동을 대폭 줄인다. 이때는 낚시가 잘 안 된다. 그러나 배수가 끝나고 갈수 상태에서 수위가 안정되면 그동안 굶주렸던 붕어들은 연안으로 접근하여 맹렬하게 먹이를 찾는다. 다만 배수 탓에 경계심이 높아진 붕어들이 밤에만 먹이를 찾는 야간사냥의 편중도가 높아진다.

☞배수가 끝난 것을 어떻게 알까?–물이 빠진 저수지의 연안을 보면 배수가 진행 중인지 끝났는지 알 수 있다. 연안의 땅이 넓게 젖어 있으면 아직 배수 중인 것이며, 거의 다 말라 있으면 배수가 끝난 것이다.

갈수상태에서는 아무리 물이 맑은 저수지라도 물색이 흐려지므로 갓낚시에 좋은 조건이 형성된다. 이때가 갓낚시꾼들에게는 새물찬스에 맞먹는(때때로 능가하는) 대박의 기회다. 그 저수지의 대물붕어들이 좁은 수면에 오글오글 모여 있다가 밤이면 모조리 물가로 접근하기 때문에 운이 좋으면 월척을 마릿수로 낚아낼 수도 있다. 즉 배수기는 불황기지만, 그 후의 갈수기는 갓낚시의 호기다.

그런데 왜 일반 낚시인들은 이런 갈수기를 대물찬스로 보지 않는 것일까? 그 이유는 갈수기에는 갓낚시가 아니면 붕어를 낚기 어렵기 때문이 아닐까 싶다. 갈수기에는 철저하게 얕은 가장자리를 노리지 않으면 입질을 받기 어렵다.

가령 가장 깊은 제방권의 수심이 1.5m가 채 안 될 정도로 물이 빠져 있다고 하자. 그때 낚시인들은 십중팔구 가장 깊은 1.5m 수심에 찌를 세울 것이다. 그러나 그러면 실패한다. 월척은 최상류의 30~60cm 수심에서 낚인다. 나로서는 수십 번 경험한 사실이다. 그 중의 한 사례를 소개한다.

2005년 11월에 진주시 이반성면 길성리의 길성지를 찾았다가 저수율이 10%

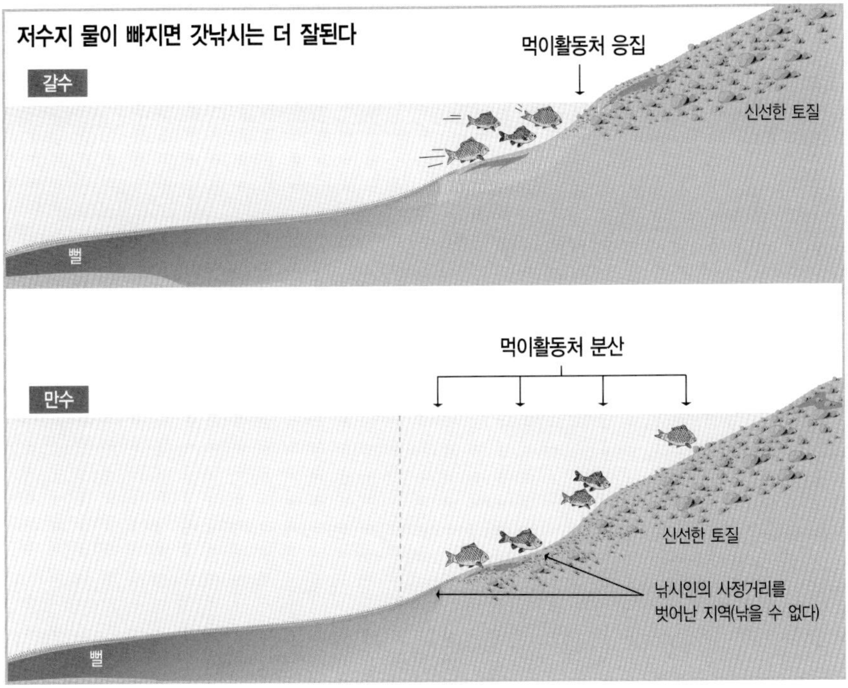

에 불과할 정도로 물이 빠져 있는 것을 발견했다. 주민들이 '제방을 보수하려고 물을 뺐다' 고 했다. 낮에 동네 아이들이 제방에서 지렁이로 4~5치 붕어를 계속 낚는 것을 보고 우리는 그곳에서 새우를 가지고 밤낚시를 하기로 결정했다.

그 날 밤 깊은 제방권과 얕은 상류의 조과는 하늘과 땅 차이였다. 상류에서 30~50cm 수심을 노린 나와 내 동생은 월척 한 마리와 8~9치 붕어 15마리를 낚았지만, 무넘기에서 1m 수심을 노린 낚시인은 입질 한 번 받지 못했다. 그런데 사실 그 날은 나도 상류에서 낚시하기가 내심 불안했다. 왜냐하면 저수지 중간을 가로질러 동네 사람들이 촉고그물을 쳐놓았던 것이다. '낮에는 붕어들이 입질만 하지 않을 뿐 하류의 깊은 곳에 머물러 있을 텐데, 과연 밤에 저 그물을 넘어서 상류로 접근할까?' 싶었다. 그러나 붕어들은 기를 쓰고 얕은 상류로만 기어올랐고, 손발이 얼어붙는 11월 밤이라 일찍 낚싯대를 접었기에 망정이지, 밤새웠으면 더 많은 붕어를 낚았을 것이다. 무넘기에 앉았던 그 낚시인도 나중에 중류로 옮겨서 몇 번의 입질을 받았다.

물 빠진 경남 의령군 용덕면 이목리의 덕암지.
이 정도 수위일 때 최상의 호황을 보여주는데 포인트는 상류의 X 지점들입니다. 긴 대를 정면으로 던져도 고작 60cm 수심. 그러나 초저녁에 새우를 던져두면 챔질하기 바쁩니다. 한편 대다수 낚시인은 하류에 앉아서 2m 수심을 노리다가 빈바구니로 철수합니다.

☞촉고로 붕어 많이 잡으려면?-이 사실은 그물꾼들이 알아서는 안 되는데, 갓낚시에 대한 이해를 돕기 위해 위험을 무릅쓰고(?) 밝힌다. 촉고그물을 칠 때 저수지를 가로질러 치는 사람은 초보자다. 그 경우 붕어는 거의 잡히지 않는다. 그러나 저수지의 한쪽 연안을 따라서만 그물을 치면 대단히 많은 양의 붕어를 잡을 수 있다. 붕어는 가장자리를 끼고 회유하기 때문이다. 저수지를 가로질러 그물을 칠 경우 붕어는 틀림없이 그물의 양쪽 가장자리에 많이 걸려든다. 혹시 이 글을 읽은 낚시인 중 그물을 들고 나서는 사람은 없겠지요?

떡밥으로 갓낚시! 첫 4짜를 낚다

갓낚시는 새우를 주 미끼로 쓰지만 새우에 국한된 낚시법은 아니다. 떡밥으로도 갓낚시를 할 수 있다. 나는 떡밥낚시를 할 때도 한 발 더 물러나 앉고, 남보다 더 얕은 수심을, 더 긴 대로 노리면, 한 치 이상 굵은 붕어를 더 많이 낚을 수 있음을 거듭 확인했다. 3칸대로 2m 안팎의 수심을 노려 붕어를 낚던 저수지가 있다면 그곳에서 3.5칸대나 4칸대로 1m 안팎의 수심을 노려 떡밥낚시를 해볼 것을 권한다.

갓낚시에서 새우를 주 미끼로 쓰는 이유는, 첫째 밤에는 새우가 지렁이나 참붕어보다 더 빠른 입질을 유도하기 때문이며(제10장에서 상세히 설명한다), 둘째 새우의 딱딱한 껍질이 잔챙이의 입질을 걸러주기 때문이며, 셋째 찌를 끌어당겨서 얕은 턱을 찾을 때 새우는 떡밥처럼 바늘에서 떨어지지 않아 편리하기 때문이다.

꼭 새우를 써야만 가에서 입질을 받는 것은 아니다. 떡밥도 가에 붙이면 굵은 붕어가 낚인다. '떡밥낚시는 씨알이 잘다'고 인식돼 있는 이유는 떡밥을 쓸 때는 대개 깊은 수심만 노리기 때문이다. 얕은 수심을 노리면 떡밥도 훌륭한 대물미끼가 된다. 충주호, 소양호, 원남지에서는 오름수위때 4짜들이 떡밥에 낚이는데, 그때 1m 안팎의 얕은 수심에서 주로 걸려든다는 것을 새겨볼 필요가 있다.

나는 나의 첫 4짜를 갓낚시로 낚았지만 미끼는 떡밥이었다. 2000년 5월 말 통영시 광도면 안정리의 안정지에서 최상류 물골에 앉은 나는 3.5칸대로 건너편의 80cm 수심 수중턱 위에 떡밥을 얹었다. 아래의 〈그림〉에서처럼 당시 물골 중앙부의 수심은 2m였고 찌를 세운 자리에서 하류로 30cm만 나가면 1.5m 수심으

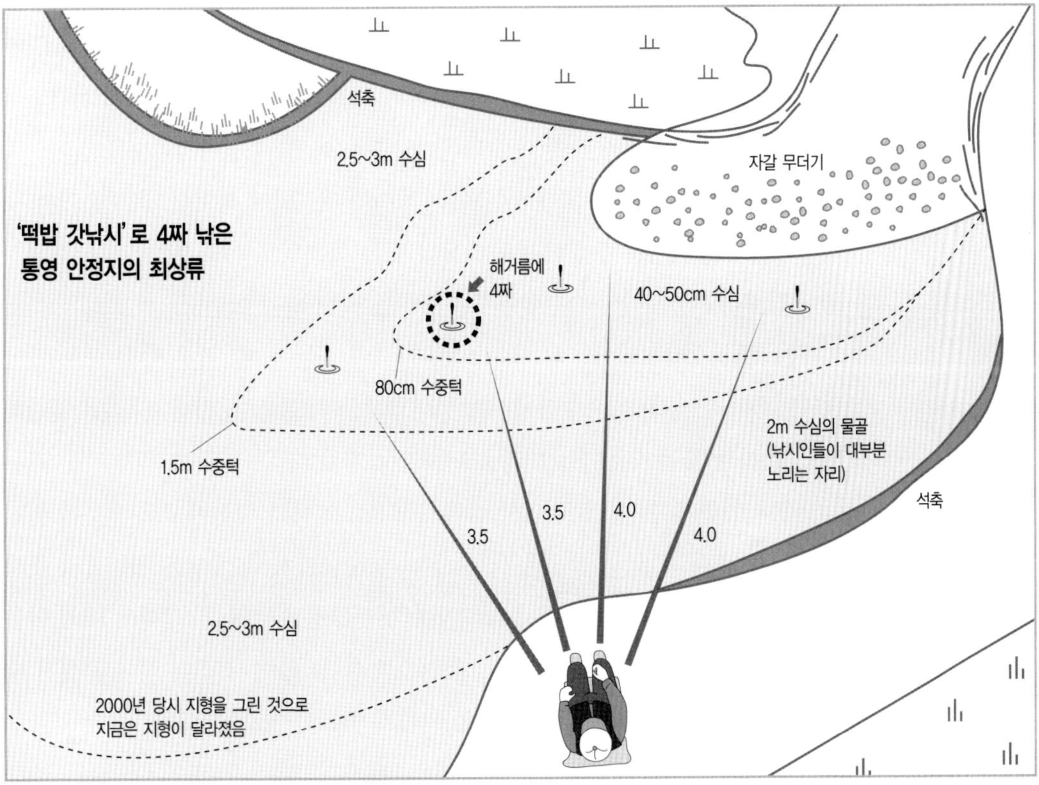

로 뚝 떨어지는 지형이었다. 어둠이 완전히 깔리지도 않은 해거름에 그 수중턱 위로 41cm 붕어가 올라왔다. 녀석은 찌를 두 마디 올리다가 수중턱 밑으로 끌고 내려갔는데, 누구나 첫 4짜를 걸면 그렇듯이 챔질 직후 혼이 빠진 나는 어떻게 끌어냈는지 기억도 나지 않는다.

그때 새우 대신 떡밥을 쓴 이유는 안정지에 동사리(꾸구리)가 많아 놈들 성화에 동물성 미끼를 쓰기 어려웠기 때문이다. 그처럼 동물성 미끼에 맹렬하게 달려드는 동사리, 배스, 블루길이 많은 저수지에서는 떡밥이나 옥수수를 미끼로 갓낚시를 하면 효과적이다.

한편 갓낚시는 밤낚시 전용 기법이지만 낮에도 물색만 흐리고 주변이 소란하지 않다면 갓낚시가 잘 먹힌다. 예컨대 폭우로 뻘물이 졌을 때나 심한 갈수로 흙탕물이 져 있을 때는 낮에도 갓낚시에 굵은 붕어를 낚을 수 있다.

자꾸 멀리 깊이 노리려는 습관을 탈피하고, 남보다 더 얕은 수심, 더 물가에 가까운 곳에 찌를 세우는 시도를 늘리면 미끼와 상관없이 한층 굵은 붕어를 더 많이 낚을 수 있다. 20cm 수심의 바닥이 보이지 않을 만큼 물이 탁하다면 20cm 수심에서 월척을 낚을 수 있다. 4짜 월척의 등지느러미를 포함한 체고는 15cm 이므로 20cm 수심까지 충분히 올라온다. 나는 20cm 수심에서 4짜를 걸어보진 못했으나 30cm 수심에서 39cm 붕어는 낚아봤다. "밤에 먹이를 찾는 붕어는 등지느러미가 드러나는 수심까지 올라오더라"는 목격담도 여러 번 들었다. 오히려 물이 탁하다면 1m 이상의 수심에서는 붕어를 많이 낚기 어렵다.

나는 지금 갓낚시를 8년째 해오고 있다. 그런 나는 이제 '깊은 수심 공포증'에 걸려버렸다. 2m가 넘는 수심에서는 붕어낚시를 하고 싶지 않다. 그리고 웬만하면 1.5m보다 깊은 수심에는 미끼를 던지고 싶지 않다.

8~9월 연안 수온이 25도 이상 올라가면 3m 이상의 수심에서도 새우에 월척이 간혹 낚인다. 그러나 그것은 드문 사례다. 지금까지 내가 낚은 월척들과 취재 현장에서 본 월척들은 대부분 1.5m 이내의 수심에서 낚였다. 그래서 나의 마음은 늘 얕은 곳으로 향한다. 크고 잘 생긴 붕어를 한 놈이라도 더 만나고 싶기 때문에 내게는 깊은 곳에 미끼를 던져둘 마음의 여유가 이제는 없다.

Part4

시간대별 수심 이동

새우미끼를 쓰면 마릿수가 없다? 갓낚시와는 무관한 얘깁니다. 대물은 끝없는 기다림을 요한다? 역시 갓낚시인에겐 피부에 와 닿지 않는 말입니다.

새우미끼를 쓰면서도 갓낚시가 가지는 차별성은 바로 스피드! 즉 빠르다는 데 있습니다.

그 날 밤, 그 저수지의 월척이 먹이를 찾아 움직이기만 하면 갓낚시에서는 낚시 개시 2시간 안에 놈을 만날 수 있습니다. 허풍도 세다구요?

초저녁 '물가의 황금시간'을 잡아라

대물낚시 동호인들은 대부분 '월척의 확률이 가장 높은 시간은 밤 11시~새벽 2시'라고 말한다. 그들은 경험적으로 그 시간에 월척을 많이 낚았다는 것이다. 떡밥낚시인들도 '초저녁에 부지런한 헛챔질로 밑밥을 쌓아두면 밤 10시 이후에 본격적인 입질을 받는다'고 말한다.

그러나 갓낚시에서 최고의 대물찬스는 해거름부터 밤 11시까지다. 공교롭게도 일반 대물낚시에서 '잔챙이 타임'으로 인식하는 초저녁에 갓낚시꾼들은 가장 많은 월척을 낚는다. 사실대로 말하자면 그 날 밤 조과의 70~80%가 초저녁에 몽땅 쏟아진다.

그 차이는 무엇인가? 첫째는 '땅과의 거리', 둘째는 '수심'이다. 밤 11시 이전에 갓낚시로 노리는 거리는 땅에서 10cm~2m, 수심은 30cm~1m. 그 시각 대어들은 모두 그런 곳에 접근해 있다. 그러나 대다수 대물낚시인들은 그 시간에 저수지 중앙을 향해 대를 펼치고 1~1.5m의 깊은 수심(떡밥낚시보다는 얕은 수심이지만 갓낚시에 비하면 깊은 수심이다)을 노리고 있다. 차이는 그것뿐이다.

그런데 그 차이가 초저녁에 입질이 빗발치고, 그렇지 않은 차이를 만든다. 결국 초저녁의 붕어는 대다수 낚시인들이 놓치고 있는 '물가의 사각(死角)지대'에 몰린다는 것을 알 수 있다. 일반 낚시인들의 사각시간에 월척은 낚시인의 사각지대에서 먹이를 찾고 있으며 갓낚시는 그 사각의 모퉁이를 충실히 훑고 지나가는 것 외에 다른 것은 없다.

"이게 초저녁 갓낚시의 공략수심입니다." 서찬수씨가 60cm 수심에 맞춰둔 4칸대의 찌를 보여주고 있습니다. '초저녁 공략수심'이라니…, 그럼 한밤중 공략수심은 달라집니까? 그렇다는군요. 갓낚시 특유의 '시간대별 수심이동'의 세계로 들어가 보시죠.

사냥하는 붕어는 물가로 '직행' 한다

초저녁에 붕어들이 물가로 나오는 이유는 새우를 쫓기 때문이다. 새우는 밤새도록 물가에 나와 있지 않고 초저녁에 떼 지어 나왔다가 밤이 깊으면 도로 안으로 들어간다. 그래서 새우를 사냥하는 붕어도 초저녁에 얕은 물가로 나왔다가 밤이 깊으면 새우를 따라 더 안쪽으로 물러서는 것이다.

그런데 낚시인들은 거꾸로 알고 있다. '낮에 깊은 중앙부에 머물던 붕어들이 밤이 깊을수록 서서히 연안으로 접근한다' 고 생각한다. 그러나 사실은 정반대다. 초저녁에 얕은 연안으로 직행했다가 오히려 밤이 깊을수록 중앙부로 후퇴하는 것이다.

그런 점에서 떡밥낚시든 새우낚시든 깊은 수심을 노렸을 경우에는 초저녁 입질을 받기 어렵다. 그 대신 연안에서 새우를 사냥하던 붕어들이 깊은 수심으로 물러나는 밤 10~11시 이후에 입질을 받을 확률이 높다. 그러나 그때는 붕어들이 연안의 새우를 충분히 잡아먹은 뒤라서 먹이활동이 왕성하지 않다. 그러니 월척이 낚이더라도 낱마리일 수밖에 없고 그로 인해 '새우낚시는 마릿수가 없다' 는

에헤이~ 어부 났네 어부 났어! 진주시 일반성면 운천리 포실지에서 낚은 붕어를 갈무리하는 서찬수씨. 새우낚시에 마릿수 없다고 누가 그랬답니까? "자잘한 건 좀 놔주고 오지요." 하니까 '아는 사람이 고아서 약으로 쓴다고 부탁하기에…' 하고 살짝 변명하는군요. 갓낚시의 매력이 마릿수에 있다는 것을 보여주기 위해 한 컷 찰칵!

체념이 파생된다.

새우의 이동경로는 직업적으로 새우를 잡아서 파는 새우잡이 어부들이 잘 알고 있다. 새우어부들은 새우망을 깔 때 새우의 시간대별 이동에 맞춰서 하고 있다. 대구에서 부친의 뒤를 이어 2대째 조업하고 있는 어부 유만호씨의 이야기를 인용해본다.

"새우는 해거름에 가장 많이 잡힙니다. 해거름엔 새우들이 가장 물가에 근접한 곳으로 나오기 때문에 물가에서 발바닥 거리(약 25cm)에 첫 원형 천새우망들을 깝니다. 그리고 저수지를 한 바퀴 돌면서 1차로 망을 턴 다음, 두 번째 망은 물가에서 두 발 거리(50~60cm 거리)에 깝니다. 어두워지면 새우들이 더 안쪽까지 분산되기 때문이죠.

망을 놓는 위치는 '수심에 상관없이' 연안과의 거리를 보고 결정하며, 씨알은 두 번째 망이 낫지만 마릿수는 첫 망이 두 번째 망의 3배에 달합니다.

그리고 두 바퀴째 저수지를 돌고 나면 새우가 더 안쪽으로 들어가 잡아봐야 낱마리입니다. 원형 천 새우망은 모두 회수하고 깊은 수심에 삼각망을 던져놓고 철수합니다."

유씨의 조업방법은 그가 수 십 년간 터득해온 새우의 시간대별 이동에 따른 것이다. 그런데 공교롭게도 그의 경험은 갓낚시 이론과 정확히 일치하고 있다. 그렇다면 새우를 사냥하는 붕어들 역시 새우의 움직임을 따라 이동하지 않을까? 즉 초저녁에는 가장 얕은 연안으로 나왔다가 밤이 깊어 가면 조금씩 깊이 들어가는 식으로….

많은 낚시인 가운데 그런 새우의 이동을 유심히 관찰하고 그런 상상을 낚시로 실행해본 사람이 서찬수씨였고, 거기에서 탄생한 것이 갓낚시다. 그의 상상은 적중했다. 초저녁의 붕어는 놀랄 만큼 얕은 수심에서 새우

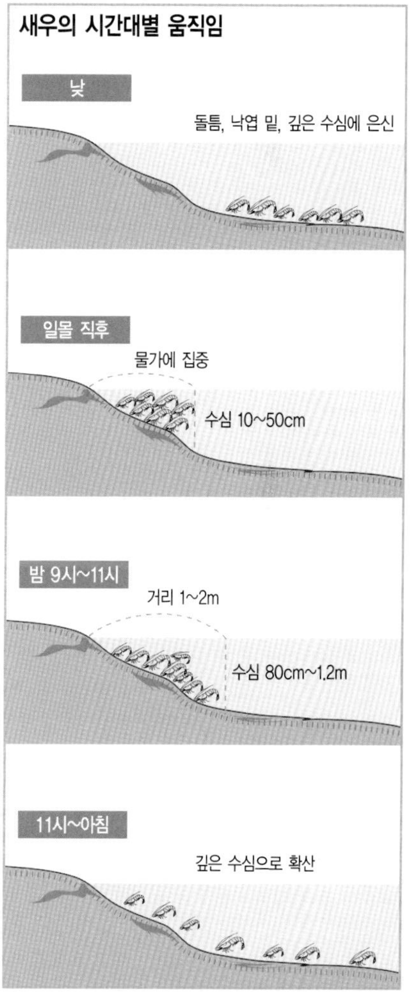

새우 이동에 따른 갓낚시 포인트 변화

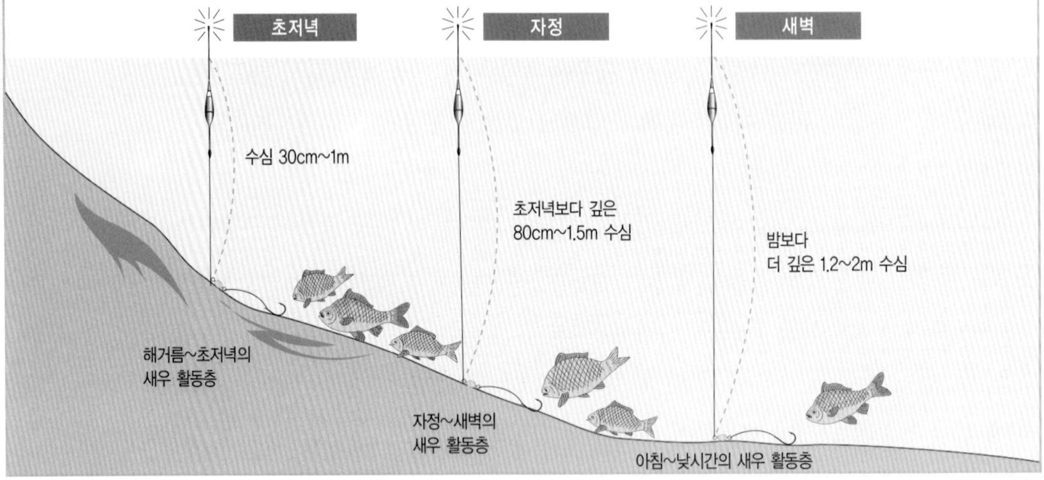

를 잡아먹고 있었고, 밤이 깊으면 새우를 따라 붕어도 깊이 들어가 버렸다.

낚시인들은 가끔 밤에 랜턴을 비춰 새우가 있나 없나 확인해본다. 그러나 매 시간마다 비춰가며 새우의 움직임을 관찰한 사람은 드물 것이다.

야행성인 새우는 낮에는 돌 밑이나 낙엽 밑에 숨어 있다가 어두워지면 일제히 기어 나와 연안으로 몰려 먹이를 찾는다. 그리고 배를 채운 새우들은 조금씩 깊은 수심으로 물러나 밤 11시~12시 이후에는 랜턴으로 비췄을 때 보이지 않거나 낱마리로 보일 정도로 잠적해버린다. 여러분도 한번쯤 관찰해보기 바란다.

야행성인 붕어도 새우를 따라 움직인다. 낮에는 은신처에 숨어 있다가 어두워지면 곧장 새우가 몰려 있는 물가로 직행한다. 그리고 밤 11~12시 이후에는 새우를 따라 깊은 수심으로 물러나서 아침까지 간헐적인 먹이활동을 펼친다.

그래서 갓낚시를 해보면 첫 어신은 십중팔구 물가에서 나타난다. 땅에서 가장 가까운 곳, 골의 맨 안쪽, 가장 얕은 수심에 세워둔 찌부터 솟구친다.

그러나 낚시인들은 대개 그와 반대일 것이라 생각하고 있다. '붕어가 멀리서부터 내게로 접근한다면, 첫 입질은 아무래도 멀리 던져둔 긴 대부터 들어오지 않을까? 그리고 밤이 깊어서 연안으로 접근하는 붕어의 수가 많아져야 그때부터 얕은 곳에 던져둔 짧은 대에도 입질이 오지 않을까?' 생각하고 있다. 충분히 상식적이고 그럴듯한 추리다. 그러나 실제 붕어의 첫 입질은 저수지 가장자리부터 나타난다. 그리고 초저녁 1~2시간 동안은 물가에서만 집중적인 사냥을 펼친다. 그래서 갓낚시로 물가를 노리면 초저녁은 황금시간이 되지만, 갓낚시를 하지 않으면 초저녁은 지루한 기다림의 시간이 될 뿐이다. 바로 그것이 '사냥터와 길목의 차이' 라는 것은 1장에서 이미 말한 바 있다.

첫 어신은 가장 얕은 곳에서 온다

갓낚시를 해보면 첫 어신은 물가에서 가장 가까운 곳이나 가장 얕은 수심에서 나타난다. 아래의 〈그림〉과 같은 포인트가 있다면 첫 입질은 거의 ①번 자리에서

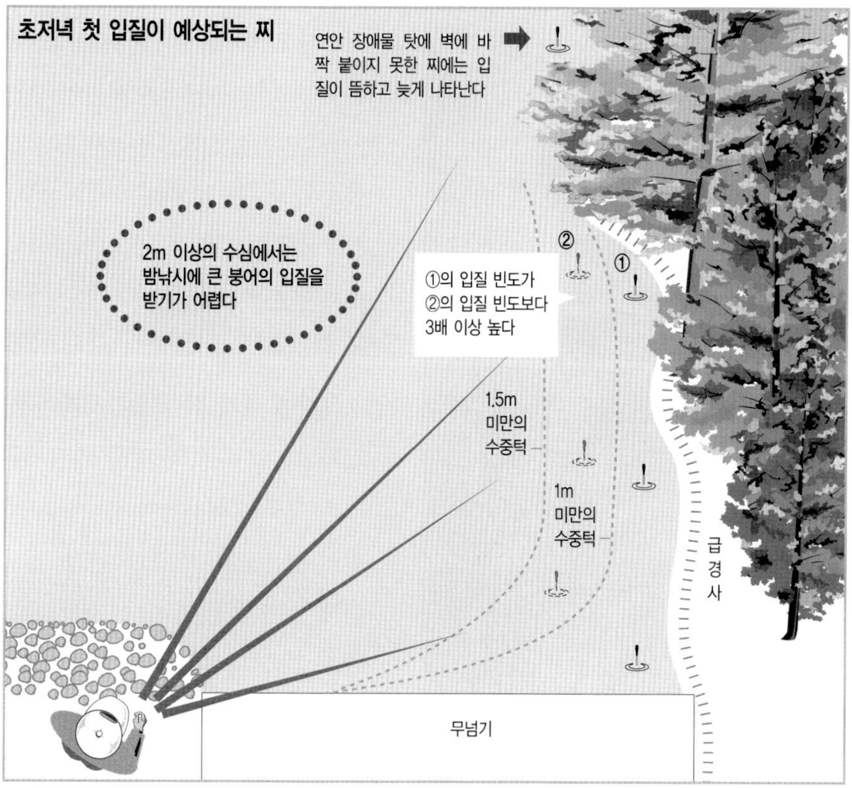

낮에도 갓낚시가 잘 된다는 사실.
폭우가 내린 장마철, 밤새 엉뚱한 못에서 꽝치고 아침에 진주시 수곡면 자매리 자매실지를 찾은 진주 낚시인 강지태씨(우) 일행이 80cm 수심의 수중턱 위로 올라온 월척 떼를 만났습니다. 물이 흐려지니까 월척들이 낮에 물가로 몰려나왔습니다. 미끼는 새우.

나타난다. 갓낚시 현장에 처음 동행한 낚시인들에게 "아마 저 찌가 가장 먼저 솟을 겁니다"하고 얘기하면 반신반의하다가 사실로 나타나면 깜짝 놀란다. 무슨 귀신이나 점쟁이쯤으로 여기겠지만 그만큼 붕어의 초저녁 입질장소가 규칙적일 뿐이다.

중요한 것은 그 첫 손님이 잔챙이가 아니라 월척 아니면 준척이라는 사실이다. 4짜도 초저녁 첫 입질에 출현하는 경우가 많다. 내가 통영 안정지에서 낚은 41cm 붕어도 해거름 첫 입질이었고, 함안군 칠원면 장암리 윗장동지에서 낚은 39cm 붕어도 해 진 직후 첫 입질이었다. 서찬수씨가 2004년 3월 의령군 정곡면 죽전리 큰골지에서 올린 40cm 붕어는 해 지자마자 첫 입질에 낚였고, 2006년 5월 허송세월 김남석 회원이 거제시 거제면 서상리 거제지에서 낚은 43cm 붕어는 낚싯대를 차려놓은 직후에 5칸대를 끌어당겼다. 2005년 4월 창녕군 남지읍 신전리 신전2지에서 김종호씨가 밤 8시30분 첫 입질에 42cm 붕어를 낚았고 30분 후 그 옆에서 내 동생인 허만진이 똑같은 크기의 42cm를 역시 그의 첫 입질에 낚았다.

그밖에 내가 직접 목격하지는 않았지만 서찬수씨의 말을 빌면 "우리 허송세월 회원들이 갓낚시를 하면서 낚은 4짜들의 80%는 밤 11시 전에 올라왔다"고 한다. 자정 이후에 낚은 4짜는 98년 진주 이반성면 하곡리 동촌지의 41cm, 99년 4월 진주 대곡면 대곡지의 42cm, 같은

해 5월 진주 일반성면 운천리 포실지의 41.5cm, 2001년 6월 진주 진성면 이천리 월령지의 41cm와 같은 해 7월에 고성군 대가면 척정리 동지동지에서 내가 새벽 2시30분에 낚은 43.5cm 붕어로 거의 손에 꼽을 정도다. 4짜 밑으로 낚아 올린 무수한 월척들도 70~80%가 자정 전에 올라왔다.

그리고 밤 11시 전에 4짜와 월척이 낚인 장소는 모두 꾼들이 시선조차 주지 않는 철저한 가장자리였다.

나도 갓낚시를 접하기 전에는 '대물은 주로 밤 11시~새벽 2시에 온다' 는 말을 믿고 초저녁 낚시를 등한시했고, 며칠 연속 밤낚시를 해서 피곤할 때는 초저녁에 차에서 한숨 자고 밤 10시부터 낚시를 시작하기도 했다. 지금 돌이켜보면 어리석은 행동이었다. 물론 그때 해거름부터 낚시를 했어도 붕어를 낚지는 못했을 것이다. 가장자리를 노리지 않았기 때문이다.

밤새 기다리는 고행은 사절

붕어는 어둠이 깔리기 전부터 연안으로 접근한다. 배고픔에 완전한 어둠을 기다리지 못하는 것이다. 오늘의 일몰시각이 저녁 7시30분이면 8시쯤 어두워지지만 첫 입질은 대개 8시 이전에 나타난다. 그때는 케미라이트 불빛이 희미할 무렵이라서 미처 입질을 못 봐 붕어가 낚싯대를 차고 나가는 현상이 빈발한다.

갓낚시의 피크타임은 '완전히 어둡기 30분 전부터 그 후 2시간까지' 다. 만약 그 시간 안에 물가에서 입질이 나타나지 않으면, 그 날 밤 그 저수지의 붕어는, 이유는 모르지만 밤새 움직이지 않거나 낚아봐야 한두 마리라고 단언해도 될 정도다. 그래서 갓낚시를 했는데도 밤 10시까지 입질이 없으면 낚싯대를 접어서 다른 저수지로 옮기거나 아예 철수하기도 한다.

초저녁 갓낚시의 특징을 한 마디로 표현한다면 '떼고기' 다. 깊은 곳에 분산해 있던 붕어들이 일시에 연안으로 응집되므로 폭발적 마릿수가 전개된다. 자연계에서는 항상 크고 강한 놈이 먼저 사냥감을 차지하므로 가장자리, 첫 입질부터 월척이 낚인다. 고독한 기다림? 초저녁 두어 시간 동안 8치가 넘는 붕어를 10마리쯤

초저녁이 갓낚시의 피크타임인 이유

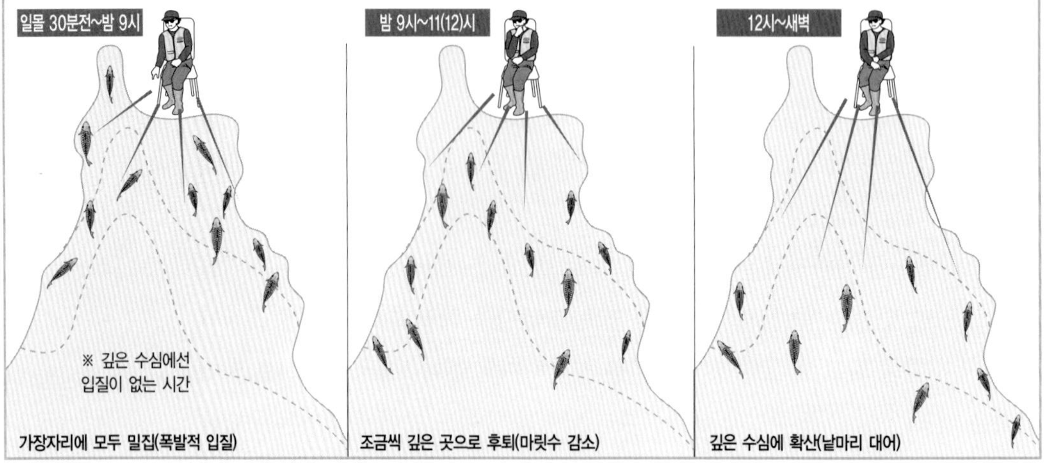

뽑는 것은 비일비재한 조과다.

물론 갓낚시에도 꽝은 있다. 그 날 밤 그 저수지의 붕어들이 먹이를 찾아 움직이지 않으면 낚아낼 재간이 없다는 것은 이미 말한 바 있다. 그런 날은 욕심을 비우고 무리한 밤샘낚시를 하지 않는다. 마릿수가 극히 적은 대물터이거나 수온이 높아서 입질이 늦게 나타나는 8~9월에는 밤을 꼬박 새는 날도 많지만, 대개 2~3시간 안에 입질이 없으면 그날 밤은 두 마리 이상 낚기 어렵다는 것을 알기에 대를 접어 다른 저수지로 옮기거나 일찌감치 차 옆에 모여서 소주잔을 돌린다. 갓낚시에도 꽝은 있지만 밤새 뜬눈으로 말뚝찌를 지키는 고행은 없다.

어떻게 보면 서찬수씨 주변의 갓낚시꾼들은 붕어를 너무 쉽게 낚고 빨리 낚기 때문에 인내심이 적은 경향도 없지 않다. 초저녁에 굵은 붕어를 제법 낚았으면 더 큰 대물을 기다리며 밤을 새울 법한데 밤 10시 후 입질이 뜸해지면 벌써 '낚시터 이동'이 논의되거나 불판 위에 삼겹살이 올라간다. 이래서야 대물낚시를 즐기는 올바른 자세라고 할 수 있는가? '올나이트 밤샘'으로 대물낚시를 배운 나로서는 처음에 그것이 불만스러웠지만, 지금은 거기에 동화돼 오히려 내가 먼저 '웬만큼 낚았으면 소주나 한잔 하자'고 나서니 어쩔 도리가 없다.

그 반면 초저녁 시간의 긴장도와 집중력은 타의 추종을 불허한다. 해가 서산에 기울고 찌불이 요사스런 빛을 더할 때면 숨소리마저 거슬리고 심장 박동이 귀에 들릴 듯하다. 그 팽팽한 긴장 끝에 입질이 터지면 난무하는 찌불 속에 입질 뜸한 낚싯대는 뒤로 걷어내야 하는 상황도 허다하다. 그래서 갓낚시인들은 초저녁 2시간 타임만 보려고 출조하는 경우도 많다.

100% 갓낚시는 자정 전까지만

초저녁의 소나기 입질은 밤 10시~11시를 고비로 수그러들기 시작한다. 식사를 마친 붕어들이 연안에서 물러나 깊은 수심으로 들어가는 것이다. 이때부터 아침까지를 갓낚시에선 '2부' 라고 부르는데 2부의 조과는 1부의 3분의1에도 못 미치므로 초저녁 1부에서 신통치 않은 날은 바로 철수하는 경우도 많다.

사람이나 붕어나 생체리듬은 똑같다. 배가 고프면 먹고 배가 부르면 쉰다. 초저녁 붕어들의 만찬시간이 지나면 그 후에는 별다른 먹이 욕심을 내지 않는다. 그러나 입질이 뜸해져도 낱마리 대어 찬스는 아직 남아 있다. 식당에서 나와 '2차' 를 가는 사람들이 있듯이….

2부에서는 갓낚시 대편성을 조금씩 허문다. 새우를 따라 붕어가 물러나고 낚시인도 물러나는 붕어를 쫓아 한 대씩 한 대씩 더 깊은 수심으로 이동시킨다.

●급심 산자락에서 양 옆으로 펼친 대들은 방향을 조금씩 정면으로 돌린다.

●얕은 상류에서는 뒤로 물린 낚시의자와 받침대를 물가로 끌어다놓고 더 깊은 수심에 찌를 던진다.

●더 이상 접근할 수 없는 최상류에 앉았다면 짧은 대를 접고 긴 대를 새로 편다.

조금씩 깊은 수심으로 찌를 옮기다보면 새벽에는 일반 새우낚시와 거의 똑같은 모양의 대 편성이 이루어진다. 깊은 곳은 2m 수심까지 새우를 집어넣는 그 단계는 말이 갓낚시 2부일 뿐 순수 갓낚시가 아니다.

즉 순도 100%의 갓낚시는 해거름~자정 전에 국한되며 그 후엔 50~70%, 새벽~아침에는 30%로 순도가 떨어진다. 그동안 갓낚시 취재현장에서 아침에 사진을 찍으려고 보면 평범한 대 편성으로 변해 있어 독자들에게 1부의 갓낚시 편

높은 논둑 위에서 편안하게 갓낚시를 즐기는 저 여유. 살림망은 무논에 살짝 놓아둔 저 센스. 초저녁엔 발밑을 노리고 한밤~새벽엔 약간 멀리 노리면 밤새 찌올림을 감상할 수 있습니다.
전남 곡성군 고달면 백곡리 상백1호지.

이때는 입질 뜸해도 밤새워 기다린다

1. 걸면 대물터 – 배스가 유입된 저수지, 최근 고갈을 겪은 저수지, 기타 입질은 뜸하지만 걸면 4짜에 육박하는 대물이 출몰하는 저수지라면 밤을 새는 승부를 건다.

2. 처녀 출조지 – 첫 낚시를 해보는 곳이라면 낚시터의 전모를 알기 위해 조황과 상관없이 밤을 샌다. 그래야 다음 출조를 위한 정보를 완전히 습득할 수 있다.

3. 수초 많은 저수지 – 수초지대의 대어는 연안접근성이 약하므로 초저녁 입질이 뜸하다. 수초대 월척은 자정 이후 새벽에 나타날 확률이 높다. 상세한 설명은 다음 5장에서….

4. 물이 맑은 저수지 – 물이 맑으면 붕어의 연안접근성이 떨어지고, 초저녁 입질이 뜸하다. 그래서 물이 맑으면 갓낚시라도 50cm 미만의 수심은 피하고 약간 깊은 1m 수심을 노려서 밤늦게 나타나는 월척의 입질을 기다린다.

5. 달 밝은 밤 – 보름달이 뜨면 붕어의 연안접근성이 떨어지므로 갓낚시의 위력은 약화된다. 그때는 1m 안팎의 약간 깊은 수심을 노려서 밤을 샐 수밖에 없다. 그러나 초저녁에 달이 뜨지 않는 하현달(음력 23일) 전후에는 초저녁 갓낚시가 잘 된다.

6. 8~9월 혹서기 – 수온이 높을 때는 붕어의 연안접근성이 떨어지므로 8~9월은 갓낚시의 비수기다. 이때는 약간 깊은 수심을 노려서 밤을 샌다. 그러나 찬 빗물이 유입되면 갓낚시가 되살아난다.

7. 그냥 밤 물가에 마냥 앉아 있고 싶을 때 – 이유없이 이런 날 있지요?

성을 보여주려고 대를 다시 배열한 적도 여러 번 있다.

2부 순서라도 입질이 아주 뜸한 것은 아니다. 초저녁 연안에서 맹렬한 먹이활동을 펼친 붕어들은 잠시 쉬었다가 자정~새벽 1시부터 다시 먹이를 찾는다. 그러나 이때는 초저녁 같은 무리 형성이 없고 약간 깊은 수심에서 분산 회유한다. 따라서 마릿수는 기대할 수 없고 산발적 입질에 대물 한 마리를 바라볼 수밖에 없다. 다만 동 트기 직전 은신처로 돌아가기 전에 마지막으로 먹이를 찾는 반짝 입질은 전개된다.

이처럼 갓낚시라고 해서 밤새 연안에만 찌를 붙여두는 것은 아니며 자정 이후엔 일반 새우낚시나 떡밥낚시처럼 깊은 수심까지 노리는 변화를 준다. 이런 시간대별 수심 이동은 새우의 이동경로를 따라가는 낚시법으로, '1부의 융단폭격과 2부의 이삭줍기'를 병행하는 것이다. 문제는 대다수 밤낚시꾼들이 갓낚시 2부에서 하는 이삭줍기 방식에만 초지일관 매달리면서 큰 조과를 놓친다는 것이다.

2부에서도 갓낚시의 마릿수는 일반 낚시보다 더 많다. 그 이유는 그래도 얕은 수심을 위주로 노리고 얕은 수심부터 깊은 수심까지 골고루 탐색하기 때문이다. 초저녁부터 아침까지 1.5m 수심에만 세워둔 찌와 초저녁 50cm부터 출발,

이 자리가 바로 제게는 잊지 못할 고성 동지동지 최상류입니다. 갈수기 때 지나다가 사진을 찍었습니다.
X 표시가 입질을 받은 지점입니다. ①에서 첫 붕어를 낚았고, ③과 ⑤에서 가장 많은 월척을 낚았으며 새벽 2시에 새로 펼친 4.5칸대로 노린 ④에서 4짜붕어를 낚았습니다.
이렇게 물이 빠지면 그 물로 붕어들을 다 잡아낼 수 있을 것 같죠? 그러나 이 사진을 찍은 지 한 달 후에 물이 찼고 38cm 월척이 또 낚였습니다.

갓낚시의 시간대별 수심이동에 따른 대 편성 변화를 보여주려고 창원 낚시인 박태호씨가 수고해주셨습니다.
위 사진은 초저녁의 편성이고, 아래 사진은 자정 이후 아침까지의 편성입니다. 뭐 V자까지 그릴 것은 없는데….

80cm-1m-1.2m-1.5m로 훑어 내려간 찌 가운데 어디에 많은 붕어가 걸리겠는가? 오히려 갓낚시에선 30~50cm부터 출발했어도 새벽에는 1.5m를 넘어 2m까지 들어간다.

갓낚시 2부의 대편성 요령

이런 단계별 수심 이동은 시계를 들여다보고 '흐음, 밤 12시니까 이제 깊은 곳으로 옮겨야지' 하는 식이 아니라 붕어의 움직임을 시험, 확인하고 쫓아가는 것이다. 자정이 넘어도 얕은 곳에서 입질이 지속되면 새벽까지 그대로 가고(갈수 때 그런 경향이 짙다), 밤 9~10시부터 일찌감치 깊은 곳에서 입질이 시작되면 평소보다 일찍 옮겨준다(만수 때 자주 나타나는 양상).

예컨대 초저녁에 6대를 깔면 1~2대는 약간 깊은 곳에 넣어둔다. 4대는 모두 80cm 미만의 수심에 넣고 한 대는 1m, 한 대는 1.2m 수심에 넣어두는 것이다. 그 두 대를 보고 붕어의 움직임을 간파한다.

극히 드문 경우이긴 하나 초저녁부터 깊이 넣어둔 대에만 입질이 연달아 올 수도 있다. 달이 아주 밝거나, 물이 너무 맑거나, 수온이 너무 뜨거운 한여름에, 수몰나무 등 장애물이 깊은 수심에 가라앉아 있을 경우 그럴 수 있다.

특히 물속 깊이 나무가 잠긴 자리에서는 큰 붕어가 그 수몰나무 안에서만 입질하는 경우가 있다. 그런데 그런 곳은 대개 한밤부터 붕어가 먹이활동을 개시하므로 초저녁에는 입질이 뜸하다. 어쨌든 초저녁에는 깊은 수심에서 입질을 받기란 힘든 것이다.

갓낚시를 해보면 대개 초저녁에 얕은 곳의 찌에 입질이 오다가 어느 시점에서 깊은 곳의 찌에 입질이 오기 시작하는 게 일반적인 양상이다. 깊은 곳에서 잔챙이가 낚이면 무시하고 얕은 수심만 노려야 하지만 25cm 이상 굵은 씨알이 낚이면 나머지 대를 조금씩 심층으로 이동시킨다.

이때 찌를 옮기는 순서는 ①초저녁에 입질이 오다가 말뚝으로 변한 찌, ②처음부터 전혀 입질이 없는 찌, ③최근까지 입질이 오는 찌 순이며, 초저녁에 가장 입질이 탁월했거나 월척이 입질한 찌는 또 한 번의 찬스가 올 확률이 높으니 아침까지 그대로 두는 것이 좋다. 붕어들이 일시적으로 깊이 물러났다가 다시 먹이를 찾을 땐 바로 그 찌부터 입질하기 때문이다. 만일 그 찌에 입질이 연속으로 재개되면 깊은 수심으로 옮겼던 찌까지 다시 연안으로 이동시킨다.

그때 수심 이동은 무턱대고 찌를 20~30cm씩 오르내리는 것이 아니라 물속의 수중턱과 장애물을 적절히 찾아가며 앉혀야 하는데 그 요령은 다음 제5장에서

갓낚시의 사계절

3~5월 : 1차 피크
8~9월 : 비수기
10~11월 : 2차 피크

갓낚시는 수온이 높을 때보다 약간 낮을 때 잘 된다. 흔히 '새우는 수온이 충분히 올라야 먹히는 미끼이며 초봄과 늦가을에는 효과가 덜하다'고 알려져 있지만 갓낚시를 해보면 그렇지 않다.

갓낚시의 피크시즌은 3~5월과 10~11월이다. 그리고 6~7월은 조황의 기복이 심하며 8~9월은 갓낚시가 가장 안 되는 시기다. 왜 새우를 미끼로 쓰는 갓낚시가 통념과 달리 여름에 접어들수록 잘 안 되는 것일까? 저수지의 물은 얕은 곳이 따뜻하고 깊은 곳이 차갑기 때문이다.

고수온 상태에서는 얕은 곳의 수온이 너무 뜨겁기 때문에 붕어들이 가로 붙지 않는다. 반면 저수온 상태에서는 얕은 곳의 수온이 심층보다 따뜻하므로 붕어들이 가로 활발하게 붙는다. 그래서 갓낚시는 약간 저수온 상황에서 잘 되는 것일지 모른다. 아무튼 원인이야 어쨌든 여름보다 봄과 가을에 붕어가 가로 붙는 움직임이 활발한 것은 사실이다.

6월에 접어들면 붕어들이 60cm 이상의 좀 깊은 수심에서 낚이고 초저녁보다 수온이 식는 밤 10시 이후부터 입질하는 경우가 많다. 연중 가장 고수온 상태를 보이는 8~9월에는 1.5m 이상의 수심에서만 붕어가 낚이는 곳이 나타나며 그런 곳에선 새우보다 떡밥이 더 나은 미끼가 되기도 한다. 그러나 여름이라도 빗물의 유입으로 수온이 낮게 유지되는 7월 장마철에는 여전히 갓낚시가 잘 되며, 수온이 식기 시작하는 10월 이후에 다시 큰 붕어들이 연안으로 올라붙기 시작한다.

11월은 갓낚시로 4짜를 낚을 수 있는 확률이 가장 높은 시기다. 월동에 대비한 대물들이 활발하게 밤 사냥을 펼치는 이 시기에는 새우미끼에 걸면 월척일 정도로 평균 씨알이 굵다. 다만 마릿수는 봄에 비해 좀 떨어지는 편이다. 추워서 밤낚시를 하기 힘들 뿐 방한장비를 갖추고 개인기록에 도전할 만한 최적의 시기다.

겨울을 지나고 3월 중순이면 다시 밤낚시를 시작한다. 이후 배수가 시작되는 5월 중순까지가 씨알과 마리수를 동시에 누릴 수 있는 갓낚시의 피크시즌이자 붕어낚시 전반의 피크시즌이기도 하다.

상세히 설명한다.

갓낚시의 시간대별 수심 이동은 '1부 얕게, 2부 깊게'라는 대원칙만 있을 뿐 세세한 상황판단과 임기응변은 낚시인의 몫이다. 그 판단 여부에 따라 조과가 결정된다. 언제나 명심할 것은 입질이 없거나 잔챙이만 낚인다고 해서 성급히 깊은 곳으로 옮기지 말라는 것이다. 밤 10시~11시까지 입질이 없다가 뒤늦은 첫 입질에 월척을 낚을 수도 있다. 그때도 입질은 얕은 곳에서 온다. 붕어가 10시부

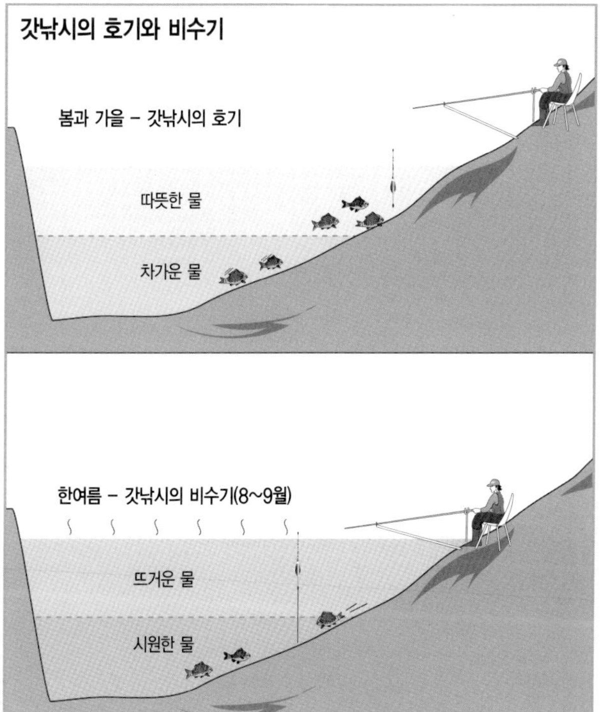

소류지가 먼저 호황, 점차 대형지로

3월에는 아주 작은 소류지와 평지형 저수지에서 호황을 보인다. 접시물이 빨리 끓듯, 규모가 작고 얕은 저수지부터 수온이 빨리 오르기 때문이다. 4월에는 모든 저수지가 고루 호황을 보이며, 5월 이후에는 평지지의 조황은 떨어지고 계곡지의 조황이 살아나면서 소류지보다 규모가 큰 계곡지에서 대박호황이 나타난다.

6월에는 배수기와 갈수기가 맞물리면서 소류지보다 대형 계곡지가 빛을 발한다. 물이 심하게 빠진 저수지에서 종종 대박을 빚는다. 날이 더워지고 수온이 오르면 그동안 낚시가 잘 안 되던 고산지대의 협곡형 저수지가 두각을 드러낸다. 수정같이 맑은 물빛을 보이는 협곡지의 장사붕어를 갓낚시로 걸어볼 수 있는 시기다.

6월 말부터 7월까지는 장마와 맞물려 폭우가 잦고 거의 만수상태를 유지하는 시기다. 장마 초기의 반짝하는 새물찬스가 곳곳에서 터지지만, 그 후에는 뻘물이 형성되는 등 지루한 불황기가 이어진다. 물색에 따라 출조지 선정에 각별히 신경 써야 하는 시기이며 밤낚시보다 아침낚시가 유독 잘 되는 시기다. 뻘물이 졌을 때 수초 많은 평지지를 새벽~아침에 노리면 큰 재미를 볼 수 있다.

8~9월은 갓낚시의 비수기로, 수온이 조금이라도 낮은 산중의 계곡지를 찾아야 한다. 이때만큼은 1.5m를 넘어 3~4m 수심까지 노려주는 변화가 필요하다.

터 움직였다면 그 붕어에겐 그때가 초저녁인 셈이다. 식사시간이 좀 늦었다고 해서 식당으로 가다가 햄버거 가게로 들어가지는 않는 것처럼, 먹이활동을 늦게 시작했다고 해서 그 붕어가 얕은 연안을 포기하지는 않는다.

오히려 갓낚시에 입문하는 사람은 눈 딱 감고 초저녁부터 아침까지 얕은 수심만 노려보는 게 좋다. 그래야 붕어가 얼마나 얕은 수심에서 잘 낚이는지 체험할 수 있다. 그리고 몇 대를 깔든 늘 '얕은 수심엔 후하게, 깊은 수심엔 인색하게' 깔아야 더 나은 조과를 거둘 수 있다. 항상 얕은 수심을 눈여겨보는 갓낚시적 시각이 중요하다.

"밤 11시에 낚은 이놈이 첫 입질."
수온이 높은 여름에는 갓낚시에도 입질이 밤늦게 시작됩니다. 연안수가 너무 뜨거워 어느 정도 식어야 붕어가 움직이기 때문이지요.

갓낚시 시간표

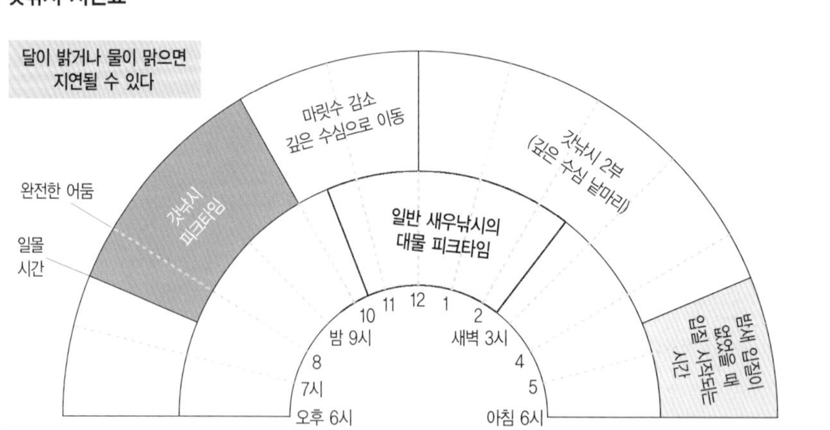

Part5

갓낚시터

수초水草가 없으면 왠지 낚시하기 싫으시다구요?

그러나 수초지대는 낮낚시의 명당일 뿐 밤낚시의 명당은 아닙니다.

갓낚시는 월척을 수초 없는 '맹탕'에서 낚습니다. 오히려 수초가 무성한 저수지를 갓낚시인들은 싫어합니다.

수초가 없어야 붕어들이 많이 움직이고, 그래야 마릿수 대박이 쉽게 터지기 때문이죠.

터 센 계곡지의 해결사

"그 저수지는 분명히 대물은 많은데 터가 세서 잘 안 낚인단 말이야?"

어느 지방에 가더라도 그 지역의 낚시인들이 이렇게 말하는 저수지가 꼭 있다. 그런 곳은 공통적으로 수초가 없는 계곡형 저수지다. 그러나 낚시인들이 '터가 세다' 며 기피하는 계곡형 저수지가 갓낚시인들은 가장 좋아하는 명당이다. 오히려 온갖 수초가 그림처럼 우거진 아늑한 평지형 저수지는 별로 선호하지 않는다.

언젠가 광주 낚시인들이 경남 사천으로 붕어낚시를 가면서 서찬수씨에게 '좋은 저수지 하나를 추천해줄 수 있느냐' 고 전화를 했다. 서씨는 사천시 정동면 학촌리 이동마을의 각지형 소류지를 추천했다. 그런데 광주 낚시인들은 그 저수지에 가서 크게 실망하고는 낚싯대를 담가보지도 않고 되돌아갔다. 그 중 한 사람이 나중에 서찬수씨에게 이렇게 말했다. "붕어가 많은 곳을 소개해줬으리라 믿어 의심치 않지만, 우리는 그렇게 수초 한 포기 없이 황량한 못에서는 붕어를 낚아본 적도 없고, 그래서 낚시를 할 맘이 생기지 않습디다."

그야말로 한 폭의 그림! 경남 함안군 여항면 내곡리 아침골못입니다. 그러나 풍광 수려한 계곡형 저수지는 해안이나 평야지대에 있는 평지지에 비해 낚시터로 인기는 없습니다. 낚시인들은 "계곡지는 수초가 없어서 그런지 터가 세고 마릿수가 극히 적다"고 말합니다. 그러나 과연 그럴까요?

경북의 낚시인들도 수초 없는 저수지를 싫어하기는 마찬가지다. 대구지역 낚시인들은 수초가 없는 계곡지를 통칭하여 '맨땅못' 혹은 '맹탕못' 이라 부르는데, 그 말은 대구의 대물낚시인들 사이에 '맨땅못' 이 일상적인 낚시터가 아니라 희귀한 낚시터이며 별로 입맛 당기는 낚시터가 아님을 의미한다.

대구 낚시인들도 가끔 경남으로 원정을 갈 때 서찬수씨에게 전화를 걸어 낚시

터를 의뢰하곤 하는데 서씨는 그럴 때마다 난감하다고 한다. "외지에서 찾아온 낚시인들이 수초가 발달한 평지지나 준계곡지를 좋아한다는 것을 알고 있습니다. 그러나 경남의 대물터는 수초가 없는 계곡지가 훨씬 많습니다. 내가 아는 대물터는 소개해봤자 그분들 기호에 맞지도 않고, 또 수초가 없는 곳에서는 우리식의 갓낚시를 하지 않으면 입질을 받기도 힘드니까 갈등이 일 수 밖에 없죠."

☞대물-과연 몇 cm부터 대물붕어라 할까? 통상 '4짜를 포함해 35cm가 넘는 월척'을 대물이라고 표현한다. 나는 개인적으로 일본식 표현인 대물(大物)이라는 말 속에 월척의 가치를 무시하는 뉘앙스가 있어 잘 쓰지는 않지만, 그냥 월척이라고만 하면 왠지 요즘은 35cm 미만의 월척으로 인식하고, 그렇다고 대형 월척이라고 표현하기도 마땅찮아서 그냥 대물이라는 표현을 곳곳에서 사용했다. 또 이미 '대물낚시'라는 장르명이 낚시인들 사이에 굳어져 있기 때문에 대어낚시니 대형붕어낚시니 하는 표현을 쓸 수도 없다. 그러나 이 책에서 대물과 월척은 같은 의미로 쓰였다.

수초가 많은 곳은 대박이 드물다!

갓낚시인들은 수초가 없는 계곡지를 선호하고, 여타 대물낚시인들은 수초가 많은 평지지를 선호한다. 그렇게 된 이유는 각 저수지 형태에 따라 붕어의 연안 접근성에 차이가 나기 때문이다.

수초지역의 붕어들은 수초를 벗어나 물 가장자리까지 접근하는 경우가 적다. 수초 속에도 먹을 것이 많기 때문에 구태여 가로 나오려 하지 않는 것이다. 그러니 갓낚시가 잘 먹히지 않는다. 그런 낚시터라면 긴 대로 수초대 안쪽을 노리는 일반적인 대물낚시가 더 낫다.

그러나 수초가 없는 계곡지의 붕어들은 물가에서만 먹이활동을 한다. 그래서 안쪽을 노리는 일반 낚시를 하면 입질을 받기 어렵다. 그래서 터가 세다는 오해를 받지만, 오히려 갓낚시를 구사하면 깜짝 놀랄 정도로 잦은 입질을 받을 수 있다. 결국 터가 센 것이 아니라 낚시를 잘못 한 것임을 알 수 있다. 낚싯대를 정면으로 던져서 2~3m 수심에 미끼를 던져두면, (한여름이 아닌 한)계곡지의 월척을 만나기란 정말 어렵다.

오늘날 대물낚시의 주 무대는 수초지대다. 대물낚시인들이 선호하는 낚시터가 서해 연안을 따라 충남의 서산-태안-보령, 전북의 부안-고창, 전남의 무안-해남-신안-고흥으로 이어지는 이유도 그 지역에 수초가 잘 자란 평지형 저수지나 간척호수가 즐비하기 때문이다. 경북에서도 대물낚시터로 알려진 곳은 대부분 수초가 많은 소류지이며 속칭 맨땅못은 별 인기가 없다.

대물붕어는 물론 수초지대에서 잘 자라고 대물붕어의 양도 계곡지보다 평지지에 많다. 그런데 왜 갓낚시는 계곡지를 선호하는 것일까? 서찬수씨의 말을 들어보자.

"평지지에 월척 100마리가 있다면 계곡지에는 월척이 30마리쯤 있습니다. 그러나 계곡지에서 갓낚시를 하면 30마리 월척 중 3~4마리를 낚을 수 있으나, 평지지에서 일반 낚시를 하면 100마리 월척 중 2마리 이상 낚기 힘듭니다. 수초대

수초 한 포기 없는 계곡지 연안. 수초대를 즐겨 찾는 낚시인은 이런 저수지에 오면 어디에 앉아서 몇 칸 대를 펴야 할지 몰라 쩔쩔맵니다.
그러나 계곡지의 물속엔 수초보다 선명한 '수중턱'이란 포인트가 있습니다. 물속에 불쑥 솟아 있는 턱(배스낚시에서는 '험프'라고 하지요) 위를 공략합니다.

계곡지의 '떼고기' 확률이 더 높은 이유

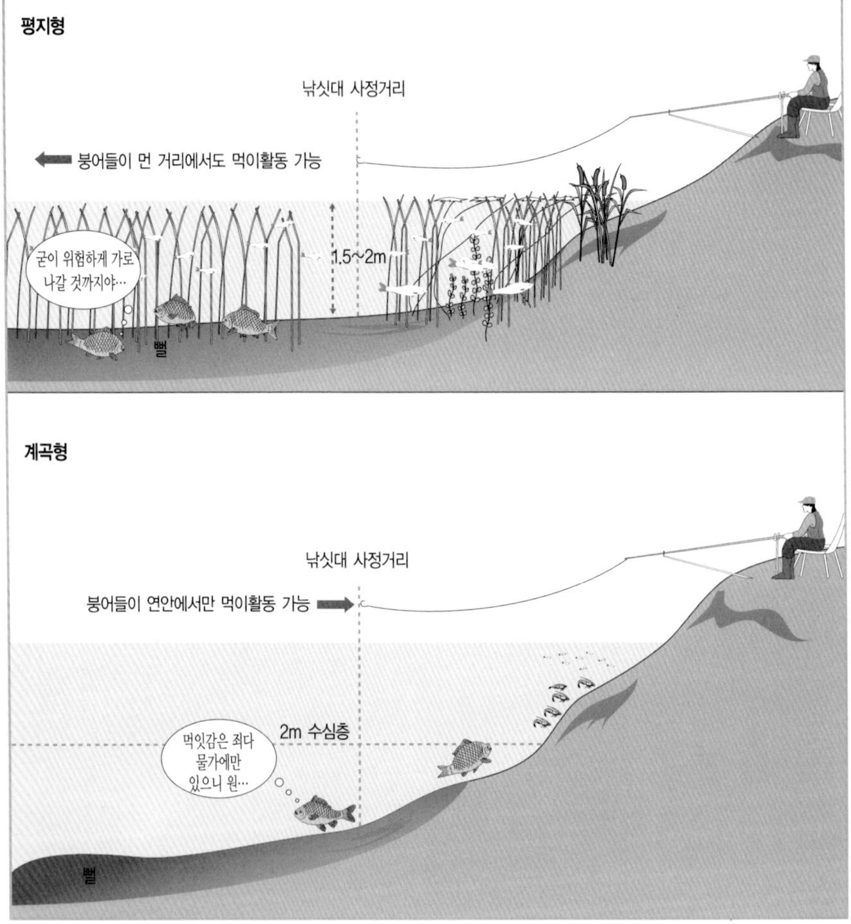

의 붕어는 수초 속에 먹이감이 있으니까 낚시인의 사정거리까지 들어오지 않기 때문이죠. 그래서 낱마리 대물은 몰라도 마릿수 호황은 힘듭니다. 가령 보트낚시에 월척이 잘 낚이는 저수지라면 연안에서 대물을 낚기는 어렵습니다.

반면 계곡지는 낚시인의 사정거리를 벗어난 곳에는 붕어의 먹이가 없습니다. 낚싯대가 미치지 못하는 곳은 수심이 너무 깊어서 새우 등의 먹이가 살지 않습니다. 그러니 월척이 먹이를 사냥하려면 가로 붙을 수밖에 없고 자연히 낚시에 걸려들 확률이 높죠. 그래서 계곡지는 연안낚시의 조황이 릴낚시나 보트낚시보다 월등히 앞섭니다. 또 수초가 없는 곳의 붕어는 군집성이 좋고 회유 폭이 넓기 때문에 월척을 마릿수로 타작할 수 있는 찬스가 자주 생깁니다. 그런데 계곡지 낚시가 힘들다고 알려진 이유는 갓낚시를 모르기 때문이죠. 계곡지에서도 평지지처럼 멀리 깊은 수심만 노리기 때문입니다."

낚시인들이 계곡지에 대해 가지고 있는 또 하나의 오해가 '계곡지는 물이 차서 시즌이 늦고 짧다' 는 것이다. 그러나 그렇지 않다. 계곡지가 평지지보다 봄낚시가 약간 늦게 시작되는 것은 사실이지만 그 간격은 불과 보름(경남의 경우 3월 중순이면 계곡지에서 밤에 월척을 낚을 수 있다). 반면 가을낚시 시즌은 계곡지가 더 오래 간다. 수량이 많고 수심이 깊은 계곡지의 물이 평지지보다 더 느리게 식기 때문이다. 특히 8~9월 혹서기에 평지지의 낚시는 거의 스톱되지만 계곡지에서는 무더위 속에서도 붕어가 낚인다.

그런데 왜 대다수 낚시인들이 "계곡지 밤낚시는 5월이나 되어야 호황을 보인다"고 말하는 것일까? 그 역시 낚시패턴의 차이에서 비롯된다.

갓낚시는 얕은 물가를 노리므로 3월부터 바로 계곡지 월척을 뽑아낼 수 있지만, 일반 낚시는 2~3m의 깊은 수심을 노리므로 계곡지 월척이 얕은 곳으로 붙는 3~4월 황금시즌은 소득 없이 흘려보내고, 연안 수온이 더워져서 붕어들이 조금씩 깊이 들어가는 5월 이후 하절기에 비로소 계곡지 붕어의 입질을 받는 것이다(물론 그 때도 갓낚시의 조과와 비교하면 크게 뒤진다). 그래서 계곡지는 '맹탕못' 이라는 다소 비아냥거리는 이름으로 불리고 있다.

내륙지방 계곡지는 갓낚시 황금어장

그런 점에서 갓낚시는 대물낚시의 불모지로 남아 있는 터 센(?) 계곡지 월척 사냥의 새로운 해법이다. 갓낚시로 공략하면 터가 세다는 인식은 즉각 수정된다. 계곡지의 월척 역시 평지지의 월척처럼 1.5m 미만의 수심에서 먹이를 찾고 있으며 오히려 평지지보다 얕은 1m 미만의 수심에서 더 잘 낚인다. 그런 계곡지 월척을 잡아낼 수 있는 방법은 물가를 노리는 갓낚시가 최선이다.

갓낚시는 지금까지 붕어낚시터, 특히 대물터에서 배제돼 온 계곡형 저수지의 진면목을 새로이 알리고 있다. 해안지역에 비해 아직 미답으로 남아 있는 내륙지방의 계곡지 대물붕어가 모두 갓낚시의 타깃이다. 경기도의 거의 전역, 강원도 전 지역, 충남의 홍성·청양·공주·논산, 충북의 전 지역, 전북의 남원·장수·무주·진안·임실, 전남의 영광·담양·화순·곡성·장흥·보성·순천, 경북의 문경·예천·안동·청송·구미·김천·고령·성주·경주·포항 등 계곡지의 수가 평지지보다 많은 내륙지방이 갓낚시의 잠재적 무대로 고스란히 남아 있다.

계곡지에 마릿수가 없다구요? 그런 말 말라는 듯 함안군 함안면 강명리 영담지에서 낚은 다수의 월척을 보여주고 있는 서찬수씨. 이 저수지는 연안 수심이 2~3m로 떨어지는 급심이지만 붕어들은 모두 1.2m 이내 수심의 연안과 수중턱에서 낚였습니다.

그 범위는 해안지역보다 훨씬 방대하다. 갓낚시가 경남에서 발원한 것도 경남 저수지의 90%가 계곡형이기 때문이다.

사실 그 동안 경상남도는 4짜 붕어의 집산지로 알려지지 않았다. 대물낚시 하면 경북이었고 경남은 그냥 물 맑은 청정 계곡지에서 힘 좋은 뼘치 붕어 몇 마리 낚기에 좋은 곳으로 인식되었다. 그러던 것이 서찬수씨와 허송세월 회원들에 의해 판도가 바뀌었다. 마산과 창원을 중심으로 갓낚시 인구가 늘면서 경남의 월척 배출 빈도가 현격히 높아진 것이다.

가령 경남 의령군에서 가장 큰 저수지인 용덕면의 덕암지는 터가 세기로 악명 높았다. 그러나 산자락에서 갓낚시로 벽에 붙이면 하룻밤에 준척 대여섯 마리는 쉽게 낚는다. 물론 2~3m 수심에 던져놓고 기다리려면 하품을 참기 힘들다.

갓낚시의 매력은 강렬한 손맛이다. 갓낚시인들은 척박한 환경에서 거칠게 살아온 계곡지 붕어의 힘에 사로잡혔다. 물가의 50cm 수심에서 걸려든 월척이 3m가 넘는 수심으로 내리꽂으면 두 손으로 대를 부여잡고 한바탕 씨름해야 한다. 그 맛을 잊지 못해 더 험한 계곡지를 찾아 떠나는 갓낚시 동호인들에게 수초 속에서 몇 번 푸득거리다 끌려나오는 얌전한 평지지 대물은 큰 흥미를 끌지 못한다.

수초 밀생한 저수지는 갓낚시 잘 안 돼

내가 갓낚시 기사를 「월간낚시」에 연재하던 2002년에 한 낚시선배가 내게 심각한 표정으로 충고를 했다.

"갓낚시를 실제로 해보니까 잘 안 되더라. 그런데 기사에는 갓낚시가 마치 만능인 양 오도돼 있다. 그래서는 안 된다. 갓낚시가 잘 안 되는 낚시터와 잘 안 되는 상황도 분명하게 밝혀주었으면 좋겠다."

그러나 나는 그의 충고를 따르지 않았다. 나는 이렇게 대답했다.

"선배님의 충고대로 갓낚시가 만능은 아닙니다. 오히려 서울을 비롯한 중부지방에는 갓낚시가 잘 안 되는 낚시터가 훨씬 많습니다. 사람들로 붐비는 낚시터와 수초가 밀생한 낚시터에서는 갓낚시를 할 수 없기 때문입니다. 그러나 지금 갓낚시에 관한 부정적 기사를 쓰는 것은 시기상조입니다. 이제 막 사람들의 관심을 끌기 시작한 이 독특한 낚시패턴에 미리 한계를 설정하는 것은 새로운 불씨에 찬물을 끼얹을 수 있습니다. 갓낚시가 잘 먹히지 않는 낚시터가 있기는 하지만 인기척을 줄이고, 얕은 수심을 노리고,

힘 하나는 좌우지간 끝내주는 경남의 계곡지 붕어. 37cm 붕어를 걸고 용을 쓰는 이 양반은 마산의 바다낚시 전문점인 '대물낚시' 유창호 사장인데(얼굴은 나중에 공개합니다), "맹물고기 힘이 이리 좋은 줄 몰랐다"며 가슴을 쓸어내렸습니다. 진주시 이반성면 개암리의 소아못.

자연환경을 보존하고, 시간대별로 공략수심을 변동하는 갓낚시의 기본 패턴은 어느 낚시터를 불문하고 토종붕어낚시 전반에 통용될 수 있는 내용입니다. 우리가 토종붕어의 습성을 제대로 이해하고, 낚시인 중심에서 벗어나 붕어 중심의 사고를 하는데 갓낚시가 일조하고 있습니다. 그래서 나는 갓낚시가 지금의 인기를 타고 더 보급되었으면 하는 마음에서, 선배님이 지적하신 갓낚시의 한계는 차후에 정리해서 쓰겠습니다."

그때 미뤄둔 갓낚시의 한계상황을 지금 밝힌다. 갓낚시가 잘 안 되는 낚시터는 두 가지 유형이다.

이 광활한 수초대! 이런 저수지에선 갓낚시가 안 됩니다. 저수지의 안쪽에도 먹이가 많다보니 붕어가 물가로 나오지 않기 때문입니다. 충남 태안군 태안읍의 인평지.

첫째 저수지 중앙부까지 수초가 우거진 낚시터다. 그런 곳의 붕어는 수초 속에 먹이가 충분하기 때문에 연안으로 좀체 나오지 않는다. 또 수초가 밀생해 가에는 찌를 세울 공간도 없다.

둘째 낚시인들이 붐비는 저수지다. 갓낚시의 생명이 무(無)인기척이기 때문에

낚시인들이 붐비면 원천적으로 힘들다. 사람들이 물가에 다닥다닥 붙어 있는데 나 혼자 물러나서 숨죽여 본들 무슨 소용인가.

그 두 가지 유형을 벗어난 낚시터가 사실 중부지방에는 많지 않다. 그러니 그 선배가 몇 번의 시도 끝에 갓낚시를 실패하고 내게 "갓낚시의 한계를 실토하라" 고 종용한 것도 무리가 아니다.

그러나 그 어떤 낚시터에서도 '갓낚시적 시각'은 붕어를 낚는데 큰 도움을 준다. 이를테면 갓낚시를 즐기는 나도 충남 태안이나 전남 해남의 수초 많은 저수지에서는 갓낚시를 하지 않는다. 남들과 마찬가지로 낚싯대를 정면으로 던져서 수초 사이 빈 공간을 노린다. 그러나 그런 상황에서도 갓낚시는 아니지만 '갓낚시화' 한다. 즉 남보다 더 얕은 곳, 더 연안에 가까운 곳, 더 단단한 땅바닥을 찾아서 노리는 것이다. 그러면 확실히 깊은 수심의 뻘바닥을 노린 낚시인보다 더 나은 조과를 얻었다.

또 수초가 무성한 저수지라도 수초가 삭아 내린 초겨울과 봄에는 갓낚시가 대단한 효력을 발휘한다. 전남 신안군 지도읍의 유명 월척터인 봉리지는 말풀이 돋아나는 초여름 이후 긴 대로 말풀 속을 노려 새우낚시를 하면 월척 확률이 대단히 높은 곳이지만, 말풀이 우거지기 전인 3월에 최상류에서 연안 갓낚시를 하면 월척을 더 쉽게 낚을 수 있다.

특히 마름이 밀생한 저수지들은 마름이 삭아 없어지는 12월부터 이듬해 4월 초까지가 빅 찬스다. 그 시기에 밤에 갓낚시를 하면 월척을 마릿수로 뽑을 수 있다. 그러나 마름이 무성해진 5~6월에 수초제거작업을 하고 구멍을 노리면 초봄 갓낚시 조과의 절반에도 못 미친다. 수초가 없을 때는 폭넓게 회유하던 붕어들이, 수초가 자라면 모두 그 수초 속으로 숨어서 극히 제한된 이동만 하기 때문이다. 서찬수씨의 활동무대인 경남에도 말풀이나 마름이 우거진 평지형 저수지가 많다. 그러나 서찬수씨는 "하절기에 그런 평지지를 찾아서 수초를 걷어내고 낚시하는 것보다 가만히 내버려두었다가 수초가 삭고 난 겨울과 초봄에 밤낚시를 하면 그곳의 월척을 쉽게 솎아낼 수 있다"고 말한다.

사람들이 붐비는 유명낚시터에서도 한적한 곳을 찾아 갓낚시로 재미를 보았다는 제보전화를 많이 받았다. 한 서울 낚시인은 "충북 음성군 원남지에서 밤에

30cm 수심의 수몰나무 지대를 노려 많은 월척을 낚았다"고 했고, 한 논산 낚시인은 "부여 가화지 제방에서 갓낚시를 시도해 4짜를 낚았다"고 했고, 한 대전 낚시인은 "충주호 목벌리의 수몰나무 지대에서 갓낚시를 해서 월척을 여러 마리 낚았다"고 했다. 논산에 사는 이모씨는 "갓낚시 기사를 보고 부여 충화지 상류에서 연안 50cm 수심을 노려 45cm를 낚았다"고 알려왔고, 익산의 한 낚시인은 저수지 이름은 밝히지 않았지만(그가 남몰래 아끼는 곳이었으리라) "무넘기 석축에 새우미끼를 붙여보았더니 낚싯대를 뒤꽂이채 끌고 달아나버렸다. 비록 대는 잃어버렸지만 좋은 테크닉을 알게 돼 기쁘다"고 인사를 했다.

또 수도권의 대물붕어터로 유명한 경기도 여주군의 금사지에서도 서울 낚시인들이 갓낚시로 월척들을 낚아내 화제가 되었고 그 현장이 낚시잡지에 소개되기도 했다.

수초대 갓낚시– '수초 앞면 노리기'

그러나 갓낚시라고 해서 수초를 마냥 기피하는 것은 아니다. 수면 한가운데까지 수초가 뒤덮인 저수지를 피하는 것일 뿐 연안에만 수초가 자라 있는 저수지라면 오히려 갓낚시를 하기에 더 좋다. 가령 뗏장수초나 갈대가 연안에 자라 있는 저수지가 있다고 하자. 그런 곳에선 찌를 물가의 뗏장수초나 갈대 외곽에 붙여주기만 하면 된다.

아마 갓낚시를 모르는 사람도 이런 여건이라면 연안 수초에 찌를 바짝 붙여놓고 입질을 기다릴 것이다. 사실 갓낚시란 게 특별한 게 아니라 그런 것이 갓낚시다.

붕어낚시인들은 깊은 수심보다 얕은 물가의 수초 외곽에 던져둔 미끼에 붕어가 더 잘 낚인다는 사실을 경험을 통해 알고 있다. 다만 '수초'에 시선을 고정시키느라 그곳이 '얕은 물가'라는 것을 감지하지 못하고 있을 뿐이다. 만일 그 수초가 깊은 수심에 자라 있다면, 낮에는 몰라도 밤에는 A급 포인트가 되기는 어렵다.

갓낚시는 수초를 노리더라도 가급적 '더 얕은 수초', '더 물가에 근접한 수초', '더 단단한 땅에 자라는 수초'를 노린다. 그러다보니 하나의 수초 덩어리를 공략할 때도 수초대 중앙부나 수초대 뒷면보다 '수초대 앞면'을 노린다.

예컨대 밤낚시에서 수초를 노릴 때는 수초대 주변의 여러 빈 공간에 찌를 세우게 된다. 그런 공간은 수초대 중앙에 있을 수도 있고 수초대 외곽에 있을 수도 있다. 그때 많은 낚시인이 한 치라도 더 깊은 지점에 찌를 세우고 싶어 하는데, 갓낚시에선 한 치라도 더 얕은 지점에 찌를 세우려 든다.

야~ 저 좁은 공간에 찌를 세우는 옹색함이여~. 남들은 땀 흘려서 말풀을 한 짐씩 걷어내고 겉보리 듬뿍 뿌려가며 대물을 노리는데, 그냥 물가에 찌 몇 개 깔아놓고 월척을 노리다니 거저먹겠다는 심사 아닌가요? 그러나 서글퍼 보이는 이 공간에서 초저녁에 8~9치 5마리가 낚였습니다. 진주시 이반성면 하곡리의 하곡지 윗못.

수초 속의 붕어들 역시 맨바닥 붕어와 마찬가지로 사냥에 나설 때는 얕은 연안 쪽으로 이동한다. 따라서 수초대에서 가장 얕은 방향, 연안과 가장 가까운 방향이 곧 사냥의 톨게이트가 되는 셈이다. 그러므로 수초대의 앞면을 노린다는 것은 바로 그 사냥로의 입구를 노린다는 뜻이다.

그러나 대부분 수초대 앞면을 노리기 꺼려한다. 수심이 얕고 낚시자리에서 너무 가깝기 때문이다. 그래서 붕어가 경계심을 품고 입질하지 않을 것으로 지레 짐작한다. 그 우려는 어느 정도는 맞지만 낚시인이 연안에서 몇 발짝 물러나주면 문제는 간단히 해결된다.

사진은 서찬수씨가 2001년 6월에 진주시 이반성면 하곡지 윗못에서 말풀 수초대 앞면을 갓낚시로 노리는 장면이다. 참 서글퍼 보이는 이 좁은 공간에서 7~9치 붕어 5마리를 낚았다. 서찬수씨는 "수초 속에서 나와 사냥하는 붕어는 몸은 수초 속에 숨긴 채 머리만 살짝 내밀어서 수초 바깥의 연안 쪽을 바라보고 있

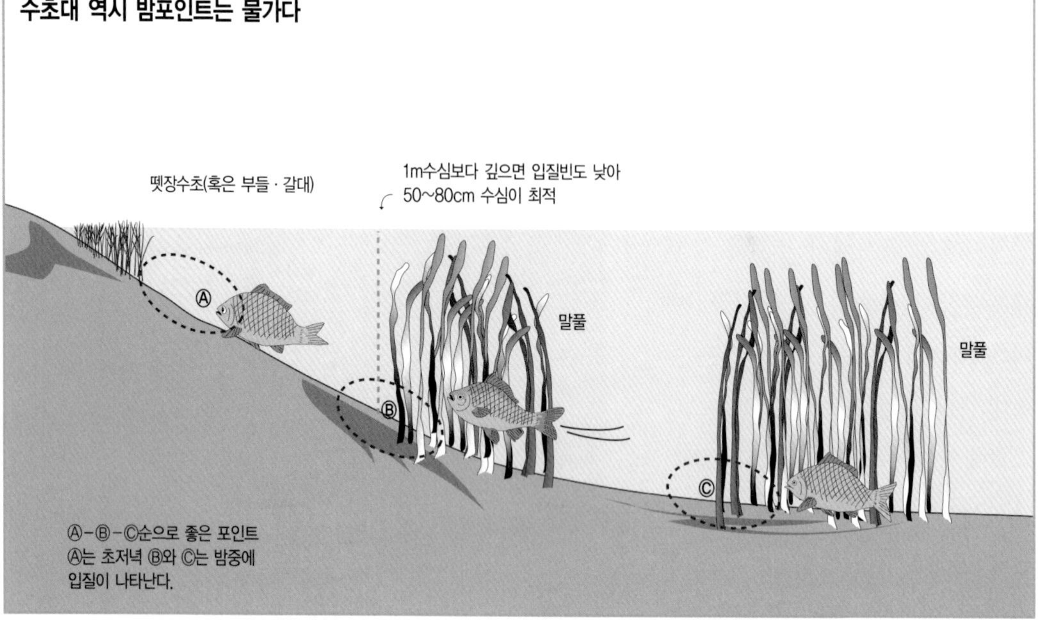

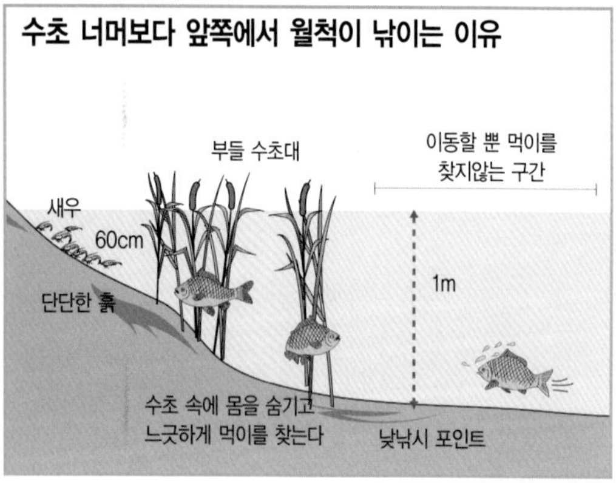

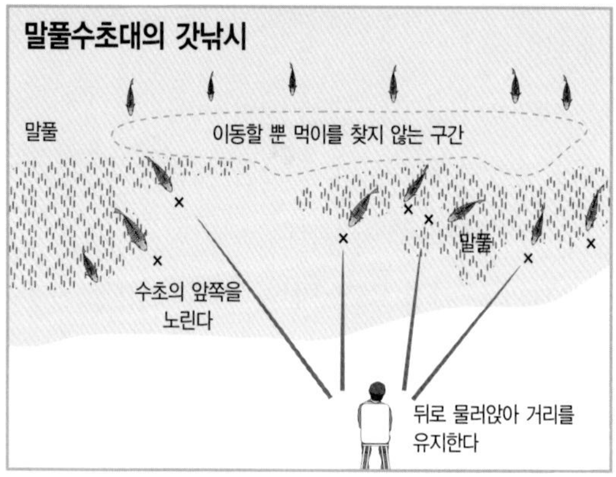

다. 놈들이 사냥할 새우나 참붕어의 동태를 살피는 것인지 모른다. 어쨌든 새우 미끼는 땅과 인접한 수초대의 앞면에 떨어뜨려야 빠른 입질을 받을 수 있었다" 고 말한다.

수초대 앞면을 노리는 밤낚시는 오히려 붕어가 수초 속에 몸을 숨기고 연안까지 쉽게 접근하므로 초저녁의 마릿수가 맨바닥보다 더 좋다. 붕어로서는 수초 속에 숨어 있다가 후다닥 뛰쳐나가서 새우를 사냥할 수 있다.

☞그러나 '말풀 갓낚시'는 대물은 기대하기 어렵다. 말풀 속의 대형 월척은 역시 말풀 속에서 낚이는 경향이 짙다. 그래서 말풀이 밀생한 저수지는 봄보다 초여름(5~6월)에 말풀을 인위적으로 걷어내고 그 구멍을 노릴 때 대물 확률이 높은 것으로 파악된다. 그러나 갓낚시인들은 그런 수초 작업을 하지 않는다. 차라리 그 시간에 시원한 계곡지를 찾는 것이 대물 확률이 더 높기 때문이다.

수초가 밀생한 저수지 중에는 물가에는 찌를 세울 공간조차 없는 곳이 많다. 그런 곳에서는 하는 수 없이 수초대 안쪽을 노려야 한다. 그러나 그 경우에도 가능한 한 얕은 수초대, 물가에 근접한 수초대를 노리면 더 빠른 입질을 받을 수 있다는 것을 기억해두면 수초대 밤낚시의 색다른 재미를 느낄 수 있을 것이다.

수초 사이로 여러 개의 찌를 세울 때, 1m 이상의 수심을 보이는 곳은 밤 10~11시 이후에 노리고, 초저녁에는 30~80cm 수심의 공간부터 노려보기 바란다. 만약 찌를 세울 수 있는 공간이 1.5m 이상의 깊은 수심밖에 없다면 마릿수는 포기해야 한다.

밤낚시 잘 되는 수초가 따로 있다

●밤에 입질이 뜸한 수초 - 침수수초

말풀, 마름, 연 등 침수수초(물속에 자라는 풀)은 밤낚시터로는 B급이다. 이 수초들은 깊은 수심의 뻘바닥에서 자라기 때문이다. 이 세 가지 수초 속의 붕어들은 오히려 밤보다 오후~해거름, 동틀무렵~아침에 잘 낚인다.

다만 말풀밭에선 초저녁 입질도 종종 나타난다. 말풀은 세 가지 침수수초 중 우리나라에 가장 많이 분포하고 있다. 말풀이 우거진 저수지는 봄보다 5월 이후 초여름에 말풀을 적당량 걷어내는 구멍작업 후 밤낚시가 잘 되는 것이 특징인데, 그 이유는 겨울~초봄에는 낮에 먹이활동을 하는 말풀 붕어들이 수온이 높아지면서 야간 활동모드로 전환하기 때문인 것 같다.

한편 마름은 말풀과 달리 제거작업을 하고 구멍을 노려선 큰 재미를 보기 어렵다. 따라서 마름의 외곽, 얕은 맨바닥을 노리는 갓낚시가 한결 낫고, 최선의 방법은 하절기에 묵묵히 기다렸다가 마름이 완전히 삭아 버리는 초봄에 낚시하는 것이다.

●밤낚시가 잘 되는 수초 – 정수수초

뗏장수초와 갈대는 밤낚시의 A급 수초다. 이들은 물가의 얕고 단단한 땅에서 자라기 때문이다. 낚시방법은 평이하다. 찌를 멀리 던졌다가 당겨서 수초 외곽에 붙여주면 된다. 이때 주의할 점은 너무 바짝 붙이면 안 된다는 것이다.

수초대 주변은 그 수초가 삭아 내린 퇴적물이 많기 때문에 미끼를 너무 붙이려다보면 수초줄기에 걸리거나 수초에 걸리지 않아도 그런 퇴적물에 묻힐 위험이 있다. 그러므로 수초에서 약간 떨어뜨려 둔다는 기분으로 놓아두는 게 좋다.

그 또한 낮낚시와 차이점이다. 낮에는 미끼가 퇴적물에 함몰돼도 붕어가 쉽게 알아보고 달려들지만 밤에는 어두우니까 어쨌든 붕어 눈에 잘 보이는 깨끗한 바닥에 미끼가 떨어져야 한다. 밤에 물가로 나온 붕어는 미끼가 웬만큼 떨어져 있어도 충분히 달려가서 먹을 만큼 활성도가 높다.

뗏장수초와 갈대를 노릴 때는 수초대 거리보다 훨씬 긴 대를 쓰는 게 좋다. 짧은 대를 사용하면 챔질 순간 붕어를 앞으로 끌어당기게 되므로 붕어가 수초 속으

부들 (물 속의 수초는 말풀)

뗏장수초

로 파고들 가능성이 크지만, 긴 대를 쓰면 챔질 순간 붕어를 바깥으로 끌어내게 되므로 수초 위로 단숨에 들어 올릴 수 있다. 갈대라면 붕어가 박혀도 어떻게 용을 써서 끌어내보겠지만 뗏장 속으로 파고든 대어는 포기해야 한다.

역시 중요한 사항은 가능한 한 1m 이내로 얕은 수심의 수초 언저리를 찾는 것이다. 아무리 수초에 당겨 붙여도 언저리 수심이 1.5m가 넘는다면 밤낚시 포인트로 부적격이다.

●공략방법이 중요한 부들

부들은 뗏장이나 갈대보다 약간 더 깊은 수심에서 자란다. 말풀보다는 밤낚시에 월척이 잘 낚이는 A급 수초라 할 수 있지만, 약간 깊은 만큼, 수초를 넘겨 쳐서 붙이는 뗏장, 갈대와 달리 부들을 넘겨 치는 것보다 부들의 앞쪽, 즉 부들과 땅 사이를 노리는 방법이 잘 먹힌다.

앞 장의 〈그림〉은 부들수초대의 밤낚시 공략지점을 그린 것인데, 부들 군락 중간이나 뒷면보다 부들의 앞면, 즉 부들과 땅 사이의 공간에서 붕어가 많이 낚인다. 부들 주변의 붕어는 연안의 부들 속으로 빠르게 이동한 뒤 부들의 가장자리를 맴돌면서 연안의 새우나 치어들을 사냥하기 때문인 것으로 보인다.

말풀

마름

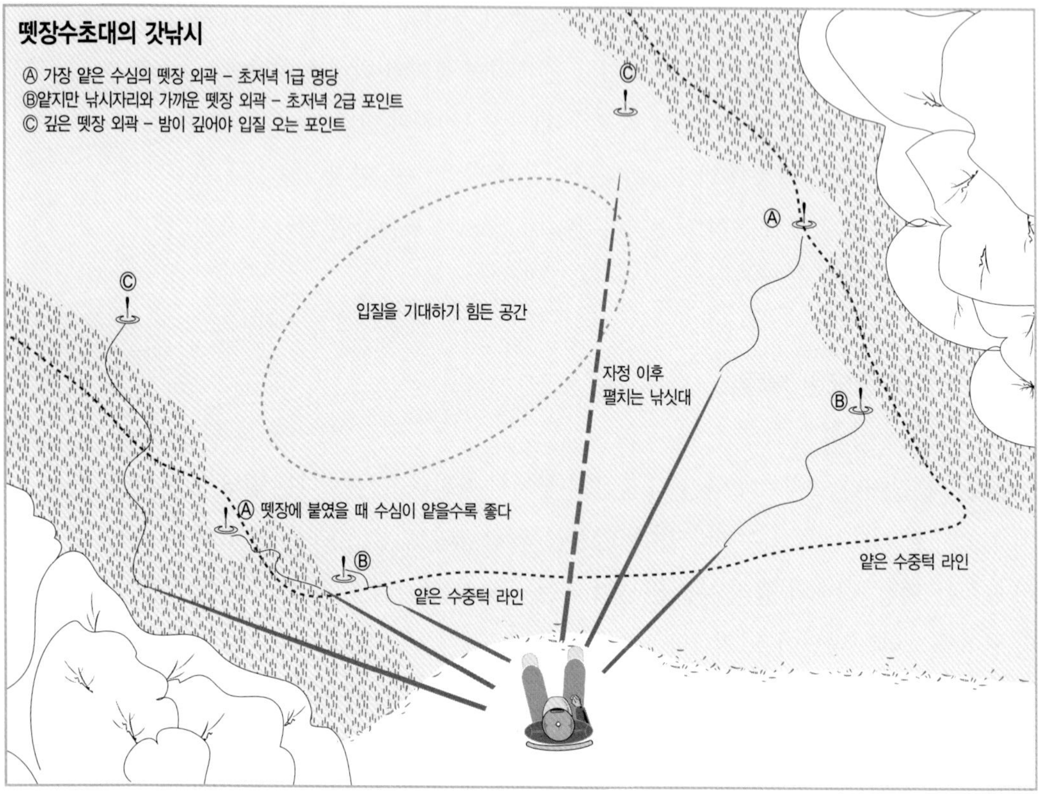

●마름은 삭았을 때 대박찬스

마름이 밀생한 저수지는 마름이 삭아 없어진 초봄에 갓낚시로 대단한 조과를 올릴 수 있다. 마름은 4월 말부터 무성해지기 시작해 여름과 가을에는 바늘 하나 넣지 못할 만큼 빽빽이 자라지만, 겨울과 초봄에는 흔적도 없이 사라진다. 그렇게 마름이 녹아서 없어졌을 때가 빅 찬스다.

낚시인들의 경험담을 종합해보면 마름이 무성할 때는 그 마름을 적당량 걷어내고 낚시해도 큰 재미가 없다. 일단 마름이 자라면 붕어들이 마름 속에 틀어박혀 활동반경이 크게 줄어드는 듯하다. 수초제거 후 밤낚시가 꽤 잘 되는 말풀과 다른 점이다.

그러나 마름이 삭으면 얘기는 달라진다. 겨울에도 완전히 삭지 않는 말풀(늦가을부터 말풀이 삭아 내리면 이내 바닥에서 싱싱한 새 순이 올라온다)과 달리 마름은 아예 흔적도 없이 사라져버리는데, 5월부터 12월까지 마름 속에서 안전하게 살아온 붕어들은 졸지에 집을 잃고 이리 우르르 저리 우르르 몰려다니다가 미끼를 들이대면 줄줄이 낚여 올라온다.

그리고 그때 갓낚시가 특효를 발휘한다. 마름 속에 살던 붕어들은 마름이 삭으면 물가에서만 입질하는 경향이 뚜렷하기 때문이다.

그 이유가 뭘까 생각해봤는데, 아마 안쪽에는 삭아 내린 마름의 퇴적물이 쌓여 있기 때문이 아닐까 한다. 그렇게 추측하는 근거는 바늘에 수초 찌꺼기가 걸려

갓낚시터와 非갓낚시터

●갓낚시가 잘 안 되는 저수지

1.늘 낚시인들로 붐비는 저수지–낚시인이 한산한 일부 포인트에서만 갓낚시가 된다.

2.전역에 수초가 자란 평지형 저수지–수초가 삭은 겨울~초봄에만 갓낚시가 일부 된다.

●갓낚시가 잘 되는 저수지

1.수초가 없는 저수지

–붕어의 먹이활동처가 물가 밖에 없어 연안접근도가 높다. 계곡지가 대표적 유형이지만, 평지지라도 중앙부에 수초가 없는 곳은 갓낚시가 잘 된다.

2.연안에만 수초가 자란 저수지

–붕어가 몸을 숨기고 매복사냥을 할 수 있는 연안 수초, 즉 뗏장수초, 갈대, 부들이 자란 저수지는 완전 맨땅보다 오히려 갓낚시가 더 잘 된다. 찌를 연안 수초에 붙여주기만 하면 된다.

3.연안에 나무그늘이 짙게 드리운 저수지

–물가의 나무그늘은 가로 접근한 붕어에게 안전한 그늘막을 형성해 지속적인 입질을 보장해주는 명당이다. 그런 나무그늘이 많은 저수지가 갓낚시가 잘된다.

●갓낚시가 아니면 붕어 낚기 힘든 저수지

1.급심의 계곡지

–짧은 대를 던져도 2m 수심을 훌쩍 넘는 곳에서는 갓낚시가 유일한 마릿수 해법이다. 깊은 수심을 노리는 일반 낚시는 새벽~아침에만 낱마리 조과를 기대할 수 있다.

2.갈수상태의 저수지

–붕어들이 밤에 얕은 수심에서만 입질한다. 낮에는 잔챙이만 덤비거나 입질 한 번 없다.

3.뻘물이 진 저수지

–깊은 곳은 붕어가 미끼를 발견하기 어려울 정도로 물속이 어둡다. 얕은 곳을 노리고 밝은 바닥을 찾는 것이 열쇠다. 또 뻘물이 가라앉으면 물가부터 맑아지므로 붕어의 연안접근이 활발해진다.

4.미답의 소류지

–붕어가 철저하게 가에서만 먹이활동을 하는 습관이 박혀 있어 깊은 곳을 노려선 몇 마리 낚기 힘들 때가 많다. 일반 낚시인들이 산 속의 오지터를 찾아도 큰 붕어를 낚지 못하는 이유가 그 때문이다.

나오는 자리는 밤 입질이 없다는 것이다. 마름이 밀생했던 저수지라면 수초의 잔해가 없는 곳이란 물가밖에 없고 그래서 갓낚시가 잘 되는 것으로 추측한다.

만일 하절기에 마름이 무성하게 자란 소류지를 발견하면 여름에 땀 흘리며 수초제거작업을 할 게 아니라 잘 기억해두었다가 1~2월에 지렁이로 낮낚시를 하거나 3월에 새우로 밤낚시를 해보기 바란다.

흔적 없이 머물다 떠나라

갓낚시는 '붕어중심적'이며 '자연친화적'인 낚시다. 수초 외곽의 빈 공간을 노릴 뿐 인위적으로 걷어내지 않는다. 수초를 걷어내지 않고는 도저히 낚시할 수 없는 저수지라면, 그 수초들이 자연적으로 삭는 동절기를 기다렸다가 낚시한다.

사실 수초가 무성한 저수지는 늦가을~초봄에 낚시가 잘 되는 경향이 짙으며, 하절기에는 큰 재미가 없다. 그러므로 하절기에는 시원한 계곡지를 찾아서 맨땅 못 월척의 진한 손맛을 즐긴다. 그러나 많은 낚시인이 여름에도 수초대를 벗어나지 못하고 땡볕 속에서 수초를 걷어내느라 고생하는 것은 계곡지 낚시에 능숙하지 못하기 때문이며, '수초 없으면 월척 없다'고 오해하고 있기 때문이다.

수초제거 과정도 가만히 지켜보면 필요 이상의 대공사가 많다. 자연적으로 형성된 수초구멍만 노려도 3~4대는 충분히 펼칠 수 있는 공간에, 수초제거기까지 동원해 죄다 긁어내고 10대가 넘는 낚싯대를 깔겠다고 욕심을 부린다. 붕어의 입장에서 보면 그런 작업이 얼마나 뜻밖이고 대경실색할만한 것일까.

갓낚시가 수초작업을 하지 않는 이유는 그 힘든 노고에 비해 성과가 적기 때문이다. 무엇보다 붕어를 놀라게 해서 좋을 것이 없기 때문이다.

낚시가 사냥과 다른 것은 최종 선택권이 사람이 아닌 물고기에게 있다는 것이다. 사냥은 포획의 선택권이 총기의 방아쇠를 쥔 사람에게 있지만, 낚시는 선택권이 물고기에게 있다. 그러므로 물고기를 낚으려면 물고기의 식욕을 떨어뜨릴 정도의 스트레스를 주어선 안 되며, 최소한 소동을 일으켜 멀리 쫓아내지는 말아야 한다.

수초대의 갓낚시 대 편성입니다. 수심이 깊은 연밭을 피해 물가의 뗏장수초와 갈대에 찌를 붙였습니다. 밤 11시와 12시에 왼쪽(4칸) 대와 오른쪽(3.5칸) 대에서 준척이 각각 한 마리씩 낚였습니다. 연밭에선 낮에도 입질이 없었습니다. 충남 태안군 원북면 사창리 사창지

갓낚시 동호인들이 밤낚시의 불편을 감수하면서 물속의 수초는 물론 물가의 나뭇가지 하나라도 가능한 한 있는 그대로 보존하려는 것은 붕어를 안심시키기 위해서다. 적어도 월척을 만나고 싶다면 그 정도의 배려는 있어야 한다. 나 편하자고 붕어는 불안하게 만들어 놓고선 월척이 다가와주기를 바라는 것은 좀 심하게 말하면 도둑 심보다.

소류지에서 4짜가 잘 낚이는 이유는?

5~6년 주기로 고갈되는 못이 좋다

갓낚시터를 거론하면서 소류지를 빼놓을 수 없다. 갓낚시는 대형지보다 소류지에서 잘 먹히는데, 그 이유는 대형지는 대부분 낚시인들에게 많이 알려진 유명 낚시터이고 그만큼 인기척을 물가에서 차단하기 어렵기 때문이다. 그러나 대형지라도 낚시인의 발길이 뜸한 생자리를 찾으면(가령 산길을 걸어 진입하거나 보트를 타고 건너가야 하는 곳) 갓낚시로 대단한 재미를 볼 수 있다.

소류지는 낚시인의 발길이 뜸하기 때문에 붕어의 연안 밤 사냥 본능이 그대로 살아 있다. 그래서 최근 전국적으로 확산되는 소류지낚시에 갓낚시는 가장 적합한 낚시방법이다.

그러나 아직 대다수 낚시인은 소류지낚시를 기피하고 있는데 그 이유는 두 가지다. 첫째 소류지가 어디에 있는지 잘 모른다. 둘째 '이렇게 좁은 수면에 붕어가 많이 있을까? 몇 년마다 한 번씩 마를 텐데 살아남은 붕어가 몇 마리나 될까?' 생각하기 때문이다.

첫째 이유는 대물낚시에 입문하면 자연히 해결될 문제다. 둘째 이유에 대해서는 근본적인 인식의 변화가 필요하다. 왜냐하면 붕어는, 특히 월척 이상의 큰 붕어는 몇 년 주기로 말라버리는 저수지에서 더 잘 낚이기 때문이다.

그동안 경북지방에서부터 소류지낚시가 전국으로 확산되면서 '1천평 미만의 못에서도 4짜가 낚인다'는 사실은 충분히 알려졌다. 그러나 아직도 오해가 남아 있으니 그것은 "오래도록 마르지 않은 소류지라야 4짜가 낚인다"는 것이다.

흔히 4짜 대물터를 거론할 때 자주 등장하는 표현이 "이 못은 축조된 이래 한 번도 마른 적이 없어 대물자원이 고스란히 보존돼 있다"는 것이다. 그러나 그런 저수지는 공통적으로 낚시가 잘 안 된다.

그 이유는 뻘이 너무 쌓여서 붕어가 살기에 나쁜 환경으로 변해버렸기 때문이다. 고지는 오래 된 만큼 4짜의 서식량은 많지만 생각보다는 많지 않고 더구나 잘 낚이지 않는다. 대개 그런 고지는 새물찬스에 빛을 발하는데 유독가스가 발생하는 물속에서 고생하던 붕어들이 상류에서 흘러드는 신선한 빗물에 광분하는 것이리라.

☞새물찬스–갈수상태의 저수지에 50mm 이상의 폭우가 내려 상류에서 흙탕물이 유입되면, 갈수와 저산소증에 허덕이던 붕어들이 새물을 마시기 위해 최상류에 몰려 폭발적인 입질을 보이는 시기.

오래 묵은 저수지에 큰 붕어가 많으리라는 것은 100년 묵은 이무기의 전설에서 유추한 상상에 가깝다. 30년 묵은 저수지라고 서른 살짜리 붕어가 사는 건 아니다. 붕어의 수명은 길어봐야 6~9년이다.

나는 95년에 전국 팔도에서 45마리의 붕어 비늘(그 중 월척은 29마리)을 수집해 세 명의 어류학자에게 나누어 보낸 다음 연령 감정을 의뢰한 바 있다. 당시 부산 수산대학교 강용주 박사, 군산대 생물학과 이충렬 박사, 국립해양연구소의 명정구 박사가 45마리 붕어의 비늘 나이테로 붕어의 연령을 측정했다. 그 결과 세 학자의 감정결과가 거의 동일하게 나왔는데 '월척의 나이는 평균 5~7살' 인 것으로 판명되었다. 가장 나이가 많은 붕어가 경북 청도군의 소류지에서 낚인 37.5cm와 대호만에서 낚인 46cm 붕어로 9살이었다. 10살짜리 붕어는 한 마리도 없었다.

그 사실을 보도한 「낚시춘추」 95년 7월호 「붕어 5년이면 월척 된다」라는 제하의 기사는 큰 반향을 불러 일으켰다. 그때까지 '붕어는 10년을 자라야 월척이 된다' 는 월척10년설이 통설이었고 '4짜는 15년 이상 자란 영물' 이라는 주장도 있었기 때문이다. 그래서 기사를 읽은 낚시인 중 "연령사정 자체에 오류가 있을 수 있다"고 반박한 이들도 많았으나 어류 연령사정의 권위자인 수산대학교의 강용주 박사는 "이 연령사정에는 오차가 있을 수 없다. 만에 하나 1년 정도의 오차는 있을지도 모르지만 그럴 확률은 매우 낮다"고 말했다.

결과를 보면 월척이나 4짜나 나이는 비슷했다. 오히려 4짜가 30cm 붕어보다 어린 경우도 있었다. 고흥 해창만수로와 내봉지의 40cm 붕어 두 마리는 부여 가화지나 함안 대산수로의 31cm 월척(6살)보다 어린 5살이었다. 즉 최홍만이 오래 묵어서 커진 것이 아니듯 붕어도 날 때 크게 자랄 놈과 그렇지 않은 놈이 따로 태어난다는 것을 알 수 있었다. 군산대학교의 이충렬 박사는 "붕어들이 자라는 수역의 서식여건에 따라 붕어의 성장속도가 다르다. 또 붕어도 다른 동물처럼 날 때부터 크게 자랄 놈과 작게 자랄 놈이 정해지는 것으로 보인다"고 말했다.

사수위까지 물이 빠진 고성 동지동지. 이 정도로 물이 빠져도 붕어들은 모두 무사합니다. 물속의 뻘 안에 파고들어 있거든요. 물 한 방울 없이 말라도 물이 차면 또 월척이 낚이는데, 이 정도라면 걱정할 것도 없습니다. 붕어의 생명력은 불가사의할 정도로 강인하므로 소류지낚시를 즐길 수 있습니다.

또 저수지에 따라 붕어의 성장한계선에 차이가 있었다. 전남 고흥군의 내봉지는 축조된 지 7~8년 만에 4짜를 무더기로 쏟아냈지만, 올해(2007년) 스물한 살이 된 합천호는 아직껏 변변한 월척 한 마리 배출하지 못한다는 것이 그것을 말해준다.

나이테 측정 결과 가장 늙은 붕어가 9살이었으므로 붕어의 수명은 길어봤자 10년이며, 대개 7~8년 안에 노쇠하여 죽는 것으로 추정된다. 그러므로 수십 년

마르지 않은 저수지라고 해서 붕어가 더 많은 것은 아니다. 오히려 5~6년 주기로 물이 마르는 저수지에서 붕어가 잘 자라고 대물도 잘 낚인다(물론 해마다 마르면 안 되겠지만). 그렇게 물이 한 번씩 말라줘야 뻘이 소독되고 다시 물이 차면 신선한 새 흙을 먹고 붕어들이 쑥쑥 잘 자라기 때문이다.

물 말라도 붕어는 뻘 속에서 살아 남는다

한 번씩 마르는 못에서 월척이 더 잘 낚이는 이유는 물이 말라도 붕어들은 뻘 속에 파고들어 대부분 생존하기 때문이다. 그 사실은 여러 증언을 통해 확인되고 있다. "3년 전에 바닥을 드러낸 곳인데도 올해 월척이 쏟아지고 있다"는 뉴스는 대물낚시인들 사이에선 이제 새삼스런 것이 아니다. 심지어 바짝 말라서 풀밭으로 변했던 저수지가 이듬해 다시 물이 차면 월척을 마릿수로 쏟아내기도 하니, 토종붕어의 생태는 여전히 미스터리다.

거제도 연초면의 연초호 상류에 작은 소류지가 있는데, 나는 그곳의 물이 완전히 말라서 먼지가 폴폴 날리는 것을 두 눈으로 목격했다. 그런데 2년 후 그 저수지에서 8~9치 붕어가 무더기로 낚였다. 그 못의 붕어는 큰물이 졌을 때 연초호의 붕어가 타고 올라간 것일 수 있다고 치자.

「낚시춘추」 2006년 5월호에 41cm 붕어 배출 기사와 함께 소개된 진주시 이반성면 하곡리의 서부곡지는 2003년에 물을 완전히 빼고 그물질까지 한 것을 내 눈으로 목격했다. 그런데 2년 후인 2005년 12월, 나와 창원낚시인 장형준씨가 떼고기를 만났다. 이틀 동안 낮에 지렁이 미끼로 월척 4마리를 비롯해 7~9치 붕어를 무려 200마리나 낚은 것이다. 나는 물이 말라도 2년만 지나면 붕어자원이 복구된다는 것을 경험한 바 있어 서부곡지를 노려본 것인데 기대 이상의 조과를 거둔 셈이다.

그처럼 굵은 붕어를 그렇게 정신없이 낚아보기는 난생 처음이었다. 그 후 이듬해 초봄까지 허송세월 회원들이 수 백 마리의 붕어를 더 낚아냈고 마침내 3월 중순 밤낚시에 4짜 붕어 두 마리가 낚였다. 그런데 그 기사가 나간 직후 서부곡지는 또 저수지 물을 빼서 그물질을 당했다. 당시 기사를 읽고 서부곡지를 찾은 낚시인들은 황당해하며 편집실로 전화를 해왔다. 낚시인들은 "물을 다 빼버린 저수지를 소개하면 어떡하느냐"고 화를 냈다. 그러나 그로부터 불과 3개월 후 나는 다시 물이 들어찬 서부곡지에서 밤낚시를 해서 7~8치 붕어 10마리를 낚았다.

그런 경험을 너무 많이 반복하다보니 이제 저수지의 고갈 여부는 관심의 대상이 되지도 않는다. 내가 월척을 타작한 저수지 중 상당수는 주민들이 지나가면서 "여긴 고기 없소. 작년에 물을 다 뺐는데 무슨 고기가 있다고, 쯧쯧…"하면서 지나쳤던 곳이다.

오히려 고갈되어 좋아진 못도 많다. 요즘 소류지 중에는 주민들이 잉어나 붕어를 방류해놓고 '낚시금지' 푯말을 붙인 곳이 제법 있는데, 가뭄이 들면 물을 빼서 고기를 잡아낸 뒤 그 푯말을 치워버리기 때문이다. 물론 물이 찬 뒤 그곳에 낚시를 담가보면 여전히 붕어가 잘 낚인다. 주민들은 지나치며 또 혀를 찬다. "보소, 작년에 물 빼고 고기 다 잡아냈소." 우리는 행여 살림망에 가득 찬 붕어를 볼까봐 능청을 떤다. "아이고, 그래요? 에이, 조금 앉아 있다가 가야겠구만!"

소류지에 가면 주민들이 대부분 '여기는 몇 년 전에 물을 뺐다' 고 할 것이다. 낚시인들을 쫓으려는 거짓말이 아니라 사실이다. 그러나 "그런 것도 모르고, 하마터면 밤을 꼬박 샐 뻔했네 그려"하며 총총히 돌아선다면, 소류지낚시의 초보자다. 큰 붕어는 그대로 있고 오히려 잔챙이들이 적당히 고사해서 월척을 낚을 확률이 더 높다.

만약 저수지의 물이 마를 때마다 붕어자원도 같이 마른다면 대한민국 소류지 가운데 낚시터로 가치가 있는 곳은 거의 없을 것이다. 수량이 적은 소류지는 몇 년 주기로 마를 수밖에 없기 때문이다. 그러나 토종붕어의 생명력이 인간의 상상을 초월할 정도로 강인하기 때문에 우리는 소류지 대물낚시를 즐길 수 있다.

그러니 '수십 년 마르지 않은 저수지' 를 찾아다닐 필요는 없다. 오히려 한때 4짜터로 명성을 날렸다가 최근 고갈된 후 사람들의 기억에서 사라진 저수지만 훑고 다니는 것이 백번 낫다. 그곳의 붕어는 크게 자라는 종자일 뿐 아니라 그 저수지도 대물이 성장하기에 좋은 토양을 가지고 있기 때문이다. '한번 4짜터는 영원한 4짜터' 라는 말이 있지 않은가.

Part6

밤 포인트

붕어낚시의 주류가 낮낚시에서 밤낚시로 바뀌었습니다.
그러나 시간대만 밤으로 바뀌었지 낚시방법은 여전히 낮의 것을 빌려 쓰고 있습니다. 그래서 이론과 현장의 이빨이 맞지 않고, 밤새 붕어 한 마리 못 낚는 낚시인이 양산되고 있습니다.
입문자들은 답답합니다. '왜 붕어가 안 낚이지?'
갓낚시는 그 혼란의 원인을 찾았습니다. 낮과 밤의 붕어가 정반대로 움직이기 때문이었습니다.
그리고 밤낚시의 새로운 포인트를 찾았습니다. 그곳은 바로 '수중턱' 입니다.

골을 버리고 턱을 취하라

내가 서찬수씨의 갓낚시를 처음 본 곳은 경남 창원시 동읍 봉산리 자여마을 위의 1천평짜리 소류지였다. 그곳에는 닭백숙을 파는 가든식당이 있었는데, 식당 주인이 백숙을 사 먹는 손님들에게만 낚시를 하게 하는 그런 곳이었다. 그렇다고 식당에서 물고기를 방류한 곳은 아니었고, 단지 식당 마당에 차를 대놓고 낚시만 하고 돌아가는 사람들이 많으니까 그들을 내쫓기도 할 겸 가능하면 손님으로 유치할 겸해서 나름대로 내놓은 대책이었다. 자신의 사유지도 아니면서 낚시를 못하게 하는 처사가 괘씸하기도 했으나, 8치가 넘는 굵은 붕어가 떡밥에 잘 낚인다는 소문이 나돌았고, 낚시하다가 백숙에 소주 한잔 곁들이는 맛도 괜찮을 듯해 한번 가보기로 했다.

그 날 밤 서찬수씨의 낚시는 한마디로 희한했다. 그는 식당 주인이 추천하는 명당들을 제쳐두고 식당 바로 밑의 자갈무더기 위에 자리를 잡았다. 물속에는 2칸 대 거리까지 60cm 수심의 모래언덕이 길게 이어져 있었다. 물이 맑은 계곡지라 낮에는 그 모래언덕의 바닥이 훤히 보였다. 서씨는 물가에서 2m쯤 물러나 받침대를 꽂더니 3칸대와 3.5칸대로 모래언덕 위에 4대를 펼쳤다.

그 날 밤 서찬수씨만 월척과 준척 7마리를 낚았고, 떡밥낚시 명당을 차지한 나와 다른 일행은 7~8치 붕어 두세 마리씩 낚는데 그쳤다. '모래 수중언덕' 을 노

린 그의 낚시는 우리 모두에게 충격이었다. 서찬수씨는 단 한 번의 낚시로 갓낚시 제1포인트인 수중턱의 위력을 우리에게 선명하게 각인시켰다.

긴 대를 옆으로 쳐서 수중턱을 노리는 낚시인.
경북 구미시 고아읍 문성지. 이렇게 낮에는 바닥이 보일 정도로 얕은 수중턱이 밤에는 월척 명당으로 변합니다. 그러나 많은 낚시인이 수중턱 옆의 깊은 골을 노리고 있으며 그 결과 지루한 밤을 새고 있습니다.

찌가 불쑥 솟는 자리가 포인트다

수중턱이란 이름 그대로 물속의 턱이나 구릉이다. 주변보다 얕게 솟아오른 바닥이며 밖에서 보면 밋밋한 완경사를 이루고 있어 쉽게 식별할 수 있다. 물이 탁해 바닥이 잘 보이지 않는 곳에서도 채비를 던져서 수심을 체크해보면, 찌가 불쑥 솟는 지점이 곧 수중턱임을 알 수 있다.

갓낚시의 포인트 탐색은 물속에서 솟아 오른 '턱=덕'을 찾는 것이며, 갓낚시

테크닉은 얕은 수중턱을 정확히 공략하는 것이라 해도 과언이 아니다.

대개 수중턱은 연안에 붙어 있지만 때로는 물속에 멀리 떨어져 있기도 하다. 수몰된 논두렁이나 수몰도로 등이 그런 곳이다. 또 갈대나 뗏장수초가 물속에 자란 곳도 얕은 수중턱이다. 갈대와 뗏장은 단단하고 얕은 땅에서만 자라는 수초이므로 그 언저리는 얕다고 보면 틀림없다.

흔히 갓낚시라는 이름에 집착해 물가만 노리는 낚시라고 생각하는 사람이 많은데, 긴 대를 정면으로 쳐서 먼 거리의 수중턱 위를 노리는 것도 갓낚시다. 즉 수중턱은 '물속의 가장자리' 다.

갓낚시가 보급되기 전에는 수중턱 위를 포인트로 여기는 낚시인이 거의 없었다. 붕어가 밤에는 대단히 얕은 곳까지 거슬러 오르는 사실을 발견하지 못했다. 지금도 낚시인들은 수중턱을 기피한다. 가령 수몰된 논둑이 있으면 십중팔구 둑 위가 아니라 둑 너머 밑에 미끼를 내린다.

대부분의 낚시인이 찌를 여기저기 던져본 뒤 가장 깊이 잠기는 곳을 노리고 있다. 그것이 패착이다. 혹시 이런 경험은 없는가? 낚싯대를 잘못 던져서 찌가 불쑥 솟아오를 정도로 얕은 곳에 미끼가 떨어진다. 그냥 귀찮아서 내버려둔다. 그

물이 빠지자 드러난 석축 수중턱. 나중에 다시 물이 차면 X 지점에서 붕어를 타작할 수 있습니다. 진주시 진성면 상촌리의 상촌지.

수중턱의 유형

① 완경사 수중턱

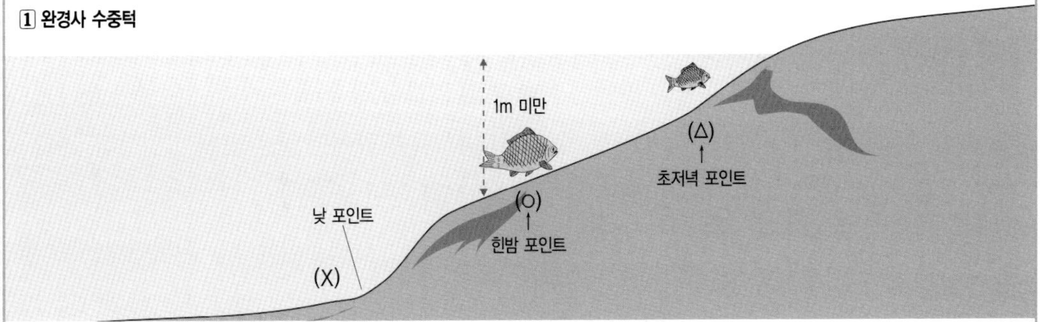

② 물 속 둔덕

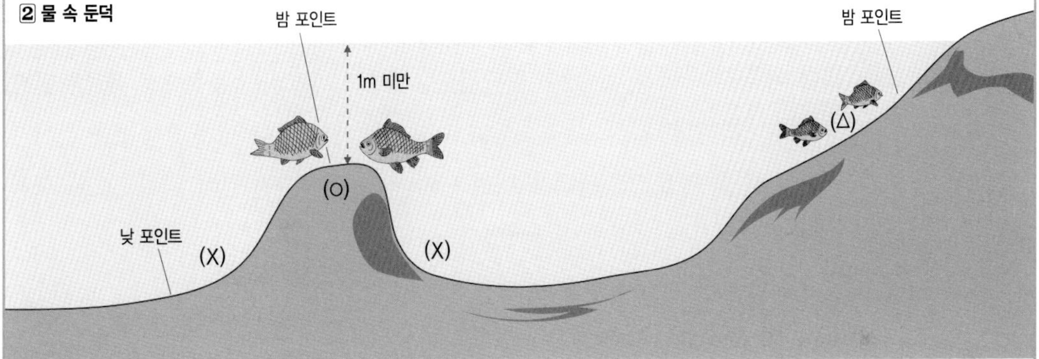

③ 급경사 수중턱

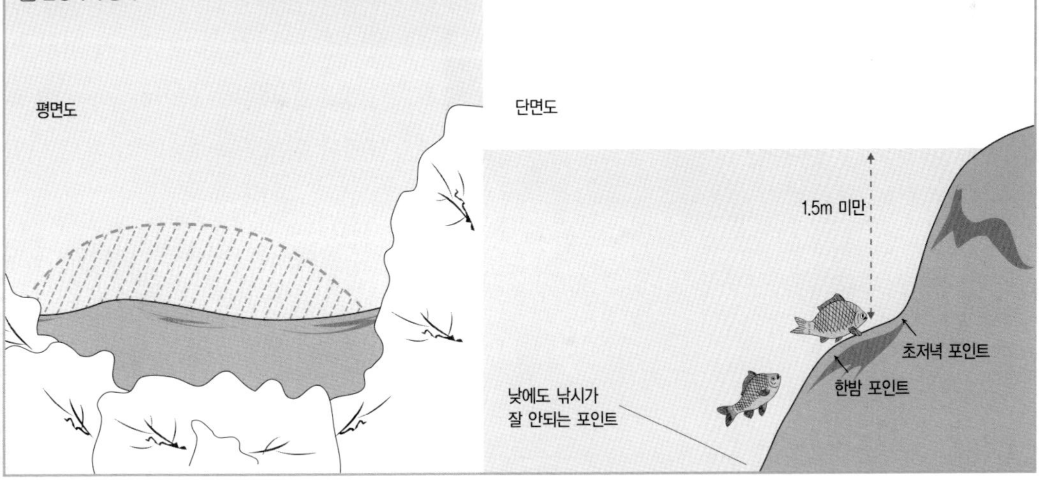

런데 희한하게 그 솟아오른 찌에 입질이 온다….

그것은 수중턱 위에 떨어진 미끼가 붕어의 눈에 빨리 포착된 결과다. 서찬수씨는 그런 경험을 흘려버리지 않았고, 일부러 그런 턱 지형을 찾아서 미끼를 올려봤다. 그 결과 특히 밤에는 움푹 파인 골보다 불쑥 솟은 턱에서 입질이 잦다는 것을 거듭 확인했다. '이것 봐라? 이 녀석들이 밤에는 얕은 곳에서 입질하잖아? 좋아, 도대체 얼마나 얕은 곳까지 올라오나 한번 보자!'

서찬수씨는 당시 그 외로운 실험이 정말 흥미진진했다고 회상한다. "밤에는 30~40cm 수심에서 붕어들이 낚였습니다. 더구나 얕은 곳에서는 잔챙이보다 준척 월척이 더 많이 낚였어요. 정말 뜻밖이었죠."

나는 처음에 서씨의 말을 믿지 않았다. 그래서 직접 검증해보았다. 함안군 대산면 옥열리의 옥열소류지, 어둠이 내리고 1시간 후, 무넘기에서 제방 석축으로 정말 내 무릎보다 얕은 물가에 던져둔 찌가 스멀스멀 솟기 시작했다. 그때 쿵쾅대던 내 심장 박동은, 2002년 월드컵 8강전에서 이탈리아 문전으로 쇄도하던 안정환이 머리 위로 날아오는 공을 보고 점프할 때보다 더 세게 요동쳤을 것이다. 그리고 헤딩! "이이익" 굉음을 내며 단숨에 옆의 찌까지 감아 버린 34cm 월척! 내 갓낚시 입문은 그렇게 이루어졌다.

계단식으로 이뤄진 수중턱. 이런 지형이라면 만수 때는 위의 수중턱이, 갈수 때는 밑의 수중턱이 포인트가 됩니다.

나도 붕어가 얼마나 얕은 곳까지 오르는지 실험해보았다. 불과 15cm 수심에서도 붕어를 낚을 수 있었다. 그러나 30cm 미만의 수심에서 낚이는 붕어는 좀 잘았다. 그동안 낚시해본 바로는 초저녁에 40~80cm 수심에서 가장 입질이 잦고 씨알도 굵었다. 나는 그 수심에서 월척도 타작하고 4짜도 낚았다.

그 반면 서찬수씨를 만나기 전에 내가 붕어를 낚았던 1.5~2m 수심에서는 물가에 비하면 숫제 입질이 없는 것이나 마찬가지였다. 옛날에는 밤에 붕어를 어떻게 낚았을까 의아해

창원시 동읍 자여소류지에서 4짜 두 마리를 낚은 서찬수씨. 자여소류지는 99년 초여름, 서찬수씨의 갓낚시를 처음 본 장소입니다. 그리고 4년 후에 다시 찾아가서 이렇게 4짜를 낚았습니다. 새우로 갓낚시를 하면 이런 대물이 나오는데 떡밥으로 깊이 노리면 8치를 넘기기 힘든 곳입니다. 그런 저수지가 우리나라에 많습니다.

질 정도였다.

내가 그동안 밤낚시를 했던 곳은 결국 낮낚시터의 연장이었다. 그러나 서찬수씨는 이렇게 단언한다.

"낮에 붕어가 잘 낚이는 자리는 밤에는 90% 허탕입니다!"

그는 "밤낚시를 하러 간 저수지에서 낮부터 굵은 붕어가 낚이면 밤에는 그 자리가 말뚝찌로 변할 공산이 큽니다. 손맛을 보려면 빨리 대를 접어서 더 얕은 곳으로 이동해야 합니다. 그리고 낮에 8치 넘는 붕어가 여러 마리 낚인 저수지라면 그 날 밤낚시는 비관적입니다. 낮에 활발하게 움직인 붕어들은 밤에는 휴식을 취하기 때문입니다"하고 충고한다.

나는 그의 말에 쉽게 공감할 수 있었다. 이미 그 전에 유사한 경험을 많이 했기 때문이다. 94년 초여름으로 기억한다. 당시 포항 낚시인들과 경북 안동시 풍산면의 소류지를 찾았는데 낮에 수초 속에서 지렁이로 7~8치 붕어를 50마리쯤 타

고성 봉림소류지의 '돌판 갓낚시'

자여소류지만큼 인상적이었던 장면은 고성군 거류면 감서리 감동마을 위 봉림소류지의 밤낚시였다. 2000년 7월, 나와 서찬수씨는 장마철 폭우에도 비교적 맑은 물색을 유지하는 저수지를 찾아 헤매다 경남 고성군 바닷가 산 속의 이 소류지를 발견했다. 임도(林道 산불진화용 산악도로) 입구에 뾰족한 화산 분화구처럼 생긴 대단히 특이한 소류지였는데, 마치 한라산 백록담을 축소해놓은 듯한 기묘한 풍광이었다. 또 최상류에는 한 아름이나 되는 큰 바위가 물에 잠겨 있어 더 이색적이었다.

서찬수씨는 그 바위를 보더니 얼른 3칸 낚싯대를 꺼내면서 말했다. "난 오늘 이 바위 위를 노려보렵니다." 바위 너머로 던진 찌를 조금씩 당기니까 봉돌이 암반 위에 올라섰다. 평평한 바위 꼭대기의 수심은 30cm, 찌날라리를 봉돌까지 끌어내려야 찌가 간신히 서는 수심이었다.

나는 기가 막혀 멍하니 보고 있다가 오른쪽 산비탈로 들어가 자리를 잡았다. 그런데 해가 지자마자 놀라운 일이 벌어졌다. 그 바위 위에서 28cm, 25cm 붕어 두 마리가 연달아 낚인 것이다. 서찬수씨는 "가재들이 자꾸만 찌를 끌고 내려가는 통에 더 이상 낚시를 못하겠다"며 아쉬워했다. "함양군과 의령군의 저수지에서도 이런 바위 위에 새우를 얹어 붕어를 낚은 적 있습니다. 새우는 흙보다 돌에 많이 붙기 때문에 바위는 새우낚시의 특급 명당입니다. 심지어 무넘기나 수문의 콘크리트 바닥에 새우를 얹어도 붕어 입질이 잦습니다."

나는 그 날 밤 산비탈에서 40cm 수심 가장자리에 새우를 붙여 32cm 월척을 낚았다. 그러나 그 감흥은 서씨가 돌판 위에서 끌어낸 준척을 본 순간의 놀라움에 비하면 미미한 것이었다.

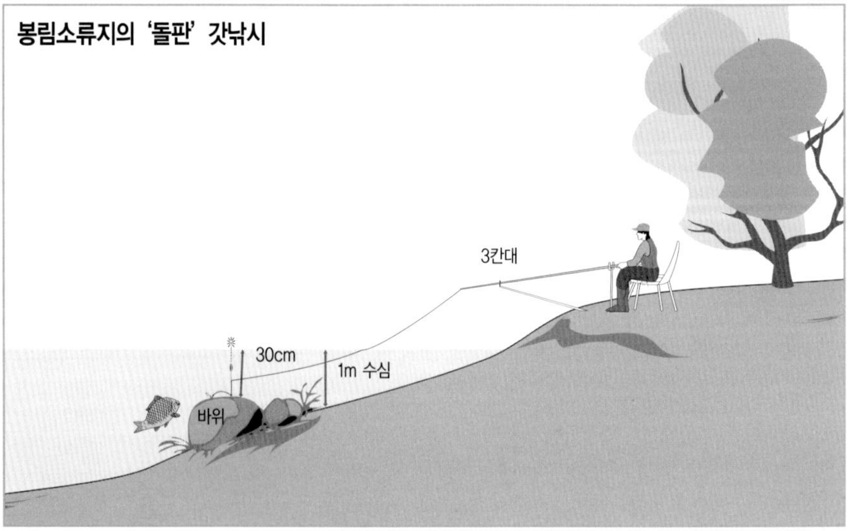

작했다. 우리는 “밤에 새우를 들이대면 월척도 낚이겠다”며 용기백배하여 포항의 일행에게 전화를 걸어 ‘새우 5인분을 가져오라’고 했다. 그러나 웬걸? 밤에는 완전 말뚝이었다. 뽀얗게 밤을 새고 아침에 다시 지렁이로 7치 붕어 몇 마리를 낚는데 그쳤다.

그 무렵 포항시 영일면의 한 해안 소류지를 찾은 적도 있었는데 역시 해 지기 전에 새우로 9치 붕어 3마리를 연달아 낚았으나 어두워지자 입질이 끊겨 머리를 긁적이며 돌아온 적 있었다. 또 96년이었던가, 전남 곡성군 옥과면의 한 유료낚시터를 찾아 2칸, 2.5칸, 3칸대를 나란히 펴고 떡밥낚시를 했는데 낮에는 2.5m 수심의 3칸대에서만 붕어가 낚이더니 밤이 되자 1.5m 수심의 2칸대에서만 붕어가 낚였다.

돌이켜 생각해보니 그런 것들이 모두 갓낚시에 대한 암시였다. 지금이라면 그 저수지들에서 더 얕은 곳을 찾아 충분히 밤붕어를 낚을 수 있을 것이다. 옥과면의 그 유료터에서도 2칸대는 그대로 두고 3칸대를 옆으로 쳐서 낚시했으면 훨씬 많은 붕어를 낚았을 것이다. 갓낚시를 알기 전에 찾았던 멋진 저수지들을 회상하노라면 갓낚시를 몰라서 놓친 명당들이 주마등처럼 떠올라 나도 몰래 한숨이 나온다. 그리고 지금 이 순간, 갓낚시를 몰라서 옛날의 나처럼 밤에 붕어의 빈 집을 하릴없이 지키고 있을 낚시인들을 생각하며 안타까운 마음을 떨치지 못한다.

급심대와 인접한 수중턱이 월척터

왜 밤의 붕어는 얕은 수중턱 위로 올라붙는 것일까?

턱 위의 토질이 깨끗하고 신선하기 때문이다. 반대로 턱 옆의 깊은 골에는 뻘이나 퇴적물이 쌓여 있다. 그래서 새우들이 골 대신 턱 위에 모이고 붕어도 그를 쫓아 턱 위로 올라온다.

서찬수씨는 “붕어는 늘 턱 위를 호시탐탐 노린다. 낮에도 비가 와서 탁수가 지거나 강풍에 물결이 이는 날이면 큰 붕어들이 얕은 수중턱에서 입질한다”고 말한다.

수중턱은 모두 밤낚시 포인트가 되지만 월척이 낚이는 수중턱은 그 중 30% 미만이다. 수중턱이 붕어의 은신처와 가까운 곳에 형성돼 있어야 씨알이 굵다. 그래서 상류의 수중턱보다 중하류의 수중턱에서 월척을 만날 확률이 높다. 상류에서는 3.5칸 이상 긴 대를 써서 원거리의 수중턱을 찾아야 굵은 붕어를 만날 수 있고, 오히려 수중턱보다 직벽 가장자리를 노릴 때 월척 확률이 더 높다.(상류의 갓낚시 방법은 9장과 13장에서 상세히 설명한다)

그냥 변화 없이 밋밋하게 이어지는 완경사보다 그 완경사가 급심으로 뚝 떨어지는 경계지점의 턱이 있다면 더 좋은 월척 포인트가 된다. 수중턱의 유효성은 붕어의 이동로인 골과 먹이사냥터인 턱 위를 연결시켜주는데 있다. 수중턱은 새우를 사냥하는 붕어에게 훌륭한 매복장소다. 붕어는 일단 턱 밑으로 접근해 베이스캠프를 차린 다음 턱 위를 오르내리며 먹이를 공격한다.

계곡지 연안에 드러난 수중턱들. 여러 수중턱 중에서도 급심에 인접해 있는 수중턱, 그러나 가급적 얕은 수중턱, 뾰족하게 돌출된 수중턱보다 옆으로 길게 이어진 수중턱에서 월척이 낚일 확률이 높습니다.

턱 위에서 입질한 붕어는 대개 찌를 턱 밑으로 끌고 내려간다. 그러나 턱 밑에 미끼를 던져두면 입질의 빈도는 형편없이 떨어진다. 턱 밑은 낮에는 포인트가 되지만 밤에는 아니다.

수직으로 떨어지는 턱보다 30~45도로 비스듬히 가라앉은 턱이 붕어들이 쉽게 타고 오를 수 있어서 더 좋다. 또 깊은 곳을 향해 뾰족하게 돌출된 턱보다 절벽을 따라 길게 이어진 턱이 더 좋다. 수중의 절벽을 깎아 만든 아슬아슬한 도로를 찾는다고 연상하면 되겠다. 만일 그 수중턱 주변에 수몰나무 등의 장애물이 있으면 금상첨화다.

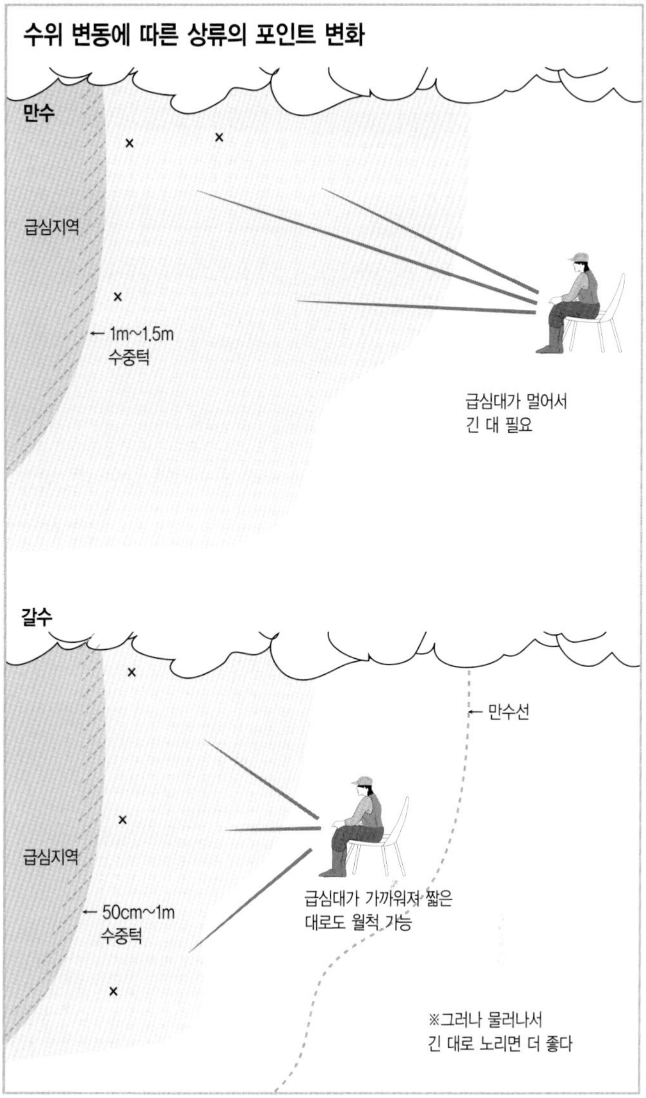

대어는 깊은 골에서 얕은 턱으로 이동하면서 먹이를 찾기 때문에 골과 턱의 경계선, 즉 심층에서 수중턱으로 올라서는 초입에 찌를 세우는 것이 입질의 확률을 가장 높일 수 있는 길이다. 그러나 턱의 맨 안쪽에서 입질할 경우도 많다. 수중턱 위에서도 역시 '물가'에 접근해 먹이를 찾기 때문이다. 어느 지점이 더 나은가의 판단은 그 날 낚시인이 해야 한다.

어쨌든 찌는 늘 골과 턱의 경계선을 따라 포진해야 한다. 그 경계선을 찾는 요령을 다시 말하면, 찌를 멀리서부터 가라앉혀 살살 끌어들이다가 갑자기 불쑥 솟아오르는 장소가 경계선이다.

갓낚시를 하다보면 물 속에 턱이 어디에 있는지 눈여겨보게 된다. 만수일 때는 '물이 빠지면 저 곳의 턱을 노려봐야지' 하고, 갈수일 때는 '나중에 물이 차면 저 곳이 수중턱으로 변하겠군' 하고 궁리하는 습관이 몸에 배게 된다.

실제로 그 저수지가 만수 때 낚시가 잘 될지, 갈수 때 낚시가 잘 될지를 결정하는 중요한 요소도 수중턱의 위치다. 만일 수중턱이 연안에만 형성돼 있다면, 그 수중턱이 물에 잠기는 만수 때 낚시가 잘 될 것이며, 반대로 수중턱이 깊은 곳에

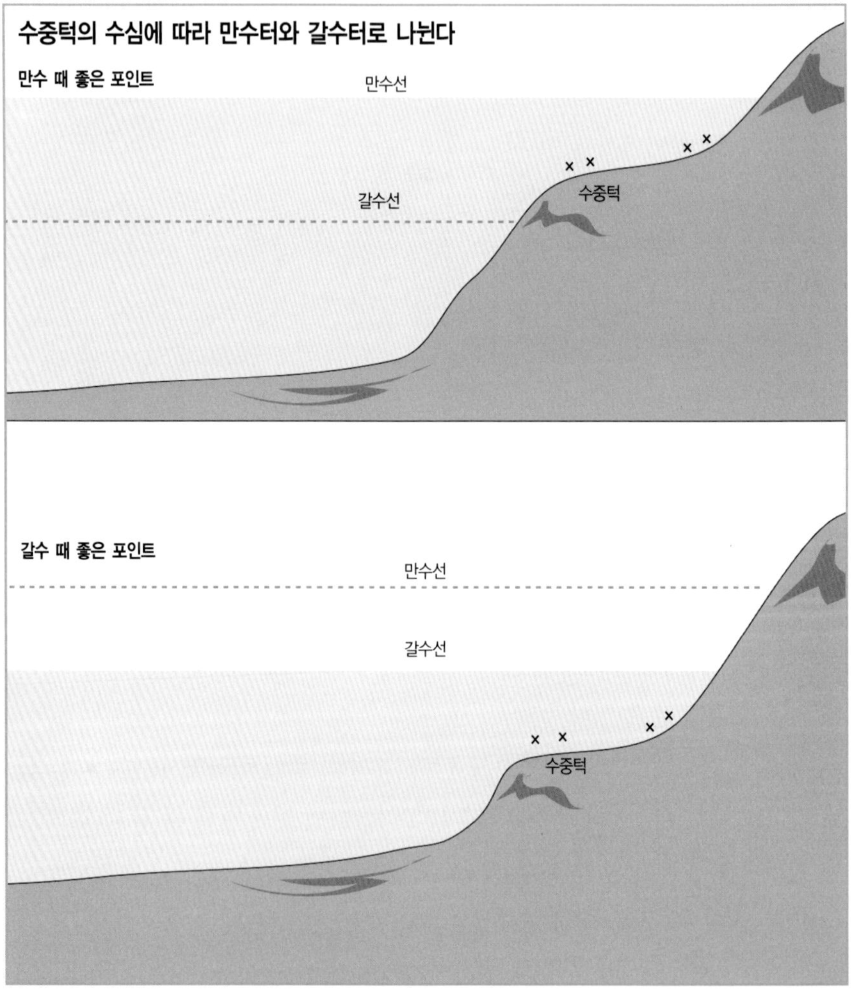

직벽에서 좁은 수중턱의 유효성

있다면, 그 수중턱이 얕은 수심으로 드러나는 갈수 때 낚시가 잘 된다.

경남 합천군 가회면에서 가장 큰 대기지는 터가 세기로 둘째가라면 서러운 곳인데 갈수 때에만 호황을 보인다. 수위가 50% 이상 빠져야 수몰된 개울과 그 언저리의 논둑이 드러나기 때문이다. 그때 대기지의 월척들은 개울자리로 일제히 모여들었다가 밤이면 수몰 논둑 위로 올라와서 걸신들린 입질을 보여준다. 그런 호기를 미리 알고 초여름 갈수기를 기다리는 맛도 붕어낚시의 즐거움 중 하나다.

깎아지른 절벽도 턱만 찾으면 손맛 보장

특히 가팔매(급경사)일수록 수중턱의 위력은 더 크다. 붕어는 급경사에서는 미끼를 마음껏 흡입하지 못한다. 그래서 찌올림이 지저분하고 깔짝대다 마는 경우도 있다. 그러나 불과 한 뼘의 공간이라도 편평한 턱이 있으면 그곳에 배를 깔고 편안하게 먹이를 삼킨다. 마치 절벽을 오르는 록클라이머가 두 발을 디디고 설

수 있는 좁은 평지에서 한숨 돌리고 휴식을 취하는 것과 같다.

흔히 '호사키(초릿대의 일본말) 수심' 을 보이는 급심지대에서는 그런 수중턱을 찾는 것이 조과의 관건이다. 가파른 중하류에서 낚시할 경우 낚싯대 한 대를 꺼내 찌밑수심을 1~1.5m로 조절한 다음 여기저기 던져보아서 물속에 평탄한 수중턱이 어디 있는지부터 찾는다. 만일 그런 턱이 하나도 없이 밋밋한 직벽만 이어진다면 입질을 받을 가능성은 희박하다.

가라앉은 찌를 가장자리로 살살 끌어당기다가 어느 지점에서 불쑥 솟아오르는 곳, 수중턱을 찾아낸다면 해 지고 한 시간 안에 그 근방에 있던 월척 아니면 준척의 손맛을 기대해도 좋다. 찌를 전후좌우로 이동시키면서 그 수중턱의 넓이와 형태를 낱낱이 읽어낸다. 그 턱은 너무 넓거나 너무 좁아도 좋지 않다. 길이 1m~2m, 폭 30cm~1m면 최상의 수중턱이라 할 수 있다. 그리고 그 수중턱의 수심은 너무 얕거나 너무 깊어도 좋지 않다. 80cm~1.2m 사이가 최상이다.

☞물색이 흐릴 때는 얕은 30~50cm 수심의 수중턱이 빛을 발하며, 물이 맑거나 수온이 높은 여름에는 1.5m로 약간 깊은 수중턱이 더 낫다. 수중턱의 수심이 얕으면 초저녁에 입질이 닿고, 깊으면 약간 늦게 입질이 닿는다.

가팔매의 붕어 입질은 수중턱에 집중된다. 10대를 깔아도 입질은 그 수중턱에 올린 단 한 대에 집중되므로 가팔매에서는 두 대 이상 펼칠 필요가 없다. 가파른 산자락이나 도로변에서, 제방에서 산 쪽 절벽지대를 노릴 때 수중턱에서만 입질이 연이어졌던 경험은 헤아릴 수 없을 정도다.

앞서 고갈 후에 붕어를 타작했던 곳으로 소개한 진주 서부곡지에는 무넘기 오른쪽 산자락 절벽에 30cm 폭의 작은 수중턱이 있다. 그 턱은 만수 때 50~60cm 수심을 이룬다. 턱에서 조금만 벗어나면 2m 수심의 낭떠러지다. 3칸대를 던지면 정확히 그 턱 위에 미끼가 떨어지는데, 딱 그 자리에서만 밤새 붕어가 낚이므로 한 대만 가지고 새우낚시를 즐긴다.

갓낚시 포인트 선정의 5대 원칙

제1원칙–골사턱취(골捨턱取)

골을 버리고(捨) 턱을 취(取)한다. 이것이 갓낚시 포인트 선정의 대원칙이다. 낚시인들은 '대물은 골을 타고 연안으로 접근한다' 면서 깊은 골을 노려야 큰 붕어를 낚을 수 있다고 생각한다. 붕어가 골을 타고 이동하는 것은 맞다. 그러나 골은 길목일 뿐이어서 골에서 먹이를 찾지는 않는다. 골을 타고 접근한 붕어는 그 골 옆의 수중턱 위에서 먹이를 사냥하므로 미끼는 턱에 올려야 한다.

그때 골과 턱의 거리는 불과 1m도 안 된다. 수심 차이도 10~20cm에 불과한 곳도 많다. 그래도 낚시를 해보면 붕어는 90% 턱에서만 입질한다. 그 편집광적인 성격에 놀랄 정도다.

붕어가 골에서 입질하는 장소는 골의 맨 안쪽 가장자리 뿐이다. 골을 타고 들어온 붕어가 더 이상 전진할 수 없는 막다른 골목인 그곳은 갓낚시에서 빠뜨려선 안 되는 대물 명당이다. 최상류의 물골에 앉았다면 칼날의 끝처럼 뾰족하게 생긴 그 물골의 맨 안쪽, 30~50cm 수심에서 월척이 입질한다는 사실을 명심하고 반드시 그곳에 찌 하나를 세워야 한다.

제2원칙–원천근심(遠淺近深)

얕은 수심에서는 긴 대로 먼 거리를 노리고, 깊은 수심에서는 짧은 대로 가까운 거리를 노린다는 뜻이다. 결국 모든 찌가 얕은 수심에 놓이게끔 하는 것이다. 그를 위해 양 옆으로는 긴 대를 펼치고 전방으로는 짧은 대를 편다.

대물낚시인들이 즐겨 쓰는 이른바 부채꼴형 대 편성과 반대인 셈이다. 긴 대가 전방의 깊은 수심으로 들어가고 짧은 대를 양 옆의 얕은 수심에 놓는 부채꼴형은 전체 입질의 빈도가 낮다.

긴 대를 많이 가지고 있는 낚시인이라면 얕은 수중턱이 먼 거리에 형성된 곳

원천근심. 수중턱이 멀리까지 뻗은 곳을 정면으로 바라보며, 수중턱이 가까이 있는 곳은 왼쪽 측면으로 떨어뜨려 두었습니다. 밤 입질은 예상대로 왼쪽 4칸대에 집중되었습니다. 이처럼 갓낚시는 입질 예상 지점에서 일부러 멀리 떨어져 긴 대로 원격하는 시스템을 씁니다. 6월 갈수상태의 진주시 진성면 이천리 저동지 왼쪽 중류.

(주로 상류)에 자리 잡는 게 유리하고, 짧은 대밖에 없는 낚시인은 수중턱이 근거리에 형성된 급심대(주로 중하류)를 택하는 것이 적절한 선택이다. 그러나 '근심' 보다는 '원천' 의 조과가 우세하므로 긴 대를 적절히 사용하는 게 대물사냥의 지름길이다. 그리고 '근심' 에서도 짧은 대를 쓰기보다 의자를 포인트에서 멀리 떨어뜨려놓고 가급적 긴 대로 노리면 씨알이 한층 업그레이드된다는 것은 앞서 누누이 말한 바 있다.

제3원칙–주만부취(主만副취)

곶부리보다 후미진 만입부를 노린다는 뜻이다. '곶부리는 대어의 이동길목' 이라며 돌출된 지형을 선호하는 낚시인이 있는데, 재고해볼 문제다. 대물붕어는 으슥한 만입지형에서 낚이는 확률이 높다. 아까 골과 턱을 비교할 때도 말했지만 이동길목은 포인트가 아니다. 붕어는 이동 중에는 먹지 않기 때문에 설령 곶부리가 붕어의 길목이 된다 해도 그곳에서 큰 붕어를 많이 낚기란 어렵다.

다수의 낚싯대로 만입부를 노리고 한 대쯤 곶부리에 던져서 지나가는 낱마리 붕어에 대비하면 충분하다.

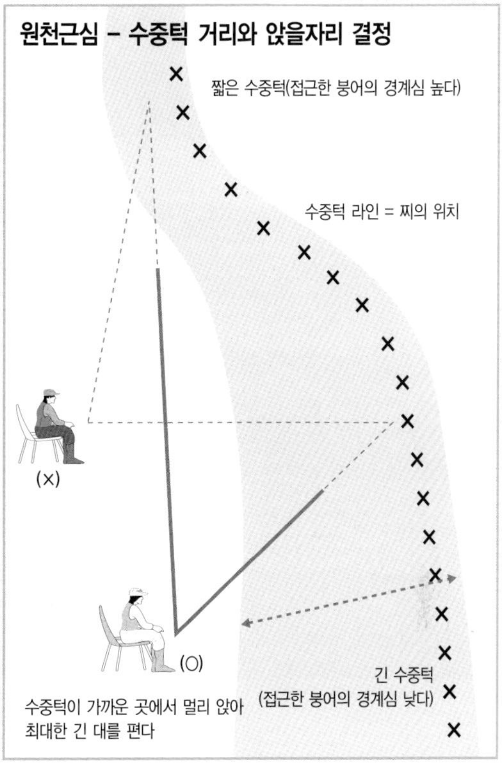

제4원칙–선장후심(先障後深)

수심보다 장애물이 우선이라는 뜻이다. 이것은 대단히 중요한 사항으로 갓낚시 입문자들이 수심에 지나치게 매달린 나머지 종종 놓치는 부분이기도 하다.

갓낚시의 적정수심은 초저녁 40cm~1.2m, 한밤 80cm~1.5m, 새벽~아침 1~2m로 정리할 수 있다.

☞가령 5대를 펼치면 초저녁에는 40cm 수심부터 1.2m 수심까지 노리는 게 좋다는 뜻이다. 나머지 3대는 60cm, 80cm, 1m로 수심을 설정하면 고루 커버할 수 있다.

그러나 그런 수심에 앞서 장애물을 먼저 찾아야 한다. 수초나 수몰나무, 물 속 구조물은 물론 물가에 낮게 드리워진 나무그늘이나 바위그늘도 좋은 갓낚시의 포인트다. 대물붕어는 매복형 사냥을 펼치기 때문에 연안에 몸을 숨길 은폐물이 있으면 일단 그곳까지 접근해 사냥캠프로 삼고 먹이를 찾는다.

그러므로 그런 장애물이 물가에 있으면 적정수심보다 더 얕거나 더 깊어도 개의치 말고 최우선으로 노려야 한다. 즉 1.5m 수심에 수몰나무가 있으면 초저녁부터 그 곳을 노려야 하며, 30cm 수심이라도 연안 수초나 물속에 쓰러진 잡목 덤불이 있으면 날이 샐 때까지 그 자리에는 한 대를 상치해야 한다는 뜻이다.

제5원칙-소초명지(小草明地)

선장후심-수몰나무 옆 40cm 수심에 던져둔 찌. 장애물이 있는 곳은 수심이 아주 얕거나 좀 깊어도 1순위로 노려야 합니다.

수초는 갓낚시에서도 빼놓을 수 없는 명당이다. 그러나 수초대의 규모와 종류에서 갓낚시가 명당으로 꼽는 장소와 일반 낚시에서 명당으로 꼽는 곳은 좀 다르다.

갓낚시에서는 깊은 수초대보다 얕은 수초대를, 넓은 수초대보다 좁은 소규모 수초대를 선호한다. 밤에는 그런 곳의 붕어 씨알이 더 굵다. 보통 '큰 수초군에 큰 붕어가 있다' 고 하지만, 밤낚시를 해보면 그런 곳에서 낚이는 붕어는 중치 뼘치가 주종이고 월척과 대물은 작은 수초군에서 낚이는 빈도가 높다.

그 이유는 역시 은신처와 먹이사냥터의 차이다. 큰 수초군이 은신처라면 작은 수초군은 먹이사냥터이기 때문이다.

짐작컨대 넓고 두터운 수초대일수록 빛의 투과량이 적고 바닥에 퇴적물이 많을 것이다. 그래서 붕어의 먹이가 될 만한 새우나 치어는 사실 큰 수초군에는 적다. 반면 작은 수초대는 수초 사이의 공간이 넓어 새우와 큰 붕어들이 활동하기 편리하며 간혹 수초의 성장을 방해하는 더 큰 장애물(나뭇가지나 큰 돌멩이)이 빠져 있을 확률도 높다.

물론 낮에는 큰 수초군의 월척 확률이 높다. 수초구멍치기를 하면 은신하고 있던 월척을 걸어낼 수 있다. 그러나 밤에는 반대로 바뀐다. 먹이를 찾는 월척은 모두 큰 수초군을 벗어나므로 빈 집일 가능성이 크고, 남아 있는 붕어들은 먹이욕구가 없이 쉬고 싶은 녀석들이라 미끼를 잘 물어주지 않는다.

명지, 즉 밝은 땅이 좋다는 것은 그만큼 뻘이 없는 깨끗한 바닥을 찾으라는 뜻

이다. 저수지에 가서 낮에 둘러보면 어떤 곳은 바닥이 검고 어두우나 어떤 곳은 바닥이 밝은 회색이나 황토빛을 띤다. 그때 대다수 낚시인은 조금이라도 더 깊고 어두운 바닥을 노리곤 하는데, 밤낚시를 할 때는 그것이 패착이다.

자꾸 반복하려니 나도 좀 지겹고 여러분도 귀에 못이 박힐 지경이겠지만 어두운 바닥은 뻘이나 삭은 수초, 썩은 나뭇잎이 쌓인 지역이라 붕어가 밤 사냥을 하는 장소가 아니다. 반대로 밝은 바닥은 신선하고 단단한 흙이라 산소와 유기물이 풍부해 어두워지면 새우 등 붕어의 먹이감이 몰리는 곳이다. 대개 어둔 바닥은 골, 밝은 바닥은 턱일 가능성이 크다.

이상 5가지 포인트 선정기준은 비단 갓낚시 뿐 아니라 밤낚시라면 어떤 형태의 낚시에도 통용되는 공식이다. 또 밤낚시를 전제로 한 포인트 선정기준이지만 낮에도 물색이 탁하거나 나 외에 다른 낚시꾼이 없어 정숙한 분위기가 유지된다면 똑같이 먹혀든다. 또 저수지 뿐 아니라 강, 수로, 댐에서도 적용되는 내용이다.

소초명자-큰 수초대보다 이런 작은 수초무더기가 월척의 사냥캠프 노릇을 합니다. 붕어는 B로 접근해서 A에 있는 새우를 사냥합니다. 새우를 초저녁에는 A, 밤 11시 이후엔 B에 던져둡니다. 만일 이 사진과 달리 연안에 잡목이나 풀이 자라 있으면 A의 포인트 위력은 배가됩니다.

Part7

초저녁의 수심 설정

갓낚시는 대 편성이 빠르고 간편합니다. 5대 펼쳐서 미끼까지 꿰어 던지는데 10분이면 충분합니다. 갓낚시의 수심설정 방법이 다르기 때문이죠.

갓낚시는 포인트에 내 찌의 수심을 맞추는게 아니라, 미리 찌밑수심을 설정해놓고, 그 수심에 맞는 바닥을 찾는 방식으로 대를 펴나갑니다.

先 수심 後 포인트

수심부터 설정해놓고 포인트를 찾는다

갓낚시 대 편성의 장점은 초고속성! 빠르고 간편하다. 5~6대를 펼쳐서 밤낚시를 시작하는데 10분이면 족하다. 초행의 저수지를 깜깜한 밤에 찾아가더라도 그렇다. 왜? 포인트의 수심에 내 찌의 수심을 맞추는 게 아니라 미리 낚싯대에 찌밑수심을 설정해놓고 그에 맞는 자리를 찾기 때문이다.

초저녁 붕어는 90%가 1.2m 미만의 수심에서 입질한다. 그러니 4대를 펴든 7대를 펴든 모든 찌 밑의 줄 길이를 1m 밑으로(찌의 길이 30cm가 수심에 포함되니까) 제한해버린다. 즉 40cm부터 1.2m 수심까지 10~20cm 간격으로 수심 차를 두면서 던져 넣는 것이다.

그 상태에서 낚싯대를 던지면 찌가 물속으로 가라앉을 것이다. 그러면 찌가 수면에 솟을 때까지 물가로 끌어당긴다. 정면으로 던진 대는 앞으로 당기고, 옆으로 던진 대는 옆의 연안 쪽으로 끌어당긴다. 이윽고 찌가 수면에 솟으면 그대로 두고 입질을 기다리면 된다. 급경사에서는 1m 수심의 찌가 거의 물가에 다 와서 머리를 내밀 것이다. 그럼 역시 그대로 두고 입질을 기다리면 된다. 정말 간단하지 않은가.

"그래도 혹시 모르니까 한두 대는 깊은 수심에 넣어보는 게 좋지 않을까요?" 하고 갓낚시 입문자들은 말한다. 얼마든지 그렇게 해보시라고 한다. 그래야 초저녁에 얕은 수심에서만 나타나는 입질을 직접 체험할 수 있기 때문이다. 혹서기나 혹한기를 제외하고는, 해 지고 한 시간이 경과하기 전에는 1.5m가 넘는 수심에서는 붕어가 거의 낚이지 않으므로 무시해버려도 된다.

이미 어둠이 깔려버린 저수지에 당도해도 낚시를 시작하는데 불편함이 없다. 먼 거리의 수심은 몰라도 된다(물론 시간이 넉넉하면 긴 대를 꺼내 체크해보는 게 좋다). 어차피 초저녁 입질은 얕은 연안에서 오니까…. 낚싯대의 찌밑수심을 미리 설정한다. 50cm, 60cm, 80cm, 1m 수심에 4대만 펴기로 한다. 초저녁 황금시간에 얼른 입질을 받아야 하니까 많이 펼 시간이 없다. 케미라이트부터 두 봉지 꺼내 부러뜨려 놓는다.

저런, 또~ 바닥이 보이는 얕은 물가에 찌를 까는 서찬수씨. 초면에 저런 모습을 보면 여러분은 어떤 생각이 들겠습니까? 별로 믿음이 가지 않지요? 나도 처음에 그랬다가 지금은 저 행위를 따라 하고 있습니다. 대다수 낚시인은 차 앞의 튀어나온 곶부리에서 정면의 깊은 수심을 노리겠지만, 밤에 먹이활동을 하는 붕어는 이처럼 어이없이 얕은 물가로 접근합니다.

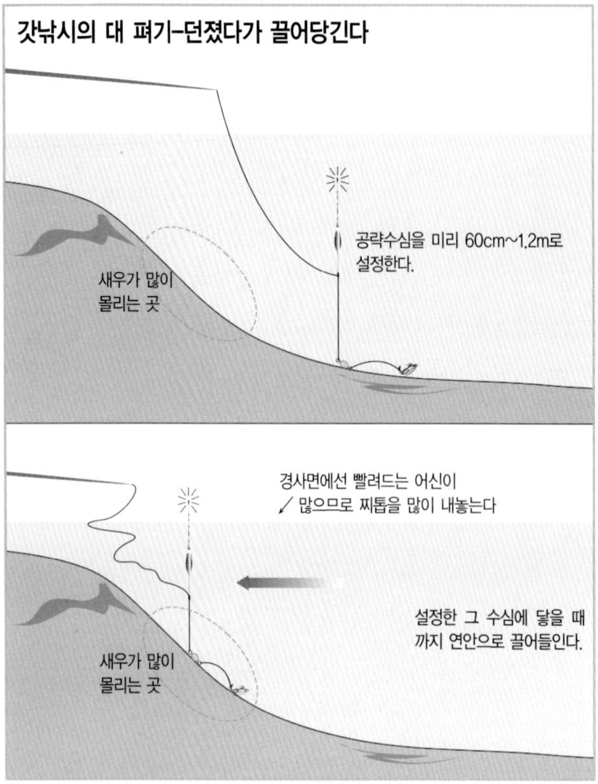

일단 가장 먼 거리의 연안을 노릴 긴 낚싯대부터 펼쳐서 찌밑수심을 4대 중 가장 얕게 맞춘다. 인기척이 가장 적게 전달되는 그곳의 붕어가 가장 얕은 수심까지 안심하고 나올 가능성이 크기 때문이다. 낚싯대를 대충 옆으로 던졌다가 찌를 물가로 당기면서 40~50cm 수심에 맞는 장소를 찾는다. 케미가 수면 위로 올라오면 스톱!

두 번째 낚싯대는 60cm 수심에 찌를 맞추고 같은 방식으로 편다. 케미와 새우를 꽂아 옆으로 던진 다음 끌어당겨 케미가 수면 위로 올라오면 스톱! 케미는 수면 위로 1cm만 나와도 되고 10cm 이상 나와도 된다. 어차피 입질이 오면 찌가 물속으로 끌려들어간다.

세 번째 낚싯대는 약간 더 깊은 80cm 수심에 설정하고 같은 요령으로 펼친다. 그 저수지에서 호황을 누리는 날이면 대개 세 번째 낚싯대를 펴기 전에 첫 번째 펼친 낚싯대에서 입질을 받는다. 그만큼 초저녁 연안 갓낚시의 입질은 빠르다.

다만 그 연안에는 하다못해 나무그늘, 돌멩이 하나라도 좋으니 장애물이 있어야 한다. 그리고 찌는 연안에 최대한 밀착시켜야 한다. 만일 50cm 수심대가 연안에서 2m 이상 떨어져 있으면 찌를 더 물가에 붙이기 위해 30cm 수심을 노린다. 30cm 수심이라면 찌 날라리와 봉돌이 맞붙을 정도의 수심이다. 설령 찌가 수면에 비스듬히 드러눕더라도 개의치 말고 더 가로 붙인다.

초저녁 입질은 '수심보다 연안과의 거리'가 중요하다. 한 번 더 강조! 초저녁 첫 입질이 나타나는 곳은 수심이 깊든 얕든 '물가에 가장 근접한 곳'이다. 땅과 찌의 거리가 50cm 이내인 것이 좋고 아무리 완경사라도 1m 이상 떨어지면 좋지 않다. 20cm 수심이라도 월척의 입질을 받기에는 충분하다. 그런 수심에서 입질을 받아서 채면 바늘에 걸린 붕어가 돌고래처럼 점프하기도 한다.

옆으로 펼친 대는 받침대가 필요 없으니(낚싯대가 땅 위에 올라와 있으니까) 생략하고 뒤꽂이만 꽂아둔다. 네 번째 낚싯대까지 던지고 나면 밤낚시 준비는 끝난 것이다. 이처럼 간편하니 갓낚시인들은 밤에 포인트를 이동해도 낚싯대를 접고 펴는데 큰 부담을 느끼지 않는다.

야~ 요거, 캐스팅 실력이 요구되는 자리입니다. 연안에서 떨어뜨리면 입질이 뜸하고, 연안에 붙이려다보면 소나무에 채비가 걸려 찌 끊어먹기 딱 좋은 곳이지요. 붕어란 놈들은 꼭 물가로만 붙어서 애를 먹입니다.

수심이 암만 얕아도 가에 붙여라

일반 대물낚시의 경우 낚싯대 편성에만 30분 넘게 걸린다. 각 낚싯대를 길이대로 던졌을 때 제각각인 수심에 일일이 찌를 맞추기 때문이다. 수면 위로 나온 찌톱의 높이를 보기 좋게 일치시키는, 다소 불필요한 작업에도 신경 쓰다 보면 1시간 넘게 걸리기도 한다. 또 너무 많은 대를 펴거나 지나치게 좁은 수초구멍까지 노리려는 과욕을 부리면 밤낚시 준비시간은 더 길어진다.

갓낚시꾼들은 밤낚시 조과의 70%가 집중되는 해거름에 그렇게 어영부영하는 모습을 보면 애가 탄다. 갓낚시의 피크시즌은 3~5월과 10~11월인데, 그 중 최고의 한 달을 꼽는다면 4월이다. 서찬수씨 일행은 4월에는 해 지고 30분간 입질이 없으면 다른 저수지로 옮긴다. 봄에 가볼 만한 저수지가 경남의 함안군과 진주시에만 수백 곳인데 한 달은 불과 30일! 봄날은 짧고 월척터는 널렸으니 입질 없는 저수지에서 밤을 샐 순 없는 노릇 아닌가.

대전 낚시인 백채선씨는 조력이 상당한 베테랑이지만 처음 허송세월을 찾았을 때 대 펴는 속도가 느려 고생깨나 했다. 우리가 "백 사장님, 입질이 없으니 다른 저수지로 옮겨보시죠"하고 다가가보면 아직도 그는 미끼를 던져보지도 못하고 마지막 낚싯대를 펴고 있는 중이었다. 그러나 요즘 백채선씨는 무지무지 빨라졌다. 밤중에 이동을 결정하면 먼저 제방에 나와 기다리고 있다가 자랑스레 말하곤 한다. "어때요? 이제 대 접는 속도가 많이 빨라졌지요?" 그 속도에 비례해 그가 낚아내는 붕어의 마릿수도 많아졌다.

던졌다가 앞으로 끌어 붙이기

갓낚시 캐스팅의 기본은 앞으로 던졌다가 끌어 당겨서 수중턱이나 연안에 찌를 세우는 방식이다. 그러므로 1.5칸대가 적합한 물가의 포인트를 4칸대로도 노릴 수 있다.

오히려 발밑을 노리더라도 긴 대를 많이 쓰는 편이다. 긴 대는 나중에 더 멀리도 노릴 수 있지만 짧은 대를 펴면 자정 이후의 2부 순서에서 멀리 노릴 수 없기 때문이다. 원하는 포인트보다 멀리 던졌다가 당겨서 찌를 세우는 것이 갓낚시의 정석이다. 또 그렇게 해야 대어를 쉽게 끌어낼 수 있다.

만일 2칸대를 스윙해서 찌가 착수된 지점에 그대로 두면 대어가 순간적으로 차고 나갈 때 낚싯줄의 여유가 없어 대를 세우기 힘들다. 그러나 3칸대를 던졌다가 앞으로 당겨두면 그만큼의 여유줄이 생겨 챔질과 동시에 대를 세울 수 있다. 특히 발밑에 장애물이 있는 자리에서는 찌를 가까이 붙이더라도 긴 대를 써야 한다. 그래야 붕어를 장애물 바깥으로 빼낸 다음 끌어낼 수 있다. 또 잠시 낚시자리를 비울 때도 여유줄이 많으면 붕어가 낚싯대를 차기 전에 찌를 끌고 돌아다닐 수 있는 시간이 많아 바늘을 깊이 삼켜 제물걸림될 확률이 높다.

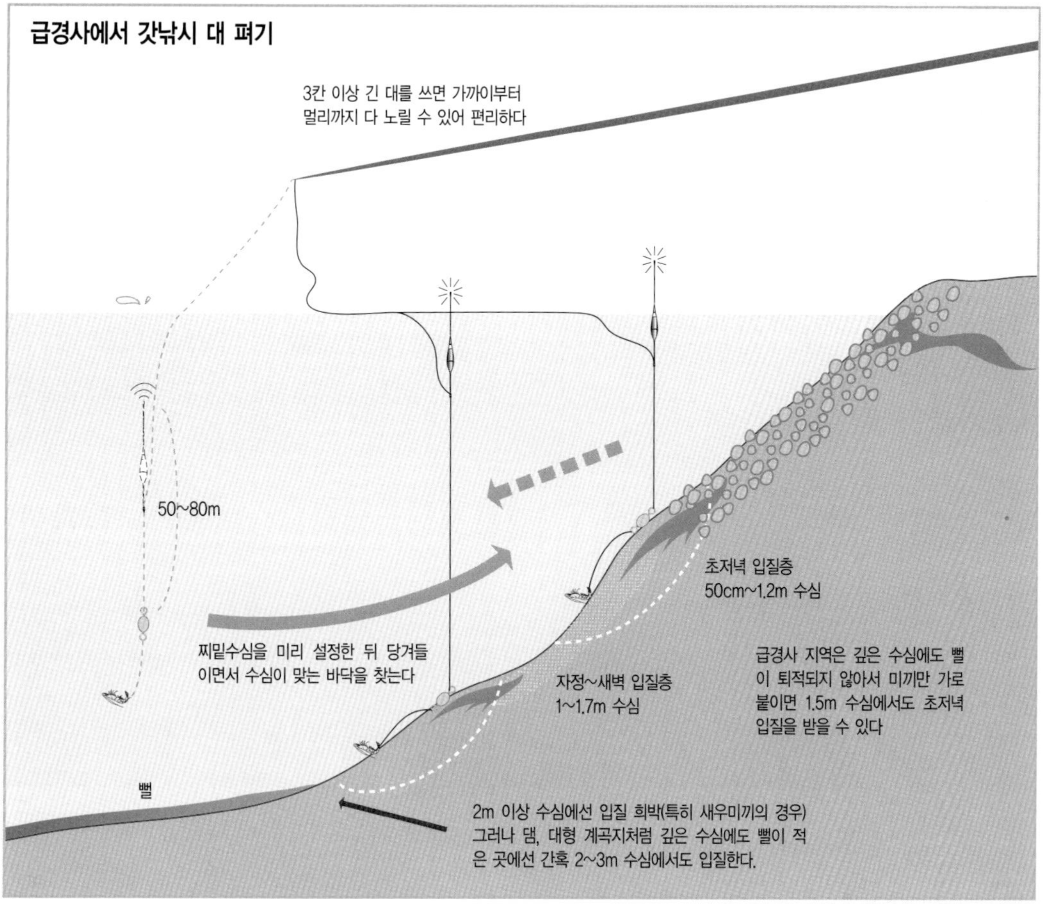

새우 미끼도 자주 갈아 던져라

떡밥이든 새우든 미끼를 새로 갈아 던진 직후에 입질을 받는 경우가 많다. 특히 떡밥낚시를 할 때, 적당한 시간이 경과해 먹기 좋게 풀어진 떡밥보다 갓 던진 단단한 떡밥에 붕어가 낚이는 수가 많이 있다. 여러분도 아마 그런 경험을 많이 했을 것이다. 그렇다면 그 이유가 무엇일까?

나는 방금 수면에 떨어진 미끼가 붕어의 호기심을 자극했기 때문이라고 생각한다.

쉬고 싶은 붕어는 물소리에 움츠리지만, 먹이를 사냥하는 붕어는 공격적이기 때문에 수면에서 뭔가 떨어지면 흠칫하면서도 그것이 먹이인지 눈여겨본다. 그리고 먹이라고 판단하면 바로 덤벼드는 것이다. 나는 그래서 루어를 가지고도 밤에 가장자리를 노리면 붕어가 낚일 것이라 생각한다.

그러므로 "봉돌의 착수음에 붕어가 놀라 달아난다"는 것은 사람의 상상일 뿐 실제로는 그렇지 않다. 만일 그렇다면 연달아 붕어를 낚아내지는 못할 것이다. 그래서 약간 큰 봉돌을 투척해도 큰 지장이 없다. 물론 돌을 집어던지면 안 되겠지만….

던졌다가 앞으로 끌어 붙이기.
낚싯대의 길이에 상관없이, 연안 경사도와 수심에도 상관없이, 초저녁에는 물가에 찌를 끌어와서 붙여 놓습니다.
이때 물 속 경사가 급할수록 찌를 더 물가에 붙이고, 경사가 완만하면 맨 가장자리에 찌 하나를 세운 다음(수심은 20cm 라도 무관), 약간 안쪽의 50~80cm 수심에 찌 하나를 더 세워줍니다.

완경사가 밋밋하게 이어진 바닥이라면 입질이 뜸할 때 이따금 낚싯대를 들어 찌를 앞으로 당겨주는 것도 좋다. 입질이 없다가도 찌를 당겨주면 퇴적물 속에 묻혀 있던 미끼가 드러나면서 붕어의 눈에 뜨이거나, 움직이는 미끼가 붕어의 공격욕을 자극할 수 있다.

대물낚시인들은 "밤에 쓸데없이 미끼를 자주 갈아주면 붕어의 경계심을 자극한다"고 해서 초저녁에 던진 미끼를 새벽까지 그대로 두기도 하는데, 그래서는 안 된다. 한 시간에 한 번은 미끼를 점검해주어야 한다. 미끼가 수초 속에 함몰돼 붕어가 발견하지 못할 수도 있고, 잡어들이 새우의 머리를 따먹어버렸을 지도 모르기 때문이다.

낚시 입문자들은 '붕어가 입질했는데 내가 어신을 간파하지 못해서 놓치지는 않을까' 늘 걱정스럽다. 그러나 새우를 미끼로 쓰는 낚시에서는 그런 염려는 떨쳐버려도 된다. 그것이 제때 챔질해야 하는 떡밥낚시와 다른 점이다. 새우를 삼키는 붕어는 찌가 솟을 때 미처 못 보더라도 그 찌를 물속으로 끌고 들어가서 결국은 낚싯대까지 휘청 당기므로 장님이 아닌 한 어신을 놓칠 염려는 없다. 찌가 솟는 것을 뒤늦게 발견해 챘으나 불발이 되면 '아뿔싸, 챔질이 늦었다' 고 말하지만 사실은 당황한 나머지 챔질이 빨라서 놓친 것일 가능성이 크다. 간혹 미약한 어신으로 새우 머리만 따먹고 가는 붕어가 있을지 모른다. 그러나 그런 붕어는 대개 5치 이하다. 7치가 넘는 붕어는 새우를 입에 대면 반드시 낚이므로 걱정할 것 없다.

잔 어신에 집착해 온 신경을 찌에 집중시킬 필요는 없다. 그 시간에 의자를 뒤로 젖히고 밤하늘의 별을 바라보는 여유를 가지는 게 낫다.

나는 찌가 완전히 솟는 본신이 오기 전 깜박이는 예신단계에서는 낚싯대를 잡지 않는다. 그러면 입질이 스톱되거나 본신이 지연되고는 했기 때문이다. 그것은 나의 징크스랄까? 서찬수씨에게 그 얘기를 했더니 그는 또 재미있게 풀이했다. "손잡이대를 쥐는 순간 낚시인의 기가 줄을 타고 붕어에게 전해져 놀라는 것

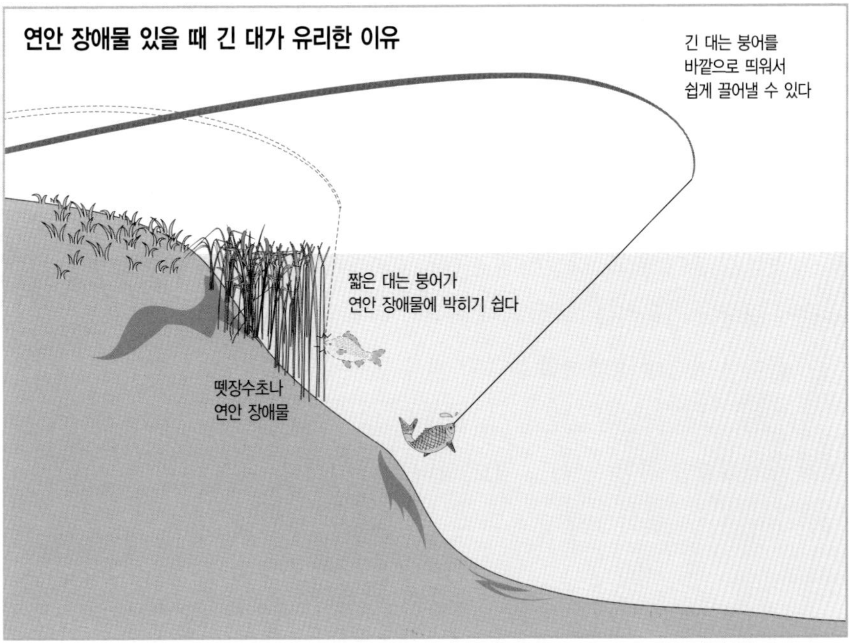

앞치기로 건너편 벽에 붙이기. 건너편 벽에 근접시킬수록 월척 확률이 높은데 이런 장소라면 찌가 건너편 나뭇가지에 걸리기 십상이죠. 그래서 갓낚시는 찌의 손실률이 붕어낚시 중 으뜸인, 찌 제조업체의 입장에선 적극 권장해야 할(?) 낚시법입니다.
사천시 정동면 객방마을 위의 상객방지.

일지 모릅니다."

그래서 나는 찌가 솟으면 팔짱을 낀다. 그러면 찌불은 거침없이 움직여 내 심장을 흔들어놓는다. 도저히 참을 수 없을 지경에 이르러 대를 챈다. 광목천을 찢듯 날카롭게 줄이 울고, 낚싯대에 전해진 붕어의 힘이 뒤통수를 타앙 때린다. 그 전율에 정신이 아득하다. 극한까지 휘어진 대가 부러질듯 뒤틀리고 심장의 알피엠이 끓어서 마침내 정액처럼 분출될 때 수면을 뒤흔드는 4짜 월척의 용틀임!

여러분은 그런 경험이 없는가? 낚싯대를 쥐는 순간 입질이 그치거나 조바심에 지쳐 헛챔질했던 경험…. 서둘 필요 없다. 찌는 눈으로 보고 타이밍은 가슴으로 계산하며 손은 찌불이 퍼렇게 솟는 순간 반사적으로 나가야 한다.

앞치기로 건너편 벽에 붙이기

갓낚시에서는 발밑의 벽보다 긴 대로 건너편 벽을 노릴 때 입질 확률이 높다. 역시 인기척 때문에 그렇다.

그러나 건너편 벽은 찌를 바짝 붙여 세우기 어렵다. 조금 멀리 던지면 연안 수초나 나뭇가지에 걸려 버리고, 좀 가까이 던지면 깊은 수심으로 떨어져서 입질이 없다. 또 밋밋하고 깨끗한 벽에서 붕어가 잘 낚이면 좀 좋아? 이 녀석들은 항상 거추장스런 장애물이나 나무그늘이 짙게 드리운 벽을 타고 먹이를 찾는다. 사냥감 앞에 자신을 노출시키지 않으려는 매복 사냥꾼의 습성을 가지고 있기 때문이다.

스윙으로 던지면 연안의 나무에 찌가 걸려버리기 쉬우므로 앞치기로 겨냥할 수밖에 없는데, 4칸 대를 캄캄한 밤에 앞치기로 던져서 건너편 연안에 최대한 근접시키려면 꽤 숙련된 투척요령이 필요하다.

연안이 완경사라면 찌가 벽에서 1m 정도 떨어져도 된다. 그러나 급경사라면 한 뼘이라도 벽에 더 근접시켜주어야 입질이 빠르다. 건너편 벽에서 30cm 거리, 80cm 수심에 올리면 금세 입질이 오는데, 벽에서 50cm 거리, 1.2m 수심에 찌가 떨어지면 입질도 더디고 씨알도 잘다. 그런 경험을 매번 반복하다보니 갓낚시를 하다보면 한사코 벽으로 붙이려 애쓰다가 찌를 나무에 걸어서 자주 떨어뜨린다.

건너편 벽을 노릴 때는 앞받침대로 정확한 캐스팅 방향을 잡아주고 앞발을 디디는 발판의 위치도 정확히 표시해두어야 매번 똑같은 장소에 던져 넣어 계속 입질을 받을 수 있다. 그리고 원줄의 길이를 대 길이보다 50cm 이상 짧게 묶으면 앞치기가 용이하다. 내 경우 3.5칸 한 대와 4칸 한 대는 원줄을 파격적으로 짧게 묶어둔다. 그 두 대는 좁은 지역을 앞치기로 정확히 노릴 때 쓴다.

갓낚시의 챔질타이밍

'언제 챔질해야 입질한 붕어를 놓치지 않고 낚아 올릴 수 있을까?'

이른바 '챔질타이밍'은 붕어낚시 입문자들이 가장 궁금해 하는 부분이다. '제때 채지 못하면 모처럼 입질한 붕어를 놓칠 수 있다'는 불안감은 찌에서 시선을 떼지 못하게 한다.

떡밥낚시는 제때 채지 않으면 대개 헛챔질이 된다. 그러나 새우를 미끼로 쓸 때는 챔질타이밍에 너무 연연하지 않아도 된다. 새우를 입에 문 붕어는(7치가 넘는다면) 챔질하지 않고 가만히 내버려두어도 찌를 스멀스멀 몸통까지 밀어 올려서 기우뚱거리거나 수면에 드러눕게 한 다음, 다시 찌를 물속으로 끌어 들어가서 결국 낚싯대까지 차고 가버리기 때문이다.

챔질타이밍은 찌가 '스멀스멀' 솟아오를 때 채도 되고, '기우뚱' 하고 넘어질 때 채도 되고, 수면에 '발라당' 드러누웠을 때 채도 되고, 다시 오똑 섰다가 물속으로 '스르르' 끌려들어갈 때 채도 된다. 요컨대 낚싯대를 차고 가기 전에만 채면 되는 것이다.

다만 수초대에서 낚시할 때는 '스멀스멀~기우뚱' 단계에서 채야 한다. 더 이상 기다리면 붕어가 미끼를 물고 수초 속으로 들어가면서 채비가 수초에 걸릴 수 있기 때문이다. 그러나 맨바닥을 노릴 때는 그럴 염려도 없고 챔질타이밍이 늦을수록 확실하므로 일부러 어신을 느긋이 감상한 후에 챈다. '늦게 챌수록 좋다'는 것은 갓낚시 뿐 아니라 모든 새우낚시의 정석이다.

"그런 말 마시오! 찌가 솟을 때 채고 싶은 걸 꾹 참고 끌고 들어가기만 기다렸더니 그만 붕어가 새우만 따먹고 가버렸소!"하고 항의하는 사람도 있었다.

참 드문 일이긴 하나 그럴 수 있다. 이 경우 챔질을 기다렸다가 실패한 이유는 두 가지로 추측된다. 첫째 찌가 솟기 전까지 꾸물럭대는 예신이 5~6초 이상 오래 이어졌을 공산이 크다. 만일 그랬다면 한 마디라도 천천히 솟구칠 때 챘어야 한다. 어쩌면 그것이 월척의 입질이었을 수도 있다. 많은 베테랑 낚시인들이 "35cm가 넘는 큰 붕어는 소폭으로 애간장 녹이듯 꼬물거리는 어신을 자주 보내며 그때 채지 않으면 그냥 가버리기도 한다"고 한다.

☞"4짜의 입질은 오히려 미약하다!" 이것이야말로 낚시인을 초긴장 상태로 몰아넣게 하는 경구다. 이 한 마디에 눈꺼풀이 천근만근인 새벽에도 이 악물고 찌를 노려보는 대물조사들이 숱하다. 그러나 나는 그런 어신을 본 적은 없다. 다만 퇴적물이 많이 쌓인 수초대에선 그처럼 꾸물거리는 대어의 입질도 있다고 들었다.

그런데 '채비가 둔하거나 주의해서 보지 않으면 그런 4짜의 입질을 미처 알아채지 못할 수 있다'는 주장은 지나친 겁주기가 아닐까? 대물붕어는 덩치가 큰 만큼 느리고 둔하기 때문에 찌놀림도 느리고 약하게 나타날 수 있다는 것은 맞는 말이지만 아무리 찌가 소폭으로 움직여도 '이건 잡어가 아냐' 하고 느낄 수 있다. 또 대물의 찌놀림이 미세하다면 찌맞춤보다 미끼의 상태를 조절해주는 것이 더 선명한 입질로 유도할 수 있는 길이다. 즉 크고 딱딱한 새우를 좀더 작고 말랑말랑한 새우로 바꿔주면 채비에 공들인 것보다 더 뚜렷한 어신이 나타난다.

둘째 (이런 경우가 압도적으로 많은데) 6치 미만, 4~5치 붕어의 소행이다. 만약 새우가 잘근잘근 씹힌 상태로 나오면 큰 붕어가 입질한 것이지만, 머리만 똑 따먹고 갔거나, 꼬리부분만 잘라낸 듯 남아 있으면, 잔 붕어나 잡어의 소행이므로 아까워할 것 없다.

"찌톱을 왜 그리 높이 띄워놓는 거요?"

갓낚시를 본 낚시인들이 꼭 하는 질문이 있다. "아니, 찌톱을 왜 그렇게 높이 띄워놓는 거요? 찌톱을 다 내놓으면 찌가 더 솟지 못하잖소?"

찌는 케미 끝만 수면에서 살짝 나오게 맞추는 게 정석이다. 그래야 찌가 솟을 때 챔질할 수 있다. 그런데 갓낚시는 찌톱이 반 이상 나오게 맞추거나, 물가에 찌를 붙일 땐 숫제 몸통이 드러날 정도로 맞춘다. 그래도 챔질타이밍을 잡는데 어려움은 없다. 찌가 기우뚱거리거나 수면에 드러눕거나 물속으로 끌려 들어갈 때 채면 된다. 또 찌톱이 다 나와 있어도 예신 단계에서 찌가 한 번은 살짝 가라앉았다가 솟지 예신 없이 벌러덩 나자빠지는 경우는 없다.

한편 "몸통까지 드러나면 찌의 부력이 소멸된 상태인데, 그만큼 봉돌 무게감이 증가돼 붕어가 미끼를 먹을 때 부담감을 느끼지 않겠소?"하고 걱정하는 이가 많은데 새우에 입질하는 토종붕어는 봉돌의 무게 정도는 아랑곳하지 않으니 걱정할 필요 없다.

주변 낚시인들의 불안한 시선을 무릅쓰고 찌톱을 높이 띄우는 이유는 세 가지다.

①찌불이 수면에서 높이 뜰수록 물속에 투과되는 빛이 약해 붕어의 경계심이 적다. 깊은 수심은 몰라도 50cm 이하의 수심에서는 찌불의 밝기가 입질에 영향을 미친다. 찌불이 수면에 일치할 때는 입질이 없다가 찌를 더 밀어 올려서 찌불을 높이 띄워주면 바로 입질하는 사례가 아주 많다.

②경사면을 많이 노리는 갓낚시에선 솟아오르는 입질만큼 끌고 내려가는 입질도 많은데 그런 입질을 간파하는 데는 찌톱이 많이 나와 있는 것이 유리하다.

③낮에는 여러 개의 찌를 한눈에 보기 어렵다. 그때 찌 몸통까지 수면에 내놓으면 몸통 상단의 빨간 색이 크고 선명하게 보여서 어신을 파악하기 좋다. 몸통을 일종의 찌톱으로 쓰는 셈이다. 갓낚시용 찌는 몸통을 직립성이 강한 하부팽창형으로 만들어서 몸통의 상단까지 수면에 노출되어도 기울지 않게 했다.

바닥지형에 따른 챔질타이밍

●80cm 이상 수심의 평지–찌가 오물거리다가 서너 마디 이상 솟아올랐을 때 챈다. 물론 더 기다렸다가 찌가 기우뚱할 때 채도 되고 옆으로 끌고 갈 때 채도 늦지는 않다.
●60cm 미만 수심의 평지–찌가 솟아서 옆으로 슬슬 기어가거나 슬그머니 끌려 들어갈 때까지 충분히 기다렸다가 챈다.
●연안의 급경사–찌가 흔들거리다가 서서히 솟는데, 찌가 움직이는 방향에 따라 챔질타이밍이 다르다.
⟨1⟩찌가 얕은 물가를 향해 기어오를 때–바로 채야 한다. 거기에서 지체하면 목줄채비가 연안의 장애물에 걸릴 수 있다.
⟨2⟩찌가 깊은 물 안쪽으로 움직일 때–기다렸다가 찌불이 물속으로 확실히 잠겨들었을 때 챈다.
●수초대 낚시–좁은 수초구멍, 험한 수몰나무 속, 기타 붕어가 찌를 옆으로 끌고 갈 경우 걸림의 우려가 있는 곳에 세운 찌는 서너 마디 솟았을 때 바로 채줘야 한다.

Part 8

어디에 앉을까?

얕은 수심이 밤 포인트가 된다는 점에서,
한 저수지에서는 가장 얕은 상류가 최고의 밤 포인트가 됩니다.
그 사실을 알고 있는 대물낚시인들은 서로 상류에 앉고 싶어 합니다.
그러나 갓낚시는 중류와 하류에서도 멋진 밤낚시 포인트를 찾아냅니다.
아무리 깊은 곳이라도 물가는 얕기 때문에,
미끼를 물가에 붙여주기만 하면 중하류나 상류나 다를 바 없습니다.
저수지 전역을 포인트로 활용할 수 있다는 게 갓낚시의 매력입니다.

상 · 중 · 하류의 갓낚시

갓낚시의 장점은 모든 저수지를 A급과 B급으로 분류할 뿐 C급으로 치부하지는 않는다는 것이다. 무슨 말인가 하면 아무리 볼품없는 소류지에도 붕어는 있으며, 붕어만 있다면 갓낚시로 낚을 수 있다는 것이다.

"저수지가 있으면 붕어는 있고, 붕어가 있으면 갓낚시로 낚을 수 있습니다." 서찬수씨의 말이다. "한 달 전에 말랐다가 다시 물이 찬 저수지에도 붕어가 있습니다. 일년생 신생지에도 준척붕어가 있습니다. 그 붕어가 밤에 어디로 붙을지 갓낚시는 알고 있으므로 낚을 수 있습니다."

그는 또 이렇게 말한다.

"붕어의 양과 조과는 꼭 일치하지 않습니다. 붕어가 적어도 잘 낚이는 못이 있고 붕어는 많은데 잘 안 낚이는 못이 있습니다. 그것은 포인트 여건에 따른 차이입니다. 그 못에 멋진 수중턱이 있어서 붕어가 그곳에서 먹이사냥을 할 수밖에 없는 자리가 있다면, 그 수중턱에서 그 저수지 월척의 절반을 하룻밤에 솎아낼 수도 있습니다. 반면 얕은 수중턱이 5칸대로도 미치지 않는 먼 거리에 있거나, 수초가 저수지 중앙부에까지 분포해 있다면 붕어의 먹이사냥터가 낚시 사정거리를 벗어나 있는 셈이므로 월척이 암만 많아도 낚기는 어렵습니다. 포인트가 그만큼 중요한 것이지요."

다행히 갓낚시를 하면 그 포인트 보는 눈을 빨리 기를 수 있다. 저수지를 보는

혜안은 10년 공력으로도 힘들다지만, 포인트를 보는 안목은 자신의 노력에 따라 1년 만에 터득할 수도 있다. 그 이유는 갓낚시의 포인트가 두루뭉술한 '공간' 이 아니라 정확한 하나의 '점' 으로 표시되기 때문이다. '점으로 표시되는 갓낚시 포인트' 에 대한 설명은 나중에 제12장에서 따로 하기로 한다.

폭우가 내린 직후엔 새물이 유입되는 이런 최상류가 명당으로 변한다는 사실, 다 알고 계시죠?
이곳이 제3장에서 물 빠진 상태의 사진으로 소개한 고성군 대가면 동지동지입니다. 물속의 버드나무 한 그루가 기억나시죠? 제가 밤새 4짜 한 마리와 10마리의 월척을 타작한 다음날 아침에 찍은 사진으로, 오른쪽 모퉁이의 낚싯대가 제 것입니다. 붕어를 끌어내고 있는 자리에서도 5마리의 월척이 나왔습니다.

상류-최고의 갓낚시 무대

대물낚시에서 늘 노른자위터로 대접받는 상류는 갓낚시에서도 마찬가지로 최고의 무대다. 한 명의 낚시인이 저수지를 독차지했을 때는 상류에 앉아야 월척

수심이 얕은 상류는 붕어의 먹잇감이 가장 많은 곳이라 밤 월척의 집중적인 사냥터가 됩니다. 하나의 소류지를 독차지했을 때는 상류에 앉아야 월척 확률이 가장 높아집니다.

확률을 최고로 높일 수 있다.

상류는 그 저수지에서 가장 얕고 넓은 완경사를 이루며, 바닥이 신선하고 일조량이 많아서 산소와 유기질이 풍부하고, 새우와 치어, 각종 플랑크톤이 모여 있는 곳이다. 상류야말로 그 저수지의 양분을 생산하는 농장지대인 셈이다. 얕은 상류가 넓은 저수지일수록 붕어의 개체 수도 많다고 보면 거의 틀림없다.

상류는 또 붕어의 먹이 사냥터다. 그 저수지의 붕어들은 모두 호시탐탐 상류로 올라가서 먹이를 사냥하고픈 욕구를 가지고 있다. 다만 수심이 얕아서 자주 올라가지는 못한다. 하루 24시간 중 붕어가 머무는 시간으로 따지면 상류에 머무는 시간이 가장 짧지만, 그 대신 상류에 올라온 붕어는 모두 먹이를 찾는 붕어이기 때문에 중하류의 붕어보다 행동반경이 넓어 쉽게 낚시미끼에 유인된다. 그래서 상류에서는 이른바 '떼고기' 조황을 종종 만날 수 있다.

상류는 낚싯대가 닿는 전역의 수심이 얕아서 많은 낚싯대를 펼칠 수 있고, 그만큼 입질빈도를 높일 수 있다. 특히 4칸 이상의 긴 대를 많이 소유하고 있는 낚시인에게는 상류가 더 멋진 포인트가 된다. 산란기나 새물찬스에는 그 못의 대물들이 모조리 상류로 몰려 대단한 노다지 조황을 올릴 수 있다.

그래서 갓낚시인들도 누가 오늘 최상류를 차지할 것이냐를 놓고 신경전을 벌이곤 한다. '장모님 신경통에 붕어를 고아드리면 좋다던데' 라느니 '오늘 내가 대물 건지면 노래방 한 턱 쏜다' 느니 하며 일행에게 상류를 양보해줄 것을 출발 전부터 은근히 종용하기도 하는 것이다.

그러나 그것이 일반 대물낚시만큼 치열하지는 않다. 왜냐하면 갓낚시는 깎아지른 중하류 절벽지형에서도 연안에 찌를 붙여 쉽게 붕어를 낚을 수 있기 때문이다.

상류에는 또 핸디캡이 있다. 상류는 붕어의 은신처에서 가장 먼 자리이기 때문에 그 날 붕어의 활성도가 바닥을 긴다면 몰황을 겪을 수 있는 위험을 늘 내포하고 있다. 즉 모 아니면 도의 자리가 상류인 셈이다. 또 상류는 낚시하기에 좀 피곤한 자리다. 3.5칸 이상의 긴 대가 필요하므로 짧은 낚싯대만 소유한 낚시인은 효과적으로 공략할 수 없고, 입질이 집중되는 '점' 이 분산되므로 6대 이상 많은 낚싯대를 펼쳐야 한다. 낚시인의 낚시실력에 따라 조과의 차이가 크게 나타나 초보자에게는 좀체 배당되지 않는 자리이기도 하다.

이런 곳에선 상류를 피하세요

◆상류를 준설하여 오히려 중하류보다 깊은 곳
'얕은 사냥터' 라는 상류의 의미가 없다. 전 연안을 모두 준설한 곳에서는 오히려 제방의 수심이 가장 얕은데 그 경우라면 제방이 최고의 포인트가 된다. 즉 가장 얕은 곳이 노른자위터라고 보면 된다.

◆50m 전방까지 얕기만 한 대형지의 상류
바닥이 보일 만큼 밋밋한 완경사가 수십m 이상 펼쳐진 대형지의 상류에서는 큰 붕어를 낚기 어렵다. 깊은 곳에 머물러 있던 대어가 먹이를 찾아 올라가기에 최상류가 너무 멀기 때문이다. 그런 곳에서는 초저녁보다 새벽~아침에 붕어들이 떼를 지어 상류로 올라올 가능성이 있는데 씨알은 잘다.

◆모조리 밀생수초로 뒤덮인 평지지의 상류
찌를 던져 넣을 공간이 없으니 낚시가 아예 불가능하다.

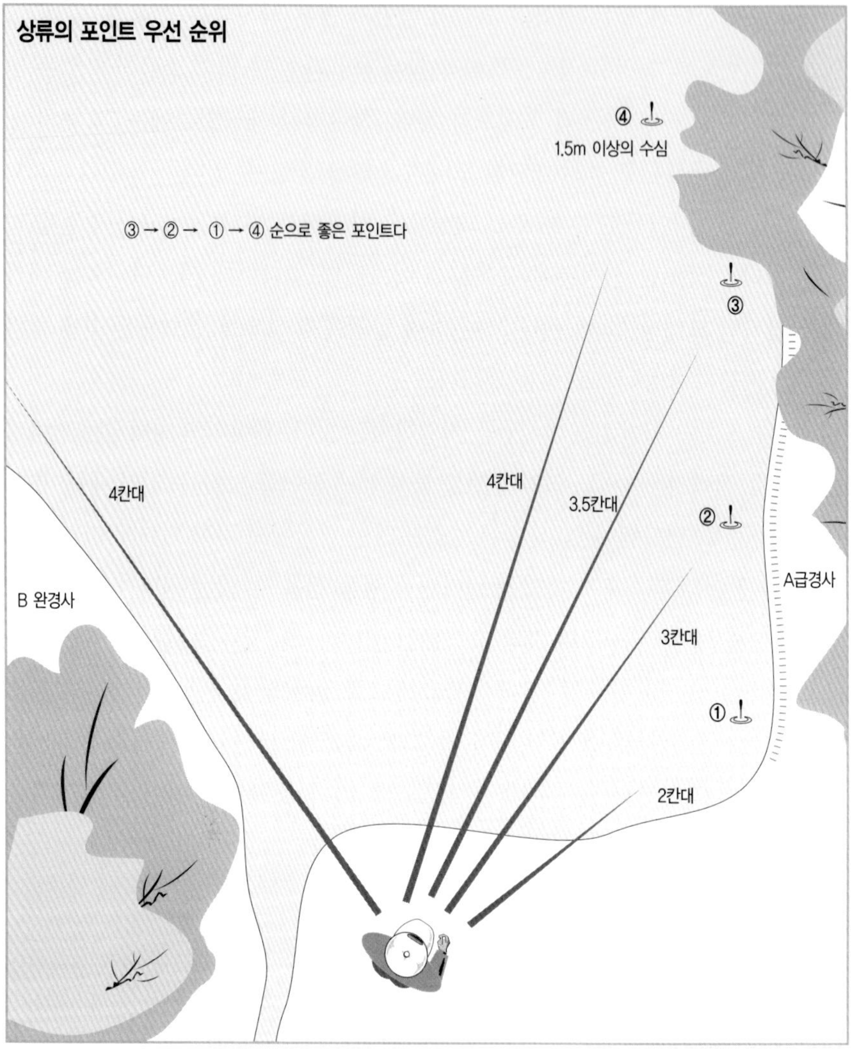

완경사인 상류는 거리에 따른 수심 차가 크지 않기 때문에 시간대별 수심 이동을 특징으로 하는 갓낚시에서는 더 부지런한 낚시를 요구한다. 가령 중하류에 앉은 낚시인은 초저녁에 얕은 연안을 노리다가 한밤에 깊은 곳으로 미끼를 옮길 때 옆으로 쳤던 낚싯대를 정면으로 틀어주기만 하면 되지만, 상류에 앉은 낚시인은 한밤에 더 깊은 곳을 노리기 위해 의자는 물론 받침대까지 뽑아서 물가로 이동시켜야 하는 수고를 감수해야 할 경우가 많다.

최상류에서는 갓낚시라도 초저녁부터 물가에 바짝 다가앉아 긴 대를 정면으로 뿌리기도 한다. 먼 거리에 얕은 수중턱이나 뗏장수초가 깔려 있을 경우 그렇다. 그 광경을 보고 어떤 낚시인은 "갓낚시라고 해서 별다를 줄 알았는데 똑같구먼" 하고 실망하기도 했다. 아마 갓낚시라는 용어에 집착해 무조건 가장자리만 노리는 낚시인 것으로 생각한 듯했다. 그러나 '원거리의 얕은 수중턱' 을 노리는 것도 갓낚시라고 말한 바 있다. 다만 똑같은 상류를 노리더라도 갓낚시는 1m 이상의 수심보다 60cm 미만의 수심에 더 비중을 두는 것이 일반 대물낚시의 시각과 다른 점이다.

상류에 앉은 낚시인은 가장 긴 대를 꺼내 전방의 모든 바닥을 샅샅이 더듬어서 사정거리 안에 있는 전역의 수심을 체크하고 바닥의 요철을 기억하여 그에 맞는 대 편성을 해주어야 한다.

상류에서 낚싯대를 편성할 때 포인트 우선순위는 왼쪽 그림과 같다.

〈1〉산쪽 절벽 가장자리인 A를 1순위로 노린다. 그때 더 긴 대로 노리는 A-③이 A-①이나 A-②보다 월척 확률이 높다. 그러나 A-④처럼 연안 장애물 때문에 가장자리에 찌를 붙이기 힘든 자리는 ①·②·③보다 입질이 밤 늦게 나타난다.

〈2〉연안 경사가 밋밋한 가장자리인 B는 절벽지형의 가장자리인 A보다 월척 확률이 낮지만 그래도 입질 확률이 높은 장소이니 놓쳐서는 안 된다. 다만 3.5칸 이상의 긴 대 한 대만 펼치면 충분하다.

〈3〉물이 흘러드는 유입구인 B보다 흘러들지 않는 A가 좋다. 대물붕어는 물 흐름이 없는 곳을 선호하기 때문이다. 대개 물 유입구는 다른 곳에 비해 수온이 낮다. 그래서 한여름에는 오히려 물 유입구가 낫다. 특히 여름철 고수온 상태에서 폭우가 내려 흙탕물이 유입되는 새물찬스에는 B가 A를 능가한다.

〈4〉양쪽 가장자리인 A와 B를 제외한 나머지 중앙부는 월척 확률이 떨어지는 편이지만, 만일 수중턱이나 수몰나무, 수초대가 형성돼 있다면 더 나은 자리가 될 수도 있다.

한편 저수지 중에는 두 개의 골로 형성되어 상류가 두 군데인 곳도 많다. 그 경우 두 골의 우선순위는 뒷 페이지 그림과 같다.

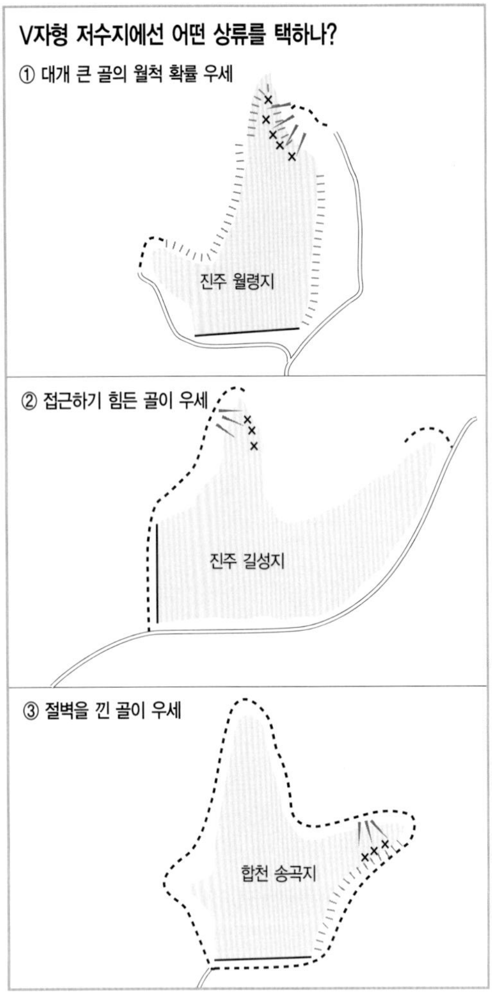

〈1〉대체로 작은 골보다 큰 골의 붕어자원이 많고 대물 확률도 높다. 특히 큰 골에 수초가 형성돼 있으면 더욱 좋다.

〈2〉한 쪽 골은 접근이 쉽고 다른 쪽 골은 접근하기 어렵다면, 골의 규모를 떠나 접근하기 어려운 골의 대물 확률이 높다.

〈3〉한쪽 연안에 절벽지형이 형성돼 있으면, 골의 규모를 떠나 절벽을 낀 골의 대물 확률이 더 높다.

무넘기-제2의 상류

최하류의 제방권에는 늘 두 곳의 명 포인트가 형성된다. 제방의 양쪽 코너다. 제방의 중앙부는 뗏장수초나 갈대가 형성돼 있다든지 하는 특별한 여건이 아닌 한 양쪽 코너보다 조황이 떨어진다. 제방의 양쪽 코너는 산자락과 제방 석축의 두 가장자리를 동시에 노릴 수 있으며 대어는 항상 제방의 모퉁이를 끼고 돌기 때문에 갓낚시꾼의 덫을 피하기 어렵다.

두 코너 중에선 무넘기가 우세하다. 무넘기는 대부분 완경사인데 비해 반대쪽 코너는 급경사이기 때문이다. 그러나 반대쪽 코너가 더 완경사를 이루고 있거나 수초대나 수몰나무가 자리잡고 있으면 무넘기를 능가한다.

무넘기는 '제2의 상류'다. 상류를 제외하고는 중류와 하류를 통틀어 얕은 수심이 가장 멀리까지 뻗어 있는 곳이 바로 무넘기이기 때문이다. 또 제방의 다른 부분은 모두 석축으로 이루어져 있어 갓낚시를 하려면 바늘채비가 석축 틈에 끼어 많이 뜯기지만, 무넘기에는 흙이 덮여 있어 그럴 염려가 없다. 또 무넘기는 바닥의 흙이 깨끗하다. 항상 물이 흘러넘치는 곳이므로 뻘이 씻겨나가기 때문이다. 하류에 청태가 많이 낀 저수지도 무넘기에는 청태가 없다.

☞그러나 대형지의 무넘기는 수심이 깊은데, 그 경우라면 포인트가 되지 못한다.

그래서 갓낚시인들이 상류와 함께 가장 눈독 들이는 곳이 무넘기다. 마릿수는 상류에 뒤지는 편이지만 씨알에서는 오히려 앞서는 경우가 많다.

무넘기에서 월척이 잘 낚이는 이유는 대물의 은신처인 급심대가 지척에 있기 때문이다. 월척이 상류에서 새우를 사냥하려면 아무리 작은 소류지라도 수십m 헤엄쳐서 올라가야 하지만, 하류에서 새우를 사냥하려면 불과 몇m만 움직이면 된다. 그처럼 제방의 양쪽 코너는 은신하고 있던 붕어가 맘만 먹으면 최단거리 이동으로 새우를 사냥할 수 있는 곳이라 월척이 수시로 출현, 중점 입질시간대를 장담할 수 없다. 또 자정 이후 조금씩 깊은 수심에서 입질이 나타나는 중상류와 달리 '초저녁부터 새벽까지 얕은 가장자리에서만 입질' 한다는 것도 무넘기의

물 빠진 소류지의 제방 코너. 이젠 이런 곳의 월척 급소가 한눈에 들어오지요? 맞습니다. 연안에서 약간 물러난 다음 긴 대로 X 지점을 겨냥하면, 다른 낚싯대는 굳이 펼칠 필요도 없습니다.
함안군 칠원면 장암리 윗장동지.

제방의 양쪽 코너 중 어디가 나을까?

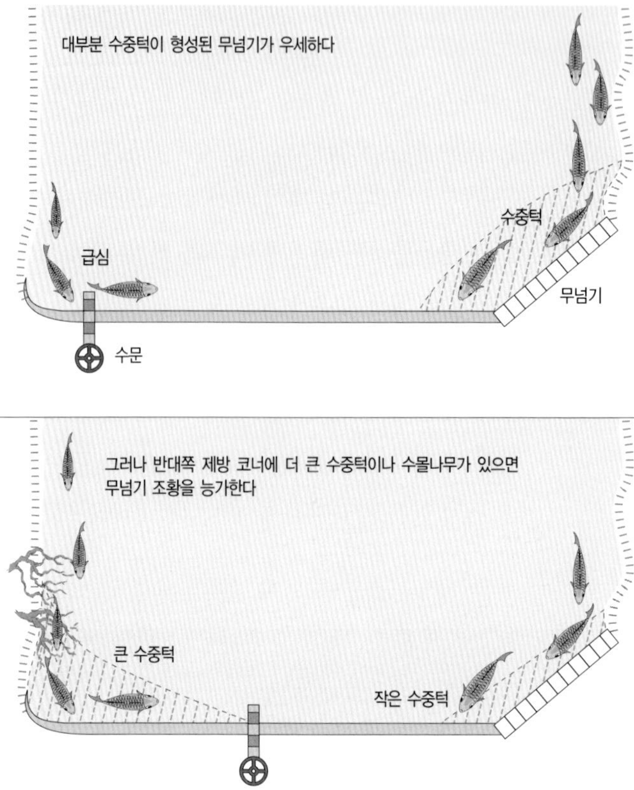

큰 특징이다.

특히 폭우가 내려서 무넘기로 물이 흘러넘칠 때는 하류의 붕어들이 모두 무넘기로 집결하는 경우가 허다하다. 또 갈수상태에서 붕어들이 하류에 몰려 있을 때도 무넘기는 노른자위터가 된다. 만일 무넘기에 수초가 자라 있거나 나무그늘이 우거져 있으면 더없이 좋은 포인트 여건이다.

☞무넘기의 수초–무넘기에는 물 흐름에 강한 뗏장수초나 갈대, 줄풀이 자라며, 물 흐름에 약한 말풀과 마름, 부들은 보기 힘들다.

무넘기에서 낚시할 때 간과해서는 안 될 곳이 콘크리트 바닥이다. 콘크리트에는 새우가 다량 몰리기 때문에 밤이면 붕어들이 반드시 올라온다. 콘크리트 바

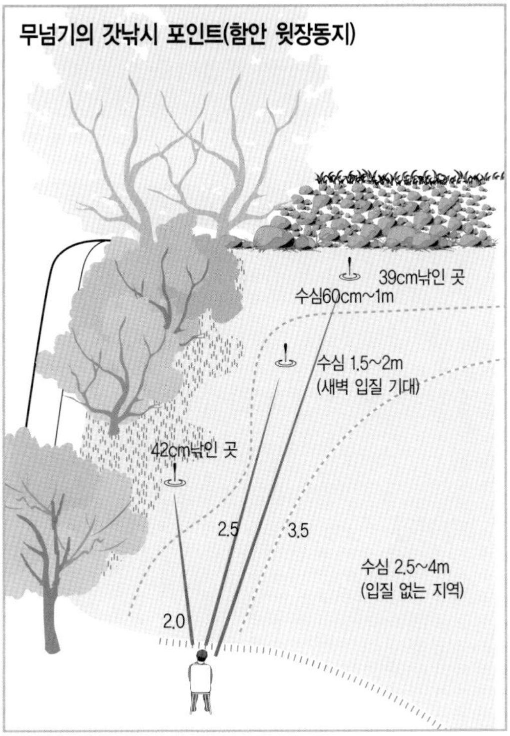

제방의 석축은 돌 틈에 바늘이 자주 빠져 낚시하기 힘들지만 이렇게 석축의 틈이 잔 돌과 흙으로 적당히 메워져 있거나, 물이 빠져 석축이 거의 드러나 있으면 그럴 염려가 없어 낚시하기에 좋습니다. 낚시방법은 알고 계시죠? 제방 위에 앉아서 물가에 바짝바짝 찌들을 붙여주기. 경남 함안군 함안면 대산리의 죽림지.

무넘기 붕어와 인기척

동촌지에서 서찬수씨의 완벽한 위장

2001년 3월에 진주시 이반성면 하곡리 동촌지를 찾은 서찬수씨가 무넘기에서 35cm를 비롯해 월척 3마리와 준척 여러 마리를 낚아온 적 있었다. 다음날 내가 동촌지로 들어갔다. 나는 월척이 낚인 무넘기에 앉고 일행은 상류에 앉았다. 그러나 밤 11시까지 일행이 28cm 붕어 2마리를 낚았을 뿐 나는 입질도 없어 낚싯대를 접어 다른 저수지로 가버렸다.

이튿날 서찬수씨에게 '입질 한 번 없더라'고 투덜거렸더니 서찬수씨는 "허 기자가 낚시를 잘못해서 그렇다. 오늘 밤 나하고 다시 들어가 보자"고 했다. 그 말에 또 열 받아서 다시 동촌지로 향했는데, 그날 밤 무넘기에 앉은 서찬수씨는 월척 한 마리와 준척 두 마리를 또 낚아냈다. 짜증날 노릇이 아닐 수 없었다. 도대체 어떻게 낚시하기에 그런가 싶어 무넘기로 가본 나는 놀라 자빠질 뻔했다.

서찬수씨는 무넘기 가장자리에 찌 세 개를 깔아놓고는, 콘크리트 둑 너머에 의자를 놓고 고개만 빼꼼 들어서 찌를 보고 있었다. 완벽한 은폐! 1.5m 높이의 무넘기 둑 너머 몸을 숨겼던 서찬수씨와 제방 위에서 수면을 내려다보고 낚시한 나의 차이는 그렇게 극명하게 엇갈렸다.

닥에서는 대물의 확률은 떨어지는 편이지만 7~8치 붕어는 마릿수로 낚을 수 있다. 수심은 30cm면 충분하며 물이 흐리면 20cm 수심의 콘크리트 보 위까지 붕어들이 타고 올라와 새우를 공격한다.

특히 콘크리트 보와 흙이 만나는 경계지점은 월척의 급소다.

무넘기의 붕어는 은신처와 먹이사냥터가 가까운 만큼 상류보다 인기척에 더 민감하게 반응한다. 그래서 의자를 물가에서 더 멀리 물리는 게 좋다. 또 무넘기 옆의 높은 제방 위에 의자를 놓고 긴 대를 내리쳐서 무넘기의 가장자리를 노리면 한결 편안한 자세로 인기척을 줄이면서 짜릿한 손맛을 즐길 수 있다.

중류– '벼랑의 끝' 을 잡아라

저수지의 중류는 범위가 넓고 특징이 없어 한눈에 포인트를 찍어내기 쉽지 않지만 다음의 여섯 가지 기준만 염두에 두면 상류와 무넘기를 능가하는 명당을 찾아낼 수 있다. 오른쪽의 그림과 함께 설명한다.

〈1〉수초가 전혀 없는 계곡지라면 중류의 양쪽 연안 중 사람이 접근하기 힘든 A–급경사가 B–완경사보다 낫다. 급경사지대는 생자리라 대어자원이 많이 남아 있고, 갓낚시로만 쉽게 붕어를 낚을 수 있는 장소다.

〈2〉그러나 수초가 자라는 준계곡지라면 완경사 연안에 수초가 자라 있을 것이다. 그렇다면 수초에 점수를 더 주어서 완경사 수초대를 노리는 것이 유리하다.

〈3〉차가 자주 지나다니는 도로변에는 큰 붕어가 적다. 차량의 소음을 피해 건너편으로 달아나 있다. 차량 통행이 드문 비포장도로라면 좀 낫지만 찻길이 있는 도로변은 가급적 피하는 것이 좋다.

〈4〉급경사 연안에서는 수중턱을 찾는 게 관건이다. 찌를 던져 연안을 더듬어 가며 불쑥 솟아오르는 지점을 찾는다. 수중턱은 눈으로도 찾을 수 있다. 연안의 흙 빛깔이 밝은 곳과 뗏장수초가 깔린 곳은 대부분 수중턱이다. 그러나 눈에 보이지 않는 수중턱(깊은 곳에 있다기보다 물이 흐려서 보이지 않는)이 더 좋은 대물 명당이다.

〈5〉벼랑의 끝! 어떤 계곡형 저수지건 단 두세 자리만 나오는 이곳은 상류와 무넘기를 때로 능가하는 대물 명당이다. 절벽지대가 쭉 이어지다가 중상류의 완경사면과 만나는 경계점이 그곳이다. 대개 산자락을 타고 접근한 낚시인이 더 이상 전진할 수 없는 지점에 해당한다. 그곳은 절벽을 끼고 접근한 월척붕어가 반드시 입질하는 장소이므로, 비록 단 한 대만 펼 수 있을 만큼 옹색한 곳이라도 노

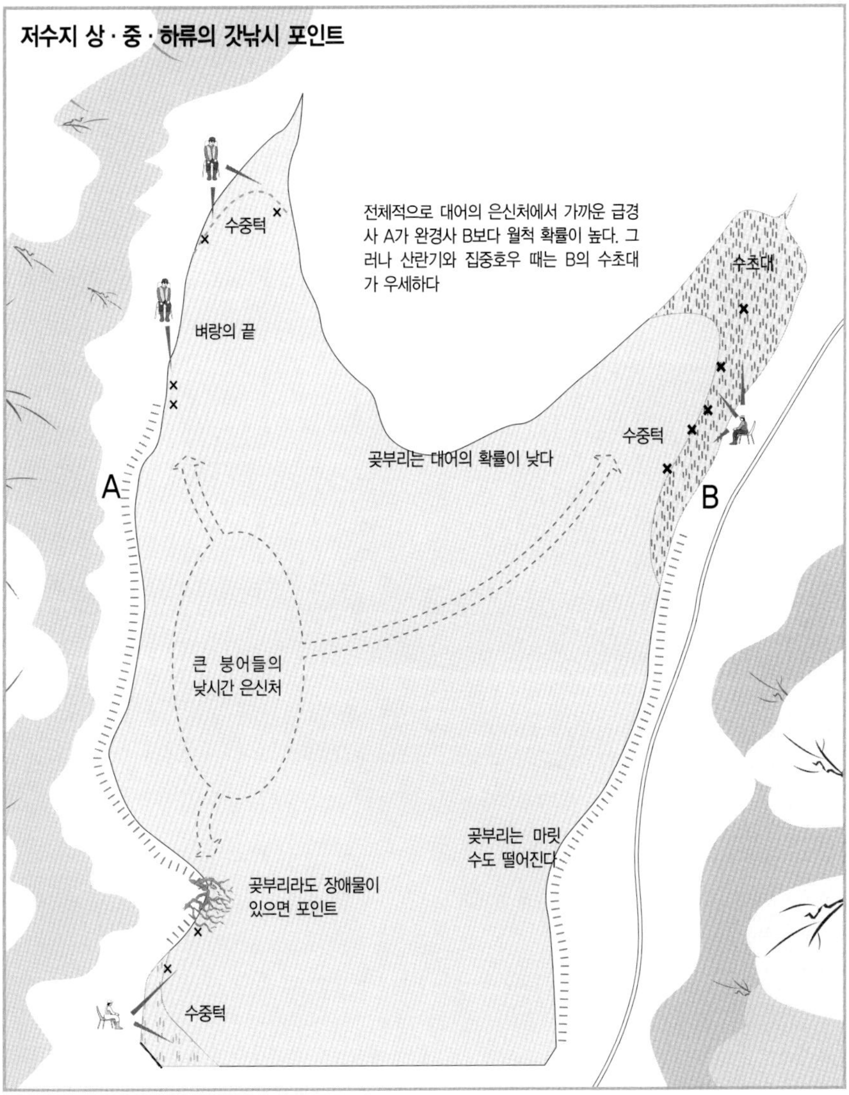

려야 한다. 사실 입질은 절벽에 바짝 붙인 대밖에 들어오지 않으므로 두 대만 펴면 되며 더 깔아봐야 무의미하다.

〈6〉나무그늘이 우거진 곳을 찾는다. 밋밋한 연안은 피한다. 찌는 최대한 나무그늘 밑에 붙여야 한다. 캐스팅 실력이 요구되는 자리다. 낚싯대를 45도로 비껴서 휘둘러야 줄이 사이드로 포물선을 그리면서 그늘 밑으로 들어갈 수 있다.

이상의 기준에 따라 포인트를 정하면 옆으로 긴 대를 뿌릴 지점부터 찾는다. 내 경우 주 포인트를 3.5칸대로 겨냥하고, 3.5칸대를 옆으로 비껴 쳐서 그 포인트에 정확히 넣을 수 있는 거리에 의자를 놓는다. 그리고 나머지 낚싯대는 펴도 그만 안 펴도 그만이다. 선 포인트, 후 낚시의자! 이것은 갓낚시에서 아주 중요한 습관이다. 의자를 놓을 자리부터 다듬어놓고 낚싯대를 펼치는 것은 벌써 붕어의 입장보다 낚시인의 입장에서 출발하는 것이다. 안락한 낚시를 즐길지는 몰라도 월척을 낚기는 어려울 것이다.

이제 포인트가 착착 눈에 들어오는 것을 느끼십니까? X 지점에 시선이 간다면 이미 갓낚시의 감을 잡은 겁니다.
밋밋하게 이어지는 수중턱이 산자락의 직벽과 만나는 접경! 붕어들이 새우를 먹기 위해 붙을 수밖에 없는 명당입니다. 갈수상태의 경남 고성군 개천면 좌련리 월곡지 최하류.

Part9

낚싯줄과 낚싯바늘

갓낚시의 표준채비는 4~5호 원줄과 3~4호 목줄, 감성돔 7호 바늘입니다. 정말 투박하지요? 떡밥낚시를 즐기는 낚시인이 이 채비를 보면 이렇게 말할 겁니다. "여보쇼! 고래 잡을 일 있수?"

그러나 새우를 미끼로 쓰는 낚시에는 그에 맞는 채비가 있는 것이며, 갓낚시 채비의 각 구성요소는 아주 미세한 부분까지 갓낚시 여건에 적합하도록 정리된 것입니다.

예민하면 안 돼!

4~5호 원줄

빳빳해야 장애물에 덜 엉킨다

붕어는 월척 아니라 4짜라도 제 힘으로 2호 낚싯줄을 끊지는 못한다. 그러나 갓낚시에서는 2호 줄이 아니라 3호도 뛰어넘어 4호나 5호 원줄을 쓴다(4호 카본 줄은 바다에서 1m짜리 참돔을 끌어낼 수 있는 줄이다).

그 이유는 잡목이 많은 거친 연안을 주로 노리기 때문이다. 굵은 원줄의 가장 큰 장점은 엉킴이 적다는 것이다. 즉 강한 줄보다 빳빳한 줄이 갓낚시에는 필요하다. 연안 장애물을 주로 노리는 갓낚시에서 만일 2호 원줄을 쓴다면 수초나 나뭇가지에 걸핏하면 엉키는 낚싯줄을 풀어야 하는 불편을 감수해야 할 것이다. 또 산자락의 생자리를 즐겨 찾는 갓낚시는 낚싯대를 쳐드는 순간 머리 위의 나뭇가지에 원줄이 걸리는 일도 잦다. 그때 가는 줄은 나뭇가지에 칭칭 감겨버리지만 굵은 줄은 심하게 감기지 않아 두어 번 당기면 풀려 내려온다. 심하게 엉켜도 잡아당기면 웬만한 나뭇가지는 그냥 부러뜨리고 내려온다.

엉거주춤…, 마산 대물낚시 유창호 사장이 뒤의 나뭇가지에 낚싯대가 걸려서 붕어를 끌어내는데 애를 먹고 있군요. 이래서 굵은 5호 줄이 필요합니다. 험한 생자리를 즐겨 찾는 갓낚시는 늘 머리 위의 나뭇가지에 줄 엉킴이 잦기 때문에 굵고 빳빳한 원줄이 유리하지요. 경남 마산시 진전면 일암리의 대방소류지(용내무재못).

또 물가의 나무나 물 속 나무에도 채비가 엉키는 경우가 잦다. 제방에서는 석축의 돌에도 원줄이 쓸린다. 이런저런 이유로 갓낚시에선 원줄에 상처가 많이 생긴다. 만일 줄에 그런 상처가 있다면 강도는 현저히 낮아질 것이다. 매번 줄의 흠집을 확인하고 새 줄로 갈아준다면야 3호 원줄이라도 대물을 걸어 끊어질 염

려는 없다. 그러나 20여 대씩 낚싯대를 가지고 다니는 마당에 그 많은 대의 원줄을 매번 꼼꼼히 체크할 수는 없는 노릇이다.

또 수초대나 수몰나무 지역에서는 월척이 장애물 속으로 파고드는 것을 막기 어렵다. 붕어의 힘은 같은 씨알일 경우 잉어나 배스, 가물치를 능가한다. 35cm가 넘는 붕어라면 아무리 경질의 낚싯대를 써도 멧돼지처럼 파고드는 녀석의 머리를 즉각 돌려 세우지는 못한다. 낚시에 걸린 붕어는 본능적으로 장애물로 돌진하는데 그 거리라고 해봤자 불과 수십 cm. 낚싯대란 것이 휘어지는 도구인 다음에야 어찌 그 짧은 도주를 막을 수 있을 것인가? 그러나 4~5호 원줄을 쓰면 붕어가 장애물 속으로 박혀도 썩은 나뭇가지 두어 개는 부러뜨리고 건져낼 수 있다.

또 긴 대를 쓸수록 더 강한 원줄이 필요하다. 나는 3.5칸대까지는 4호 원줄을 쓰지만, 4칸~5칸대는 5호 원줄을 쓴다. 4칸 이상의 긴 대는 채는 순간 아주 강한 임팩트가 발생하는데, 만일 4짜에 육박하는 붕어가 걸렸다면 긴 대의 파괴력과 대물의 체중이 충돌하면서 낚싯줄이 순간적으로 터져버리는 수가 있다. "긴 대는 많이 휘어지기 때문에 가는 줄로도 대어를 끌어낼 수 있다"고도 하는데 긴 대를 많이 써보지 않고 하는 말이다. 가령 4.5칸대나 5칸대는 두 손을 써야 챔질할 수 있는데, 예신부터 충분히 보고 챌 때는 다소 부드럽게 챌 수 있으나, 입질을 뒤늦게 보고 엉겁결에 채다보면 "휘잉" 소리가 날 정도의 임팩트가 실린다. 그때 한 자 안팎의 붕어라면 수면 위로 "푸당탕"하고 튕겨 올라오지만, 4짜라면 그 중량이 대단한데다 이미 머리를 돌린 녀석의 순간질주력까지 가세해 그냥 허무하게 줄이 날아가 버리는 수가 있다.

사실 갓낚시에서는 5호 줄보다 6호 줄을 쓰면 더 좋다. 그러나 차마 6호 원줄을 쓰지 못하는 이유는 낚싯대를 보호해야 하기 때문이다. 6호 줄을 쓰면 장애물에 걸렸을 때 원줄이 끊어지지 않아 대신 낚싯대 마디가 깨져서 빠져버린다. 간혹 PE라인 합사를 원줄로 쓰는 낚시인이 있다. '최고의 강도를 가졌다' 고 자랑하지만 갓낚시에서 합사원줄은 연안 장애물에 바로 엉켜 버린다.

3~4호 목줄

'철사목줄' 이 필요하다

목줄은 원줄보다 한 단계 약한 3호나 4호 카본줄을 쓴다. 밑걸림이 생겼을 때 목줄만 끊어져야 원줄과 찌를 보호할 수 있기 때문이다. 5호 원줄의 긴 대에는 4호 목줄을, 4호 원줄의 짧은 대에는 3호 목줄을 쓴다.

밑걸림이 아주 심한 곳에서는 긴 대라도 3호 목줄을 쓴다. 심한 밑걸림 지대에서 4호 목줄을 쓰면 바늘채비가 터지지 않아 물속의 수몰나무를 통째로 끌어내는 수도 있기 때문이다. 물속 장애물을 그 정도로 흔들어놓으면 그 날 밤 그 주변의 붕어는 다 달아나므로 밤낚시를 포기해야 한다. "핑-핑" 소리 날 정도로 낚싯대를 채서 목줄을 끊으려 해선 안 되며 줄을 잡고 지긋이 당겨서 끊어야 한다. 만일 그 때 나뭇가지 하나 정도가 끊어져 나오는 건 괜찮지만 큰 나무둥치가 통째로 끌려나올 정도라면 당기기를 멈추고 그 낚싯대는 그냥 옆에 던져둔 다음 다른 낚싯대를 꺼내 낚시한다. 나무에 걸

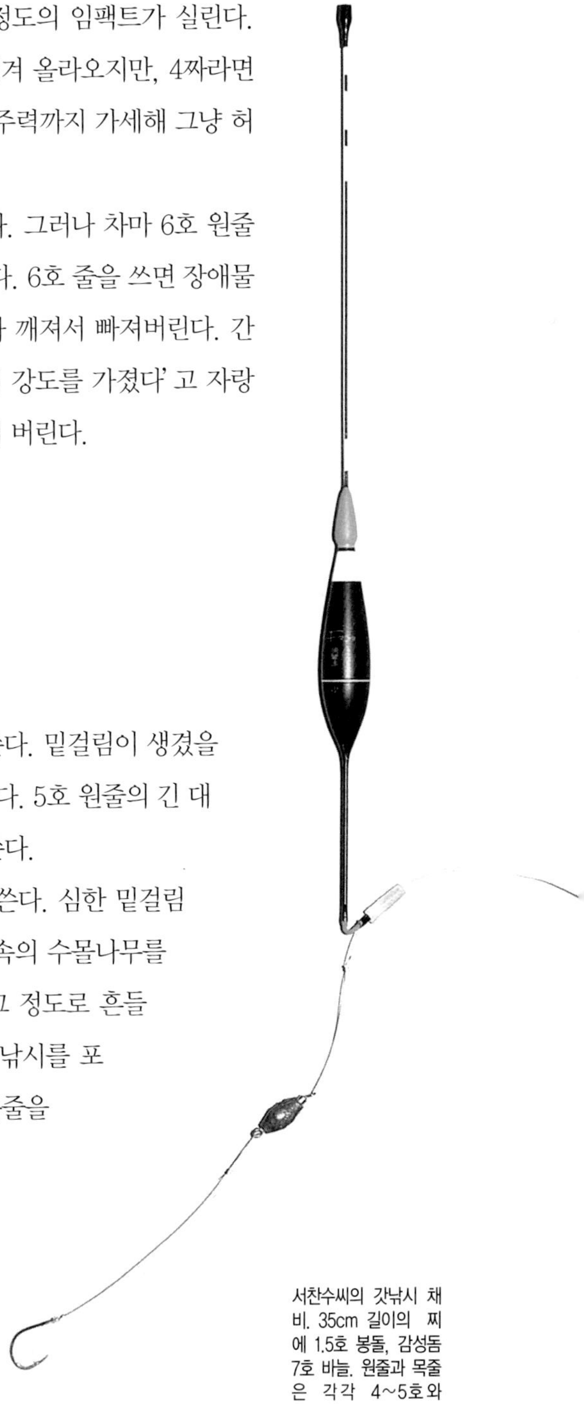

서찬수씨의 갓낚시 채비. 35cm 길이의 찌에 1.5호 봉돌, 감성돔 7호 바늘. 원줄과 목줄은 각각 4~5호와 3~4호를 씁니다.

빳빳한 목줄의 장점

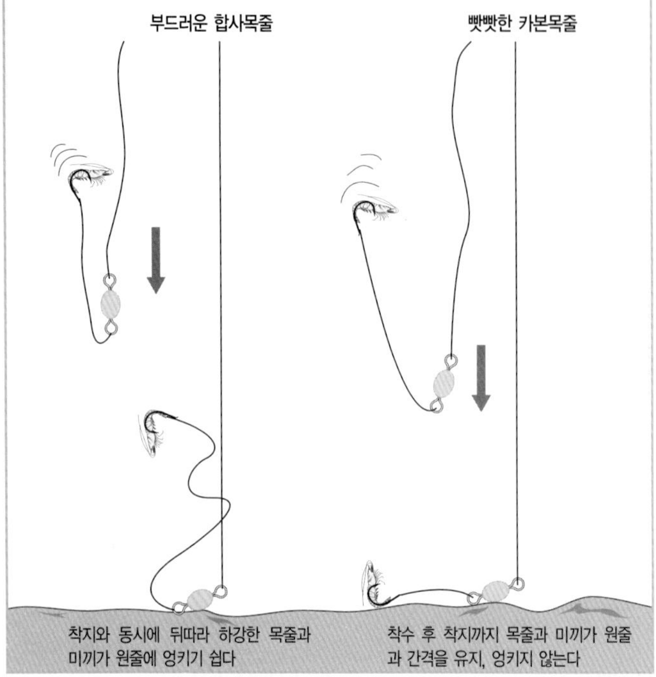

린 채비는 다음날 아침 철수할 때 회수해도 충분하다.

그러나 성격 화끈한 낚시인은 바늘에 걸린 나무둥치를 기어코 끌어낸 다음 손을 탁탁 털며 즐거워한다. "됐어! 이제야 제대로 낚시할 수 있겠구만!" 글쎄, 붕어가 다 달아나고 없는데 뭘 제대로 할 수 있다는 건지…. 그래서 밑걸림이 극심한 곳에서는 원줄채비보다 '포인트를 보호하기 위해' 2호 목줄을 쓰기도 한다.

목줄은 원줄과 달리 상처를 수시로 점검해줘야 한다. 그리고 3~4회 출조에 한번은 갈아주어야 한다. 평생 한 번 만날지 모를 대물을 상처 난 목줄로 맞을 수는 없다.

갓낚시에서는 합사를 쓰지 않는다. 합사는 부드러워 투척 시 엉킴이 잦기 때문이다. 새우의 긴 발과 부채 꼬리는 줄 엉킴을 부채질한다. 특히 갓낚시는 극히 얕은 수심을 노리므로 채비가 착수함과 동시에 착지하여 목줄채비가 낙하 도중 곧게 펴질 시간적 여유가 없어 합사목줄은 원줄이나 봉돌에 휘감길 위험이 더 크다. 목줄이 원줄에 뒤엉킨 상황에서는 당연히 입질을 받을 수 없는데, 그 상태로 방치해놓고 대물을 꿈꾸며 밤을 새는 상황을 한번 상상해보라. 그러나 카본목줄을 쓰면 그런 위험이 없다.

대물낚시인들이 많이 쓰는 케블라합사도 물을 먹으면 일반 합사처럼 부드러워져서 엉킴이 발생하기는 매한가지다. 또 케블라합사는 너무 질겨서 밑걸림이 생기면 원줄이 끊어질 수 있다.

"목줄이 빳빳하면 붕어가 흡입할 때 불편해하지 않을까?"하는 의문이 생길 것이다. 그러나 새우미끼를 사용할 때는 빳빳한 목줄이 흡입하는데 아무런 장애가 되지 않는다. 붕어가 떡밥을 먹을 때는 물과 함께 흡입하므로 부드러운 목줄이 나을지 모르나 새우를 먹을 때는 입에 넣고 오물오물 삼키기 때문에 목줄의 부드러움은 물론 봉돌의 무게도 문제되지 않는다. '철사를 써도 상관없다'는 생각이 들 정도다.

☞목줄은 부드러워야 좋다?-사실은 떡밥낚시를 할 때도 합사 대신 1.2~1.5호 카본목줄을 사용하면 더 선명한 찌올림을 얻을 수 있다. 홑줄인 모노필라멘트(경심)보다 합사가 더 좋은 목줄 소재라는 것도 검증되지 않은 통념이다. 떡붕어 전층낚시에서도 목줄로 경심을 쓰지 않는가(물론 아주 가는 줄을 쓰기는 하지만). '합사가 경심보다 부드러워서 붕어가 미끼를 흡입할 때 이물감을 적게 줄 것'이라는 것은 사람의 상상일 뿐이다. 찌와 봉돌을 예민하게 영점찌맞춤한 상태에서는 붕어가 바늘을 흡입함과 동시에 봉돌이 들린다. 그때 합사를 쓰면 오히려 축 늘어지는 합사의 성질 때문에 바늘의 상승과 봉돌의 상승 사이에 시간 유격이 발생한다. 그러나 경심을 쓰면 바늘의 상승이 바로 봉돌의 상승으로 이어지고 즉각적으로 찌가 솟기 때문에 찌올림이 더 빠르고 선명하다.

"어찌나 막무가내로 파고드는지 원~" 수몰나뭇가지를 휘감은 월척붕어를 장애물과 함께 통째로 들어내고 있는 서찬수씨. 이래서 굵은 줄을 쓸 수밖에 없습니다.

바늘은 하나만 쓴다. 두바늘채비를 쓰면 붕어가 삼킨 바늘 외에 남은 바늘이 주변 장애물에 걸려 대물붕어를 놓칠 수 있다. 감탕바닥에서 효과가 있다는 가지바늘채비도 쓰지 않는다. 갓낚시는 그런 감탕바닥 자체를 노리지 않기 때문이다. 초보자들은 바늘이 두 개면 입질확률도 두 배일 것이라 생각하지만, 입질만 지저분해질 뿐이다.

목줄의 길이는 7~8cm가 적합하

8자묶음법

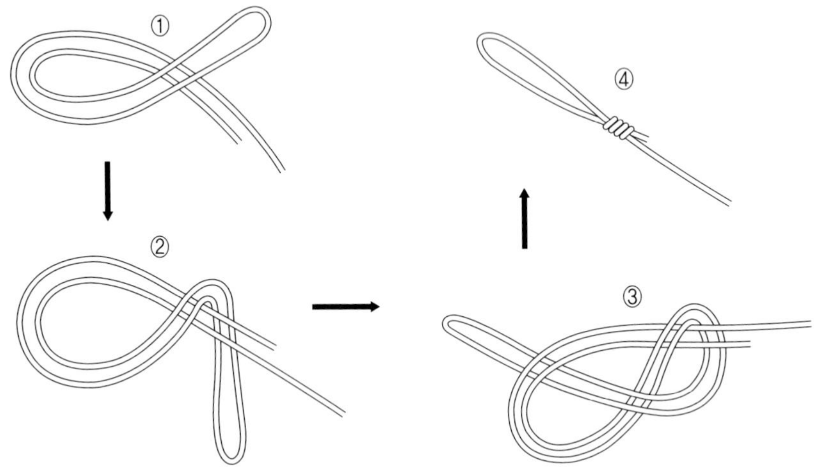

나 장애물지대에서는 5~6cm로 약간 짧은 게 좋다. 장애물 속에서 긴 목줄은 좌우 걸림이 잦기 때문이다. 목줄은 8자매듭으로 고리를 만들어 고리봉돌에 연결하여 쓴다.

감성돔 7호 바늘

새우 쓸 땐 큰 바늘이 오히려 챔질 잘 된다

갯낚시 뿐 아니라 대물낚시에서 가장 중요한 소품이 바늘이다. 낚싯바늘은 새우를 꿰기에 적당할 만큼 커야 하고, 끝이 예리해야 한다. 토종붕어 월척은 입술이 딱딱하기 때문에 무딘 바늘은 뚫지 못하는 수가 있다. 바늘이 제대로 박히지 않으면 벗겨져버리거나 바늘 끝에만 하중이 걸려 휘거나 부러진다.

따라서 2~3회 사용한 바늘은 버리고 새 바늘로 갈아주는 것이 좋고, 새 바늘도 습기 찬 낚싯대 케이스 속에 장기간 있었으면 녹이 슬어 끝이 무뎌질 수 있으니 낚시를 시작할 때 바늘 끝을 꼭 확인해주는 것이 좋다.

솔직히 고백하자면, 나는 그렇게 부지런하지 못해서 무딘 바늘로 걸었다가 놓친 대물붕어가 몇 마리 된다. 내가 고성 동지동지에서 43.5cm 붕어를 낚은 날, 사실은 그 직전에 더 큰 것으로 짐작되는 붕어를 걸었다가 바늘이 벗겨져서 놓쳐버렸다. 새벽 2시에 새로 펼친 4.5칸대에 걸었는데, 바늘 끝이 돌에 긁혀 무뎌져 있는 것을 모르고 그냥 쓴 것이었다. 바늘만 점검했더라면 더 큰 4짜를 낚았을지도 모르는데 천재일우의 기회를 놓친 것이다. 지금도 그 긴 대가 '우직 우직' 울 정도로 끌어당기던 놈의 얼굴을 보지 못한 것이 한스럽다.

갓낚시용 바늘은 좀 크다. 주로 감성돔 7호 바늘을 쓰고, 새우 씨알이 잘 때는 감성돔 6호 바늘을 쓴다. 갓낚시를 접한 꾼들이 가장 놀라는 대목이 바늘의 크기다. 떡밥낚시인들은 감성돔 4호 바늘만 봐도 기겁을 하는데 하물며 7호라니…! 그러나 7호라는 크기는 3.5~4cm 크기의 새우를 미끼로 썼을 때 가장 챔질 성공률이 높은 사이즈다. 챔질이 잘 돼서 감성돔 7호 바늘을 쓰는 것이지 대물을 걸었을 때 부러질까봐 큰 바늘을 쓰는 것은 결코 아니다(바늘만 제대로 박히면 망상어 7호 바늘로도 4짜 붕어를 끌어낼 수 있다. 그러나 새우미끼에 그런 바늘을 쓰면 헛챔질이 잦다).

☞새우의 크기-미끼로 가장 적합한 길이는 3.5~4cm(더듬이를 뺀 머리 끝에서 꼬리 끝까지의 길이)다. 3cm 미만의 새우는 미끼로 가치가 없다. 작은 새우라면 3~3.5cm를, 큰 새우라면 4.5~5cm를 말한다.

3.5cm보다 작은 새우를 쓸 땐 감성돔 6호를 쓴다. 그런 새우를 강선이 두꺼운 감성돔 7호 바늘로 꿰면 새우 살이 많이 부서진다. 한편 잔챙이 성화가 심한 곳에서는 4.5~5cm 크기의 왕새우를 쓰기도 하는데, 그때는 감성돔 8호 바늘을 쓴다. 8호 바늘만 놓고 보면 엄청 크지만 정작 새우 속으로 꿰어보면 새우 속에 바늘이 완전히 묻혀버린다. 즉 바늘의 크기는 새우의 크기에 맞춰야지 붕어 씨알에 맞추는 것이 아니다. 감성돔 7호 바늘에도 5치 붕어가 낚인다.

큰 바늘은 뜰채를 쓰지 않고 대어를 들어 올려도 부러지거나 미늘이 빠지지 않아 월척을 안전하게 끌어낼 수 있다는 장점도 있다.

☞뜰채는 오히려 위험-월척을 뜰채로 건지려 들면 오히려 놓칠 위험이 크다. 뜰채질은 혼자서

하기도 어렵거니와 깜깜한 밤에는 랜턴을 비추지 않고는 뜰채에 고기를 담을 수도 없다. 일단 월척을 걸면 빠르게 당겨서 연안에 붙여야 한다. 4짜 붕어도 수면에 뜨면 옆으로 눕는데 그 상태로 연안에 붙여서 상체의 1/3만 땅 위로 살짝 당겨 올리면 뒤척이지 않고 얌전히 있다. 줄을 잡고 땅으로 당겨 올리는 건 금물! 원줄을 팽팽하게만 잡은 상태에서(붕어의 머리가 다시 물로 들어가지 않도록) 낚싯대는 땅에 놓고 조심조심 물가로 걸어 내려간다. 그리고 손바닥을 고기 밑으로 넣어, 줄과 함께 천천히 받쳐 올라오면 된다. 그때 낚싯줄을 잡은 손을 늦춰주면 안 된다. 그러면 월척의 머리가 처지면서 어체가 휘게 되어 '푸드득'하고 뒤척여버린다. 또 손바닥으로 붕어를 받치기만 해야지 꽉 쥐려고 해도 놀라서 뒤척인다. 그런 식으로 침착하게 들어 올리면 두 자 잉어도 문제없다.

등꿰기는 작은 바늘 좋아

그러나 현재 대물낚시인들이 가장 많이 쓰는 바늘은 감성돔 5호 사이즈다. 그런데 왜 갓낚시는 더 큰 바늘을 고집하는 것일까? 그 이유는 새우를 꿰는 방법이 다르기 때문이다.

갓낚시에선 배꿰기를 주로 하지만 5호 바늘을 쓰는 낚시인들은 주로 등꿰기를 한다. 등꿰기는 바늘 끝이 많이 돌출되기 때문에 감성돔 4~5호가 적당하며 7호 바늘은 너무 크다. 반면 배꿰기로 하면 5호 바늘은 새우 속에 파묻히기 때문에 7호 정도는 되어야 챔질이 이루어진다.

☞왜 감성돔바늘을 쓰는가-붕어를 낚는데 왜 감성돔바늘을 쓸까? 우리나라에는 원래 붕어바늘이란 것이 없었다. 대신 일본에서 수입한 망상어(우미다나고)바늘, 감성돔(지누)바늘, 이두벵에돔(이즈메지나:일본의 이즈반도에서 벵에돔용으로 개발한 바늘)바늘을 붕어용으로 사용했다. 그 중 감성돔바늘은 턱굽이가 둥글어서 새우를 둥글게 돌려 꿰기에 좋아 새우낚시용 바늘로 가장 많이 쓰이고 있다. 턱굽이가 급한 망상어바늘이나 이즈메지나바늘은 새우를 꿸 때 바늘 끝이 새우 표피를 찢고 나오는 수가 많다. 또 감성돔바늘은 바늘의 끝이 안쪽으로 굽어 있어서 일단 붕어 입에 박히면 잘 빠지지 않는 장점이 있고, 강도가 높아서 쉽게 부러지지 않는다.

등꿰기와 배꿰기는 각각 장단점이 있다. 등꿰기는 작은 바늘을 쓸 수 있고 약간 빠른 챔질을 해도 잘 걸리는 게 장점이나, 투척할 때와 잡어가 쫄 때 바늘에서 새우가 잘 떨어진다는 게 단점이다. 한편 배꿰기는 투척할 때 새우가 잘 떨어지지 않고, 새우 속에 바늘이 완전히 감춰지므로 입질이 부드럽고 시원하다는 것이 장점이지만, 충분히 기다렸다 채지 않으면 종종 설 걸리는 것이 단점이다.

나와 서찬수씨는 그 중 배꿰기가 더 마음에 든다는 판단을 내렸고, 설걸림의 단점을 큰 7호 바늘로 보완한 것이다. 그러므로 바늘의 크기와 새우꿰기는 각자가 비교실험해보고 자신의 취향에 맞는 쪽으로 선택하면 될 문제다.

그러나 새우를 쓸 때 작은 바늘을 쓰면 왜 챔질이 잘 안되는지 그 이유는 알아야 한다. 붕어는 항상 새우의 머리부터 공격하는데 그 이유는 새우의 머리가 가장 맛있는 부위이기 때문이다. 새우는 머리와 가슴이 일체형으로 골과 내장이 모두 머리에 들어 있다. 그래서 머리가 떨어진 새우에는 큰 붕어가 입질하지 않는다. 붕어가 새우의 머리부터 삼키기 때문에 바늘의 끝이 머리에서 근접해 있

이 방법을 쓸 땐 감성돔 4호 바늘(왼쪽)은 새우 속에 묻히기 때문에 칼날 빠진 대패처럼 붕어의 입에서 그냥 미끄러져버릴 우려가 있습니다. 그러나 감성돔 7호 바늘(오른쪽)은 5~6치 붕어도 정확히 주둥이를 관통합니다.

사진처럼 바늘 끝이 완전히 노출되니까 작은 바늘을 사용해도 챔질이 잘 됩니다. 그러나 배꿰기에 비해 잡어에 약하고 찌올림이 시원스럽지 않아 갓낚시에선 잘 쓰지 않습니다.

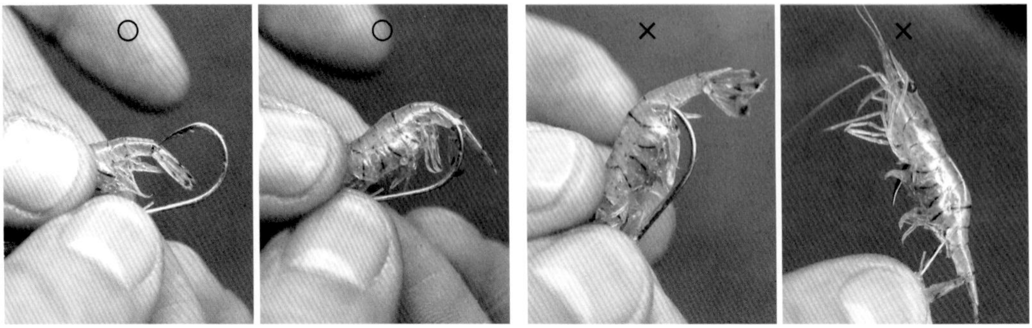

배꿰기의 주의점-바늘 끝을 왼쪽 사진처럼 새우의 꼬리지느러미 '등쪽에서부터' 꽂아야 바늘이 새우의 등껍질에 바짝 붙어 돌면서 밀착된다. 이것은 챔질의 성공과 실패를 좌우하는 요소다. 만일 오른쪽 사진처럼 꼬리지느러미의 배쪽부터 바늘을 꽂아서 돌리면 바늘에서 새우가 쉽게 떨어지고 챔질할 때 실패가 잦다.

어야 챔질이 잘 된다. 그래서 배꿰기를 할 때는 7호 정도의 큰 바늘을 써서 바늘 끝을 머리 쪽으로 근접시켜주어야 하고, 배꿰기보다 바늘 끝이 머리에 더 근접하는 등꿰기는 약간 작은 바늘을 써도 잘 걸려드는 것이다.

만일 새우의 머리가 떨어지고 없으면 붕어는 입질하지 않는다. 잔챙이들이 새우를 자주 건드리는 낚시터에서는 일정 간격으로 새우를 꺼내보고 머리가 떨어졌으면 싱싱한 새우로 갈아주어야 한다. "새우의 머리를 떼어주면 입질이 빠르다"고 주장하는 낚시인도 있는데, 새우낚시 입문자들을 오도할 수 있는 위험한 주장으로 전혀 사실이 아니다.

큰 바늘이 필요한 또 하나의 이유는 바늘 끝이 새우 껍질을 뚫고 나와야 하기 때문이다. 새우는 껍질이 딱딱하고 미끄럽기 때문에 바늘 끝이 표피 속에 묻혀 있으면 붕어 입에서 그냥 미끄러져버린다. 칼날이 드러나지 않은 대패를 생각하면 되겠다. 혹시 '붕어가 바늘을 보면 입질하지 않을지 모르니 작은 바늘을 새우 속에 완전히 숨겨버리자' 고 생각한 낚시인이 있다면, 그야말로 사람의 눈으로 붕어를 해석한 낚시의 대표적인 오류다. 붕어의 눈에는 바늘이 위험한 물체로 보이지 않으며, 잘 보지도 못한다. 빈 바늘을 던져도 먹이인 줄 알고 간혹 입질하는 것이 붕어다.

토종붕어 생미끼낚시엔 예민한 채비가 마이너스

"뭐? 감성돔 7호 바늘을 쓴다고? 그런 바늘이야 월척만 노리는 중장비 아니겠어? 7~8치 붕어를 많이 낚으려면 더 작은 바늘을 쓰는 게 낫지 않을까?"하는 의문이 반드시 들 것이다. 그런 분을 위해 또 말하지만, 새우낚시에서는 바늘이 작으면 헛챔질이 잦다. 작은 바늘로 걸어내려면 붕어가 새우를 잘근잘근 씹은 후에 채야 하기 때문이다. 그러나 의문이 생기면 작은 바늘을 사용해보기 바란다. 몇 번만 비교실험해보면 큰 바늘의 우위를 몸소 느낄 것이다.

바늘 뿐 아니라 오늘날 떡밥낚시의 표준채비는 토종붕어에게는 너무 작고 예민한 감이 있다. '붕어는 투박하고 둔한 채비를 쓰면 미끼를 흡입할 때 이물감을 느낀다' 는 주장은 약간 과장된 것이다. 떡붕어는 그럴지 몰라도 토종붕어는 그렇지 않다.

예민한 것과 경계심이 많은 것은 다르다. 토종붕어는 경계심이 많지만 예민하지는 않다. 붕어는 이상하다고 여기면 먹이활동에 나서지 않을 뿐, 일단 경계심을 접고 먹이활동에 나서면 대단히 사나운 식성을 보인다. 즉 먹이를 아예 거들떠보지 않는 경우는 있어도, 일단 입에 댄 먹이는 그 끝에 돌덩어리가 매달려 있어도 기어코 먹으려 드는 것이 토종붕어가 타고난 식성이다. 간혹 깔짝대거나 찌를 올리다가 마는 입질이 나타날 수 있다. 그것은 큰 붕어가 이물감을 느껴서 그런 것이 아니라 잔챙이 붕어라서 그렇다.

'7치가 넘는 토종붕어가 투박한 채비의 이물감을 느껴서 입에 넣으려던 미끼를 도로 뱉었다' 는 것은 납득하기 어려운 주장이며 내가 그동안 취재현장에서 만나본 붕어낚시 고수들의 의견도 그러했다. 그러므로 4~5치 붕어까지 잡으려는 낚시인은 채비의 예민성에 신경 쓸 필요가 있지만, 그런 잔챙이는 낚지 않아도 되겠다는 낚시인은 너무 예민해서 머리를 아프게 만드는 각종 채비에는 신경을 꺼도 되지 않을까 한다.

또 새우, 참붕어, 지렁이 같은 생미끼를 쓸 때는 예민한 채비가 불편하다. 생미끼를 쓸 때 찌맞춤이 예민하면 붕어가 미끼를 완전히 입에 넣기 전부터 찌가 솟아서 헛챔질을 할 위험이 있으며, 봉돌이 너무 가벼우면 미끼가 바닥에 착지하지 못하고 수초나 수몰 나뭇가지에 걸려 버린다.

"예민해서 나쁠 것은 없지 않느냐"고 할지 말하지만 생미끼낚시에서는 그렇지 않다. 예민하면 나쁘다.

Part 10

새우의 비밀

갓낚시는 주 미끼로 새우를 씁니다. 붕어는 밤에 새우를 사냥하고, 낚시인은 새우를 미끼로 붕어를 사냥하죠. 새우의 미끼효과는 갓낚시와 어우러져 최고조에 달합니다.

아직 낚시인들은 새우의 진면목을 다 모르고 있습니다. 가령 새우는 대물미끼로만 알려져 있지요? 그러나 갓낚시를 하면 6치까지 새우에 입질합니다. 새우는 얕은 수심에 놓일수록 입질이 잦은 '물가 미끼'이기 때문이죠.

밤 미끼의 제왕이자 '물가의 마법사'

비밀 하나!
얕은 수심에선 떡밥보다 새우에 입질 빠르다

새우는 '수심을 타는 미끼'다. 무슨 말인가? 새우는 얕은 곳일수록 잘 먹히고 깊은 곳에서는 덜 먹히는 미끼라는 뜻이다. 2m 이상의 깊은 수심에서는 새우미끼의 입질 빈도가 현저히 떨어지는 반면 60cm보다 얕은 곳에서는 지렁이나 떡밥보다 더 빠른 입질을 받아낸다. 그러므로 새우미끼의 진가는 갓낚시에서 최고조를 이룬다.

나와 서찬수씨는 떡밥과 새우의 입질빈도 우열을 실험해보았다. 그 결과 9치 이상의 붕어는 수심에 상관없이 떡밥 대신 새우에 입질했다. 그것은 익히 예상한 바였다. 그런데 얕은 곳에서 실험해보고 뜻밖의 결과를 얻었다. 깊은 곳이라면 떡밥에 더 잘 낚이는 5~6치 붕어도 60cm 미만의 얕은 수심에서는 떡밥을 제쳐두고 새우에 달려드는 것이었다. 떡밥만 있으면 떡밥을 먹었지만 새우와 함께 두면 새우에 입질했다. 물론 5치짜리는 새우를 쉽게 삼키지 못해 열심히 침만 바르다가 7~8치에게 밀려나곤 했지만, 콩만한 녀석들이 감히 새우를 먹어보겠다고 덤벼드리라고는 생각지 못했다.

그 실험결과는 새우미끼에 대한 그간의 통념을 깨는 것이었다. 새우는 대물미

끼로만 알려져 있다. '낚이면 씨알은 굵지만 입질은 뜸하다'는 것이 새우에 대한 항간의 인식이다. 그러나 얕은 곳에선, 떡밥보다 새우에 입질이 빨랐다.

요놈이 바로 새우올시다. 이 녀석의 일생은 베일에 가려 있습니다. 새우가 1년생인지 다년생인지, 어떤 곳에 많이 살고 어떤 곳에 없는지, 왜 어떤 곳에선 씨알이 잘고 어떤 곳에선 굵은지… 낚시인도 모르고 새우잡이 어부들도 잘 모르고 어류학자들은 더 모릅니다. 오직 붕어만 녀석을 알지도 모르죠.

나는 전남 고흥군 동강면의 죽암수로에서 수심과 새우의 미끼효과에 관해 잊지 못할 체험을 했다. 2000년 4월 죽암수로에 여수시 율촌면의 백도낚시 회원들과 출조했다. 나는 초저녁에 제방 왼쪽 60cm 수심의 갈대밭 가장자리를 노려 5~6치 붕어 5마리를 낚았다. 씨알이 잘아서 투덜대고 있는데 제방에서 낚시하던 백도낚시 회원들이 "떡밥에 8~9치가 잘 낚이니까 이곳으로 오라"고 전화했다. 얼른 챙겨서 제방으로 갔더니 회원들은 한 뼘이 넘는 붕어를 3~4마리씩 낚아놓고 있었다. 발밑에서부터 멀리까지 수심이 2~2.5m로 비슷했다.

3칸대 하나만 떡밥채비로 바꾸고, 3.5칸 두 대와 2.5칸 한 대는 새우낚시 채비 그대로 펼쳤다. 그런데 떡밥으로 8치 붕어 3마리를 낚는 동안 새우에는 입질도 없었다. 나는 의아했다. 8치면 새우를 먹고도 남을 씨알이고, 건너편에서 5~6치 붕어도 새우로 낚았으니 새우가 먹히지 않는 낚시터도 아니었다. 혹시나 싶어 다른 낚싯대도 떡밥으로 바꾸어봤다. 그러자 모두 입질이 왔다. 떡밥만 먹고 새우는 입도 대지 않는 것이었다. 그 날 나는 '새우는 깊은 수심에서는 붕어가 기피하는 미끼일 수 있다'는 걸 깨달았다.

고흥 죽암수로 제방에서 떡밥으로 낚은 붕어들. 씨알 좋지요? 그런데 이렇게 큰 붕어들이 새우를 먹지 않았습니다. 이유는 깊은 수심이었습니다. 한 수로의 붕어인데 얕은 물가에선 새우에 입질하고 깊은 수심에선 새우를 외면했습니다.

그 후 수심에 따른 새우의 미끼효과를 검증하는 낚시를 몇 년 동안 했다. 그 결과 '1.5m보다 깊은 수심에서는 새우의 미끼효과가 떨어지며, 2m보다 깊은 수심에서는 떡밥에는 입질하는 붕어가 새우에는 입질하지 않을 수도 있다'는 결론을 나름대로 내렸다. 그래서 붕어가 물가로 잘 붙지 않고 깊은 수심에서 입질하는 8~9월 혹서기에는 새우 대신 떡밥을 써야 할 상황도 있다.

왜 얕은 곳에서는 새우가 잘 먹히고 깊은 곳에서는 새우가 잘 안 먹힐까?

붕어의 입장에서 보면 새우는 얕은 곳에 있어야 할 먹이다. 그래서 얕은 곳으로 접근한 붕어는 새우부터 찾을 것이고, 깊은 수심에 뚝 떨어진 새우는 붕어의 시각에서 보자면 생뚱맞을 수 있다. 그러나 그렇다고 해서 이렇게까지 수심을 많이 탈까? 갓낚시를 하면서도 의아한 부분이다.

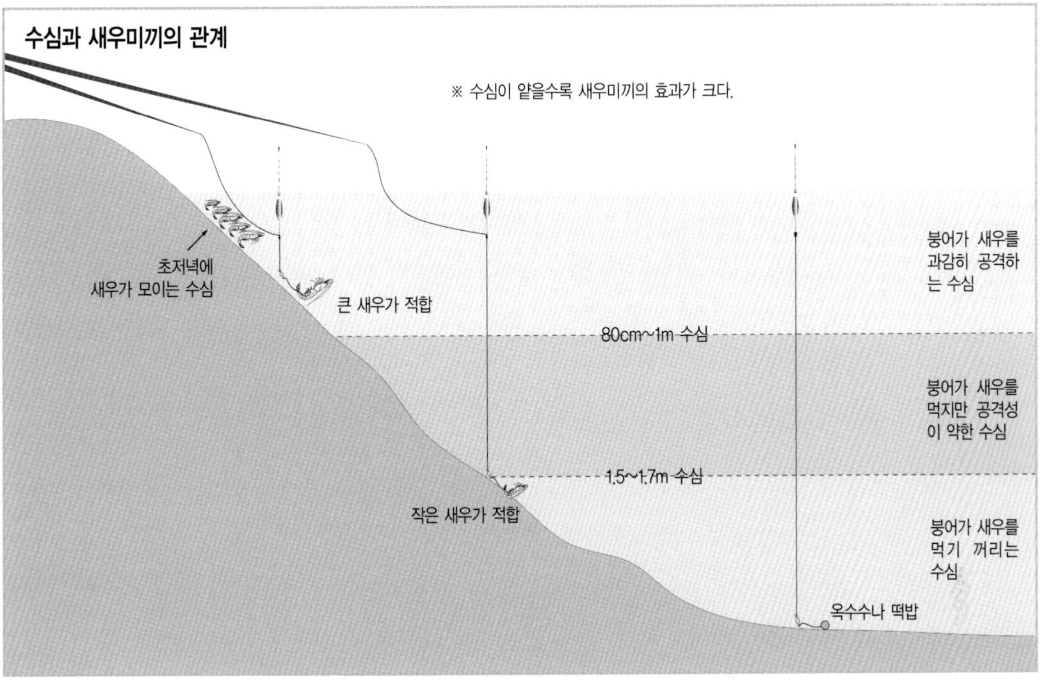

비밀 둘!

밤에는 지렁이보다 새우에 입질 빠르다

나는 지렁이와 새우의 입질빈도 우열도 실험해보았다. 그렇다면 밤에는 지렁이도 새우보다 입질빈도가 뒤지는 게 아닐까?

2002년 봄에 경남 진주, 함안, 고성군 등지의 소류지에서 10여 차례 실험해본 바, 밤에는 새우의 입질 빈도가 지렁이를 현격하게 앞서는 것을 확인했다. 앞서는 정도가 아니라 6치가 넘는 붕어는 90% 새우에 입질했다. 지렁이에는 간혹 4~5치 붕어가 걸려들 뿐이었다. 나는 새우의 위력에 다시 한 번 놀랐다. 6치라면 굵은 씨알이 아니다. 낮에는 새우보다 지렁이에 더 잘 낚이는 씨알이다.

그 후 전라도와 경기도, 강화도 등지의 밤낚시에서 틈틈이 지렁이를 넣어봤지만 번번이 새우의 압승이었다. 심지어 제주도에서도 새우의 확실한 우위를 재확인했다. 제주도 서귀포시 한경면 용수리의 한 둠벙에서 붕어 떼를 만나 낮에 지렁이로 20마리 넘게 낚았는데 해가 지자 입질이 뚝 끊겼다. 철수하려다가 혹시나 싶어 물가를 랜턴으로 비춰보니 새우가 있기에 몇 마리 잡아 미끼로 썼더니 8치 붕어 4마리가 연달아 낚였다. 밤에는 붕어가 새우에는 입질하는데 지렁이는 먹지 않았던 것이다.

광주의 붕어낚시인 오승언씨도 내 경험에 동감을 표시했다. "겨울철 밤낚시에는 새우 대신 지렁이를 물고 나오는 붕어가 있다. 그러나 그런 혹한기를 제외하면 확실히 밤에는 지렁이보다 새우에 입질이 잦다. 그 이유는 나도 잘 모르겠다"고 말했다.

밤에는 붕어 눈에 새우만 뜨이고 지렁이는 잘 보이지 않는 것일까? 생각해봤지만 그것도 아니다. 새우와 지렁이를 짝밥으로 넣어도 밤에는 새우를 물고 나왔다. 짝밥(두 개의 바늘에 각각 다른 미끼를 다는 낚시)을 써본 낚시인이라면, 낮에는 지렁이에, 밤에는 떡밥에 붕어가 낚이는 것을 체험해봤을 것이다. 떡밥에 낚이는 붕어가 바로 옆에 있는 지렁이를 보지 못했을 리는 만무하다.

하다못해 중국붕어도 밤에는 새우에 잘 낚인다고 한다. 서울낚시인들은 "양어장낚시터에서는 요즘 새우가 필수미끼다. 낮에는 떡밥과 지렁이에 낚이는 중국붕어가 밤에는 새우에만 낚인다"고 말한다. 이쯤 되면 새우는 대물미끼가 아니라 밤낚시 전용 미끼라고 해야 하지 않겠는가.

댐에서도 갓낚시 하면 새우에 월척

밤낚시의 새우는 씨알 뿐 아니라 마릿수 조과를 가능케 하는 미끼이며 그 미끼 효과는 수심에 따라 달라진다는 사실은 댐에서도 증명되었다. 통상적으로 댐은 새우가 잘 먹히지 않는다고 알려져 있다. 그러나 그 이유는 댐을 찾은 낚시인들이 깊은 수심만 노리기 때문일 공산이 크다.

지금은 작고한 서울의 잉어낚시인 하상용씨는 장어 주낙 놓기를 즐겼는데, 95년에 "파로호 상무룡리에서 장어를 잡으려고 돌무더기 가장자리에 주낙을 놓았는데, 토종 월척 3마리가 주낙에 꽂은 새우에 걸려 있었다"고 말했다. 주낙은 물

충주호 목벌리의 수몰 나무 지대. 한 낚시인이 낮에 떡밥으로 잉어를 낚아내고 있습니다. 충주낚시인 김모씨는 "그러나 밤에 목벌리에서 1.5m 미만의 물가를 새우로 노리니까 월척이 잘 낚이더라"고 말했습니다. 댐에서도 얕은 수심을 노리면 새우로 굵은 붕어를 골라 낚을 수 있음을 말해줍니다.

가에 놓는다. 그리고 밤새 두었다가 아침에 걷으러 간다. 즉 하씨는 그곳에서 일종의 갓낚시를 한 셈이고 거기에 월척들이 걸려든 것이다.

또 충주낚시인 김모씨는 "갓낚시 기사를 읽고 충주호 목벌리의 나무 수몰지역에서 갓낚시를 시도해 해마다 월척 붕어를 낚고 있다. 확실히 깊은 수심에 넣은 새우에는 입질이 없었고 1.5m 미만의 가장자리에서만 새우에 붕어가 낚였다. 밋밋한 완경사보다 가파른 급심지역에서 갓낚시가 잘 됐다"고 말했다.

요즘 나는 수심에 따라 새우를 달리 써주고 있다. 얕은 수심일수록 큰 새우를 쓰고, 깊은 수심일수록 작고 부드러운 새우를 쓴다. 얕은 수심에선 6치도 새우에 덤벼들기 때문에 큰 새우로 잔 씨알을 걸러주는 것이며, 깊은 수심에선 대어도 새우 먹기를 부담스러워하니까 가급적 먹기 좋은 새우를 제공하는 것이다.

만일 4대를 펼쳤는데 각각 40cm, 80cm, 1.2m, 1.7m 수심에 놓여 있다면, 낚

민물새우 중 가장 흔히 볼 수 있는 줄새우입니다.
새우는 작으면 붕어미끼로 가치가 없지만 4.5~5cm로 너무 크면 월척도 먹기 부담스러워 합니다. 3.5~4cm 크기의 새우가 가장 좋습니다.

싯대 길이와는 상관없이 40cm 수심의 낚싯대에 가장 크고 단단한 새우를, 1.7m 수심의 낚싯대에 가장 작고 약한 새우를 달아준다. 그러나 대다수 낚시인은 아마 깊은 수심을 노리는 긴 대에 가장 큰 새우를 달고 있을 것이다.

월척은 '비실비실' 죽은 새우를 공격한다

새우는 팔팔하게 살아 있어야 대물미끼로 좋다는 의견이 다수설이다. 이를테면 "꼬리 부분만 살짝 걸쳐 꿰면 새우가 물속에서 오래 파닥거리며 붕어를 유혹한다"거나 "새우 머리의 녹색 골을 찌르면 빨리 죽으니까 그 부분을 피해서 바늘을 꽂아라"는 말이 그런 것이다.

그러나 새우가 살아 있어야 입질이 빠르거나 더 큰 붕어가 무는 것은 아니다. 오히려 입질 빠르기로 말하자면 죽은 새우가 더 낫다. 죽은 지 오래 돼 머리가 떨어져나갈 정도면 곤란하지만 갓 죽은 새우는 산 새우보다 더 빠른 입질을 유도한다. 항간의 "산 새우의 빨갛게 빛나는 눈이 붕어의 시각을 자극한다"는 소문도 기발한 상상이기는 하지만 사실무근이다.

산 새우보다 죽은 새우에 입질이 더 빠른 이유는 뭘까?

붕어가 새우를 사냥할 때는 가장 허약해 보이는 놈부터 사냥하기 때문이다. 「동물의 왕국」을 보면(이 프로를 낚시인은 다 좋아하죠?) 사자가 공격하는 대상은 늘 물소나 영양의 무리에서 가장 약한 놈이나 어린 새끼다. 동물의 세계에는 의사가 없기 때문에 사자도 물소의 뿔에 받히면 그 상처가 곪아서 죽을 수 있다. 그래서 사자도 건장한 물소에게는 시비를 걸지 않는다.

붕어도 마찬가지로 크고 팔팔해서 사냥하기 힘든 새우를 상대로 괜한 힘을 빼지는 않을 것이다. 쉽게 사냥할 수 있는, 새우 무리에서 가장 비실비실한 놈을 공격하는 것이다. 살아 있는 새우는 사실 붕어가 사냥하기에 만만한 상대가 아니다. 한번쯤 물속의 새우를 손으로 잡으려고 시도해보라. 녀석이 얼마나 민첩한 놈인지 알 수 있다. 그래서 저수지에 새우가 아무리 많아도 붕어가 새우를 늘 포식하면서 살아간다고 볼 수는 없다.

또 그래서 새우낚시가 잘 되는 것이리라. 새우를 먹고 싶어 늘 입맛만 다시던 붕어, 오늘 밤도 사냥에 나서기는 했으나 얼마나 잽싼지 다가가기만 하면 휙휙 달아나는 얄미운 새우 녀석들… 그런데 그 속에서 '띠용~' 달아나지도 못하고 다리만 떨어대는(낚싯바늘에 꿰어져 있으니) 새우 한 마리를 발견했다고 생각해보라. 이게 웬 떡인가 하고 왈칵 달려들지 않겠는가? 그래서 물가에 수 천 수 만 마리의 새우가 바글거려도 붕어는 당신이 던져둔 그 새우에 용케 걸려든다.

그래서 눈빛이 형형한 산 새우보다 허옇게 죽은 새우에 붕어가 먼저 달려드는 것이며, 붕어의 입질이 신통찮은 날은 새우의 날카로운 침을 문질러주거나 등껍질을 살짝 까주면 나름대로 효과를 볼 수 있는 것이다.

그러면 이런 질문을 던지는 사람도 있을 것이다. "그럼 왜 새우를 굳이 살려서 가져가려고 하지?" 우리가 얼음쿨러에 새우를 담아 살려 가는 이유는 죽은 지 오래 된 새우는 머리가 쉽게 떨어져 미끼의 효능을 상실하기 때문이다. 또 잔챙이 붕어가 설치는 낚시터에서는 산 새우를 꽂아놓아야 큰 붕어가 올 때까지 오래 견디는 효과도 있다. 즉 새우는 갓 죽은 상태라야 최대의 미끼효과를 발휘하므로 낚시터까지는 새우를 살려가는 것이다.

4짜는 오히려 작은 새우에 입질한다

낚시인의 취향에 따라 미끼로 선호하는 새우의 크기도 다르다. '오로지 4짜 한 마리' 를 추구하는 대물낚시인들은 새끼손가락만한 큰 새우(4.5~5cm)를 선호하는 반면, '이왕이면 7~8치까지 마릿수' 를 추구하는 낚시인들은 그보다 작은 새우(3.5~4cm)를 선호한다.

대물낚시인은 대부분 '큰 새우 효용론' 을 펼친다. "새우를 쓰는 이유가 잔챙이

낚시점에서 손님이 구입한 새우를 톱밥에 버무려주고 있습니다. 차고 산소가 풍부한 물이 아니라면 새우는 물속에 넣어두는 것보다 이렇게 톱밥에 버무려 공기 중에 두어야 더 오래 삽니다. 새우끼리 부딪치면 빨리 죽기 때문에 톱밥은 그런 것을 방지하는 쿠션 역할도 합니다. 4월 말까지는 이렇게 톱밥만 담아주어도 새우가 밤새 살지만, 5월부턴 기온이 높기 때문에 새우를 얼음쿨러에 담아야 살릴 수 있습니다.

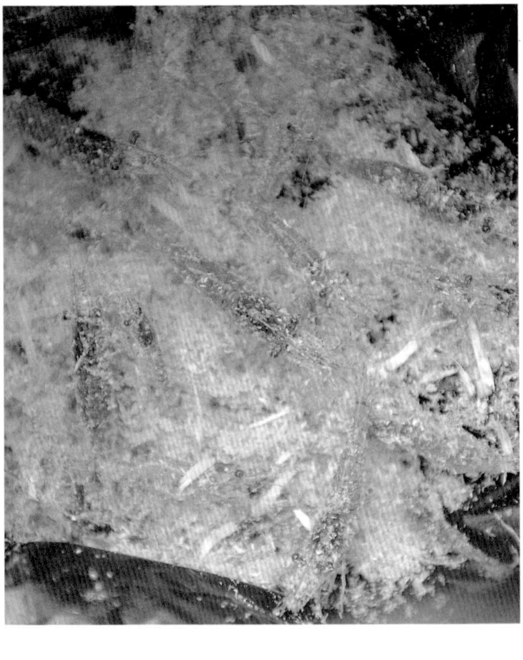

를 걸러내겠다는 것이므로 작은 새우는 미끼로서의 가치가 없다!"고 강변한다.

그러나 큰 새우의 씨알 선별력에는 의문이 남는다. 붕어는 8치만 되면 아무리 큰 새우도 삼켜버리므로 큰 새우를 쓴다고 해서 월척만 골라 낚기란 어렵다. 오히려 갓낚시에서는 큰 새우 사용을 기피하는 편이다.

서찬수씨는 "내가 낚은 4짜는 거의 작은 새우에 입질했다"며 "4짜 전후의 대물붕어들은 오히려 30cm 전후의 붕어보다 입심이 약하다. 그래서 작고 부드러운 새우에 낚이는 빈도가 오히려 높다. 이가 약한 노인들이 연한 홍시를 좋아하듯 노성어들은 더 연한 미끼를 찾는지도 모른다"고 말한다.

대물낚시인들이 큰 새우를 선호하는 이유는 잔챙이의 성화를 견디기 위해서다. 아닌 게 아니라 작은 새우는 잔챙이와 잡어의 공격에 무용지물인 경우가 많다. 그러나 잔챙이 성화는커녕 지루할 정도로 입질이 뜸한 곳에서도 큰 새우를 쓰는 것은 현명하지 못하다. 그런 곳이라면 붕어가 쉽게 먹을 수 있게끔 적당히 작은 새우를 쓰는 것이 유리하다.

대물낚시인들은 '월척은 아무리 큰 새우도 먹어치운다'고 생각하지만 월척이라고 늘 큰 새우를 거리낌 없이 먹는 것은 아니다. 붕어의 활성이 약한 날에는 월척붕어도 작고 부드러운 새우나 머리를 살짝 짓이긴 새우에만 걸려 나오는 경우가 많았다.

줄새우보다 연한 흰새우가 좋은 미끼

새우잡이 어부들도 "딱딱한 새우보다 껍질이 얇고 부드러운 새우에 붕어가 잘 낚인다"고 말한다. 대구 달성군 논공읍에서 30년 넘게 새우조업을 해온 70대의 노어부 여영한씨는 '붕어낚시인들은 껍질이 단단한 참새우(줄새우)를 선호하지만 그보다 말랑말랑한 흰새우가 더 좋은 미끼"라고 한다.

우리나라에는 23종(種)의 민물새우가 있지만, 경북지방의 새우 어부들은 간단히 4종류로 나누고 있다. 가장 흔한 줄새우(어부들은 '참새우' '모에비'라 부른다), 새뱅이(어부들은 '몰새우' '말새우' '가에비'라 부른다. 작고 까맣다), 흰새우(어부들은 '흰새우' '히라수' 라 부른다), 징거미로 구분하는 것이다.

여영한씨는 "흰새우에 가장 입질이 빠르고, 참새우(줄새우)가 그 다음 순이며, 몰새우와 징거미는 민물고기는 잘 먹지 않는다"고 했다. 그는 "그런데도 낚시점에서는 참새우를 원한다. 대물낚시인들이 참새우를 선호하는데다 참새우는 흰새우에 비해 폐사율이 낮기 때문이다. 그러나 참새우와 흰새우를 번갈아 꽂아서 던져두면 붕어는 대부분 흰새우를 먹는다. 바다의 외줄낚시에서도 10개의 바늘에 두 새우를 5마리씩 번갈아 다니까 흰새우에만 열기(불볼락)가 매달려 나오더라"고 했다.

경북 김천시의 대물낚시 전문점인 해동낚시의 김호동 사장도 "줄새우라도 저수지에 따라 껍질이 얇은 새우가 있고 딱딱한 새우가 있는데 껍질이 얇은 새우가 더 상급의 미끼"라고 말한다.

서찬수씨도 흰새우 예찬론자다. "흰새우에는 붕어가 입질하는데 줄새우에는 입질이 없거나 극히 뜸한 저수지가 많다는 사실을 최근에 알았다. 나는 그것이

줄새우 & 흰새우

우리가 미끼로 쓰는 종류는 대개 줄새우다. 줄새우는 가장 흔히 볼 수 있는 민물새우로, 껍질이 단단하고 연한 갈색을 띠며 씨알의 변별력이 좋아 대물미끼로 적합하다.

한편 흰새우는 염분이 함유된 바닷가에 주로 서식하는 새우다. 껍질이 부드럽고 흰색을 띤다. 동서남해의 해안 수로가 흰새우의 주산지다. 전남의 간척호에 특히 많다. 씨알의 선별력은 약하지만 입질은 빠르다. 두 어종 모두 징거미새우과 줄새우속에 속한다.

줄새우는 살이 투명하고 부패하면 빨갛게 변색되지만, 흰새우는 살이 불투명하고 죽어도 흰색을 오래 유지한다. 줄새우는 징거미처럼 두 번째 앞다리가 대단히 길고, 흰새우는 더듬이가 몸통보다 길어서 확연히 구분된다.

당황스러웠다. 우리가 낚시점에서 미끼로 구입하는 새우는 90% 줄새우이기 때문이다. 그러나 줄새우도 거무튀튀한 놈보다 하얀 색의 새우를 쓰면 한층 잦은 입질을 받을 수 있었다." 그는 "붕어의 입질이 약한 날은 새우 머리의 날카로운 뿔을 잘라주거나 머리를 살짝 문질러주면 입질을 받을 수 있다"고 말한다.

통상 대물낚시에서는 새우의 원형을 살려서 쓰는 것이 정석이다. 새우의 머리를 뗀다거나 껍질을 벗기는 변형은 일종의 '잔재주'로 터부시하는 경향이 있다. 그러나 자정이 이슥하도록 입질 한번 받지 못하는 상황이라면, 새우를 좀 더 먹기 좋게 만져주는 것도 필요하다.

그러나 붕어가 먹기 좋게 만든답시고 머리를 떼어내 버려서는 안 된다. 붕어는 새우의 머리(정확한 용어로는 '머리가슴')에 들어 있는 골과 내장을 먹기 위해 달려들기 때문이다. 머리가 떨어져나간 새우는 붕어의 입장에선 앙꼬 없는 찐빵이요 갈비 빠진 갈비탕이다.

새우는 적으로부터 자신의 장기를 보호하기 위해 가장 단단한 두흉갑으로 감싸고 있다. 그러고도 안심이 안 돼 날카로운 뿔까지 머리에 달았다. 그래서 먹성이 약하거나 입맛이 떨어진 붕어들은 주둥이를 찔러대는 뿔 달린 새우를 포기하는 경우가 실제로 있다. 그때 날카로운 뿔을 문질러서 없애준다든지, 딱딱한 머리를 세게 눌러서 으깨준다든지, 아니면 두흉갑의 윗부분을 살짝 까서 비릿한 골수가 흘러나오게 하면(새우의 신이시여! 잔인한 저희를 용서하소서!) 붕어의 식욕을 촉진시켜 입질로 유도할 수 있다. 다만 머리를 인위적으로 손상시켜 사용할 때는 머리가 쉽게 떨어져 나가니까 적당한 시기에 새우를 갈아줘야 한다.

새우 없는 저수지가 새우 더 잘 먹힌다

새우가 없는 곳에도 새우미끼가 먹힌다! 뭐 새로운 뉴스도 아닐 만큼 충분히 검증된 사실이다. 그러면 '오히려 새우가 없는 곳에서 새우미끼가 더 잘 먹힌다'고 하면 약간 신선한 얘기가 될까?

낚시인들은 '아무래도 새우가 많이 서식하는 저수지에서 새우낚시가 잘 되지 않겠느냐' 생각하지만 의외로 딴판이다. 새우가 바글바글한 저수지에서는 7~8치 붕어는 새우에 많이 낚이지만 월척은 잘 낚이지 않는다. 그러나 새우가 전혀 없는 저수지에서는 새우에 낚이는 씨알이 8~9치로 한 치 이상 굵고 월척도 쉽게 낚인다.

그것을 보면 붕어에게 약간 낯선 미끼가 대물을 노리는 데는 더 나은 면이 있다. 경북에서 월척 사냥용 미끼로 많이 쓰이는 콩도 처음에는 씨알의 선별력이 좋았지만, 붕어들이 사는 저수지에 콩이 지속적으로 투여되면서 마릿수는 좋아지나 씨알은 잘아지는 추세를 보이고 이다. 작은 붕어들 사이에서도 '삶은 메주콩, 먹을만하다더라' 는 소문이 퍼진 것일까? 옥수수(콘)미끼도 처음 등장했을 때는 대물미끼로 각광받았는데 지금은 5~6치까지 뽕뽕 낚이면서 새우나 콩보다 한 단계 낮은 잔챙이 미끼로 전락했다. 어쨌든 새우가 없는 저수지에서 새우는 아주 잘 먹힌다는 것을 알아두면 되겠다.

새우가 먹히지 않는 낚시터도 있다. 그러나 그런 곳은 대개 밤낚시 자체가 잘 되지 않는 곳이다. 늪, 수로 중 그런 곳이 많다.

새우의 일생–산란 후 80% 죽어

민물새우는 학문적 연구가 미진한 어종으로 그들의 일생은 베일에 가려 있다. 학자들의 연구결과와 새우잡이 어부들의 관찰 내용도 일치하지 않는다.

국립수산진흥원의 「한국새우류도감」에는 '줄새우의 산란기는 4월하순~8월중순이며 포란한 개체수가 7월에 가장 많다. 알의 수는 150~380개다' 라고 적혀 있다. 그러나 새우 어부들은 "7월이 아니라 4월 중순~5월 말에 산란하는 새우가 가장 많다"고 말하며 낚시인들도 '새우는 5월에 주로 산란한다' 고 알고 있다.

새우는 얼마나 오래 살까? 어류학자들은 '민물새우의 수명은 1년~1년반' 이라고 말하지만 새우어부들은 "몇 년 사는지는 정확히 알 수 없으나 한해살이는 아닌 것 같다. 산란기 이후에도 큰 새우들이 많이 보인다"고 말한다.

대구의 새우잡이 어부 여영한씨로부터 그가 30년간 관찰해온 새우의 일생을 들어보자.

"새우는 1년에 세 번 허물을 벗고 그때마다 자란다(새우는 곤충처럼 허물을 벗어야만 성장하는 극피동물이다). 겨울을 난 새우는 2~3월에 두꺼운 동복(두꺼운 겨울용 껍질)을 벗고 춘추복으로 갈아입은 뒤 알을 밴다. 이곳 대구 근교에서는 대개 4월10일~5월말에 산란한다. 알을 놓고 나면 허물을 벗으면서 70~80%가 죽는다. 살아남은 새우들은 얇은 하복으로 갈아입는다. 여름 새우는 비린내가 많고 힘을 못 쓰고 부드러워서 작은 물고기에게도 먹히고 저네들끼리도 잡아먹

새우는 사진에서 보듯이 머리가슴(두흉부) 속에 녹색의 골과 내장이 함께 들어 있는데 물고기는 그런 내장을 맛있어 하므로 항상 머리를 공격하며, 머리가 떨어져나간 새우에는 잘 입질하지 않습니다.

는다. 여름새우는 운반할 때도 잘 죽는다. 10월에 새우는 허물을 벗고 두꺼운 동복으로 갈아입는다. 그 상태로 봄까지 그대로 간다. 동복을 입은 가을~초봄의 새우는 여물고 잘 죽지 않고 힘이 세다.

새우가 사는 장소는 계절 따라 다르다. 봄~여름에는 상류에 많고, 산란 후에는 수초에 숨어 있고, 가을~겨울에는 깊은 곳에 있다. 계절을 불문하고 토(土)가 모래, 자갈, 돌인 곳에 많고 뻘에는 없다. 늘 붕어를 피해 다닌다. 붕어가 활동할 때는 물가에 피해 있다가 붕어의 활동이 뜸한 겨울에는 2~3m의 깊은 수심으로 들어간다. 겨울에는 새우망을 3m가 넘는 수심에 던져도 새우가 잡힌다. 겨울에도 여전히 야행성으로 낮에는 돌이나 낙엽 밑에 숨어 있다가 밤에 돌아다닌다.

봄에는 약간 깊은 곳에서도 새우가 잡히고, 여름에는 얕은 곳에서만 새우가 잡

'소프트 새우'를 써야 할 상황

1. 걸었다 하면 대물터

"오늘 가는 붕어낚시터는 입질은 뜸해도 걸었다 하면 월척인 곳이니까 큼직큼직한 새우만 골라주세요!" 낚시인들이 새우를 구입할 때 보면 마릿수터로 갈 때는 새우를 많이 가져가고, 대물터로 갈 때는 4~5cm의 큰 새우만 골라서 가져가는 경향이 있다. 마릿수터에서는 다수확을, 대물터에서는 일발대물을 노리겠다는 전략이리라. 그러나 그것은 거꾸로 된 선택이다.

딱딱한 뿔을 문질러준 새우.

오히려 마릿수터는 붕어 양이 많고 먹성이 좋은 곳인 만큼 큰 새우를 써서 씨알을 선별하는 것이 좋고, 대물터는 붕어 양이 적고 어차피 한두 번 입질 보는 곳인 만큼 붕어가 가장 먹기 좋은(너무 크지 않고 껍질이 부드러운) 새우를 써서 입질의 확률을 최대한 높이는 전략이 더 맞다.

서찬수씨는 "붕어의 먹성 자체가 약한 곳이 있다"며 "저수지마다 새우에 대한 반응도가 다른데 그것은 붕어의 입 구조와 연관이 있다. 입과 머리가 크고 입술이 두꺼운 붕어는 새우를 잘 먹는다. 반면, 입이 작고 입술도 약한 붕어

힌다. 아마 물고기에 쫓겨서 가로 나오는 것 같다. 가을에는 수초 속에 새우가 많다. 가을에도 알을 가진 새우가 가끔 보인다. 가을부터 얼음 얼기 전까지 새우가 가장 잘 잡히지만, 여름보다 수요가 적어서 돈벌이는 여름만 못하다."

한편 여씨는 '새우 알은 물 없이도 2년쯤 살아 있을 수 있다'는 대단히 흥미로운 주장을 하고 있다. 나도 그의 주장과 비슷한 내용을 TV의 「내셔널지오그래픽」 채널에서 본 적 있다. 아프리카의 사막에 사는 신기한 하루살이 새우의 삶을 촬영한 것인데, 알의 상태로 1년 동안 먼지 속을 날아다니다가 짧은 우기에 빗물이 고인 웅덩이에서 부화하는 새우였다. 그 새우들은 부화하자마자 알을 놓고 곧 웅덩이 물이 말라버리면 죽었다. 그리고 새우의 알은 또 내년의 우기를 기다리며 긴 여행에 들어갔다.

는 새우빨이 약하다. 그런 붕어가 사는 저수지라면 월척이나 4짜도 크고 딱딱한 새우보다 작고 연한 새우에 입질한다"고 말한다.

2. 입질이 약한 날

속칭 새우빨이 아무리 좋은 곳이라도 빗물이 유입돼 수온이 뚝 떨어졌거나, 달이 휘영청 밝은 밤이거나, 배수가 진행되고 있는 악조건이 닥쳤을 때는 붕어의 먹성도 약해진다. 그때는 3.5cm의 적당한 크기에 껍질이 얇고 부드러운 새우에만 입질하는 경우가 많다.

3. 한밤중

갓낚시의 피크타임은 초저녁부터 밤 10시까지. 이때는 작은 붕어도 큰 새우에 겁 없이 달려드는 시간이므로 큰 새우를 쓴다. 그러나 밤이 이슥해지면서 입질빈도가 떨어진다고 느껴지면 새우의 크기를 한 단계 줄여주거나 뾰족한 침을 살짝 뭉개주는 식으로 먹기 좋게 만들어주어야 한다. 물론 밤이 되어도 계속 잔 붕어가 활발하게 덤빌 때는 계속 큰 새우를 사용해야 할 것이다. 마찬가지로 초저녁에도 잔 입질이 없으면 부드러운 새우로 첫 입질을 기다리는 것이 좋다.

4. 깊은 수심

얕을수록 새우가 잘 먹히고, 깊을수록 새우가 덜 먹힌다. 한 저수지에서도 얕은 수심에는 큰 새우를, 깊은 수심에서는 작고 말랑말랑한 새우를 넣어야 한다. 그 이유는 깊은 수심의 붕어는 휴식을 원하는 붕어이며, 그만큼 먹이사냥 욕구가 약하기 때문이다.

여영한씨의 말을 들어보자.

"새우가 알을 낳는 시기는 배수기와 일치한다. 새우는 논에 물을 대기 위해 저수지의 물을 뺄 때에 맞춰 알을 놓는다. 배수기에 낳은 알은 이내 물 밖으로 노출되어 말라붙는다. 새우는 알이 다른 물고기나 새우에게 먹히지 않게 하려고 그렇게 하는 것 같다. 말라붙은 알을 내 눈으로 본 적은 없다. 다만 새우들이 꼭 물을 빼야만 알을 놓는 것이나, 배수가 늦어지면 알을 계속 품고 있는 것이나, 봄에 물이 많이 빠진 못에서 이듬해에 새우가 많이 잡히는 것으로 보아서 나는 그렇게 추측한다. 그러나 겨울에 못을 수리하느라 물을 빼면 새우가 전멸한다. 겨울새우는 알이 없기 때문이다."

Part 11

찌와 낚싯대

갓낚시는 크고 힘 센 월척붕어를 타깃으로 합니다. 그러므로 떡밥낚시용보다 대물낚시용 장비가 적합하지만, 일반 대물낚시용 장비와는 조금 다릅니다.

찌는 약 1.5호 봉돌 무게에 맞는 30cm짜리를 씁니다. 갓낚시는 밀생수초를 노리지 않으니 지나치게 부력이 센 찌는 맞지 않습니다.

낚싯대도 튼튼한 제품보다 가벼운 제품을 선호합니다. 긴 대를 주로 쓰니까 무거우면 곤란하거든요. 가벼운 대는 힘이 약하다구요? 연질대라도 3.5칸 이상 되면 힘에서는 걱정하지 않으셔도 됩니다.

낚싯대는 가볍고 찌는 짧아야

갓낚시용 찌

30cm 길이, 1.5호 부력

갓낚시는 얕은 수심을 노리므로 찌가 짧아야 한다. 30~35cm(찌 날라리 포함한 길이)가 최적의 길이다. "이게 웬 짜리몽땅? 이런 찌로 찌맛이나 제대로 볼 수 있을지" 걱정하는 사람이 제법 있는데, 30cm 찌라도 톱의 길이는 12cm에 달하니 찌올림을 감상하는 데는 전혀 무리가 없다. 그리고 찌가 7~8cm도 솟기 전에 채면서 20~30cm짜리 찌톱은 왜 그리들 찾는지 모르겠다.

예민성에 있어서도 짧은 찌가 더 낫다. 그러나 갓낚시용 찌는 예민할 필요가 없으며, 너무 예민해서도 안 된다. 새우미끼를 쓰고 7치 이상의 붕어만 대상으로 삼는 갓낚시에서는 찌의 예민함은 관심사가 아니며 오히려 찌 부력보다 무거운 봉돌을 써서 예민성을 의도적으로 파괴한다.

뉘 집 살림인지 몰라도, 햇살 좋은 날 세간살이 한번 자알~ 말리는군요.
5월의 아침, 풀베개 하고 누워 먼 산 구름을 보노라면 살아 있는 행복이 온몸을 적시지 않습니까? 낚시를 하지 않았다면, 붕어를 만나지 않았다면 이 싱그러운 바람을 이렇게 맘껏 호흡할 수 있었을까요?

갓낚시용 찌가 둔해도 좋은 이유는, 아니 둔해야 하는 이유는 붕어가 새우, 참붕어, 지렁이를 먹을 때의 취이습성이 떡밥을 먹을 때와 다르기 때문이다. 떡밥은 단숨에 흡입하지만 새우, 참붕어, 지렁이는 우물우물 천천히 삼키므로 빨리 채면 헛챔질이 될 우려가 있다. 그래서 작은 예신에도 솟구칠 정도로 예민한 찌는 오히려 눈만 피로하게 만들 뿐이다.

갓낚시용 찌. 몸통 하부가 두툼한 하부팽창형(오뚜기형)으로 만들어 직립성을 높였기 때문에 찌톱이 전부 수면 위로 나와도 기울지 않습니다. 이처럼 직립성이 좋아야 20~30cm 수심에서도 찌가 꼿꼿이 서있을 수 있어 물가에 바짝 붙이기 편리합니다.

갓낚시용 찌의 부력은 1.5호 안팎(중부지방 조개봉돌의 단위로는 6~7부)이 적당하다. 떡밥낚시용 찌보다 큰 부력을 쓴다. 새우미끼를 쓸 때는 봉돌이 적당히 무거워야 하기 때문이다.

봉돌이 가벼우면 4~5치 붕어들이 미끼를 쉽게 끌고 다닐 수 있어 밑걸림이 자주 발생한다. 잔챙이 붕어들이 미끼를 물면 수초줄기나 나뭇가지 속으로 끌고 들어가서 밑걸림을 야기한다. 수몰나무, 수초대, 제방 석축에서 찌가 깔짝거리다가 소식이 없어 당겨보면 바늘이 장애물에 걸려 있는 수가 많다. 그래서 장애물 주변을 노릴 때는 무거운 봉돌이 좋다. 특히 경사면을 많이 노리는 갓낚시에서는 봉돌이 가벼울 경우 잔챙이들이 자꾸만 비탈 아래로 끌어내려 일일이 다시 당겨 올리는 고역을 치른다.

그렇다고 봉돌이 너무 무거워도 좋지 않다. 봉돌이 무거우면 긴 대로 스윙해서 정확히 던져 넣기가 어렵기 때문이다. 또 찌 부력에 비해 너무 무거운 봉돌을 달면 잔챙이가 새우를 공격한 사실을 알지 못해 머리가 떨어져나가고 없는 새우를 달아놓은 채 하릴없이 기다릴 수 있고, 붕어의 예신이 찌에 나타나지 않아 미리 챔질 준비를 하지 못하는 바람에 붕어가 낚싯대를 차고 나가는 현상이 빈발한다.

따라서 모든 것을 감안했을 때 찌의 부력은 1.2~1.5호가 적당하고 봉돌은 '찌 부력보다 0.1~0.2호 무거운' 것을 다는 것이 최적이다.

1.5호 부력은 떡밥낚시용 찌 부력(0.5~0.8호=3~4부)보다는 크고, 수초낚시용 대물찌 부력(2~2.5호=8~10부)보다는 작다. 갓낚시는 밀생수초 대신 수초대 외곽을 노리기 때문에 2호 이상 고부력의 찌는 필요하지 않다.

갓낚시에서 봉돌이 무거워야 하는 이유

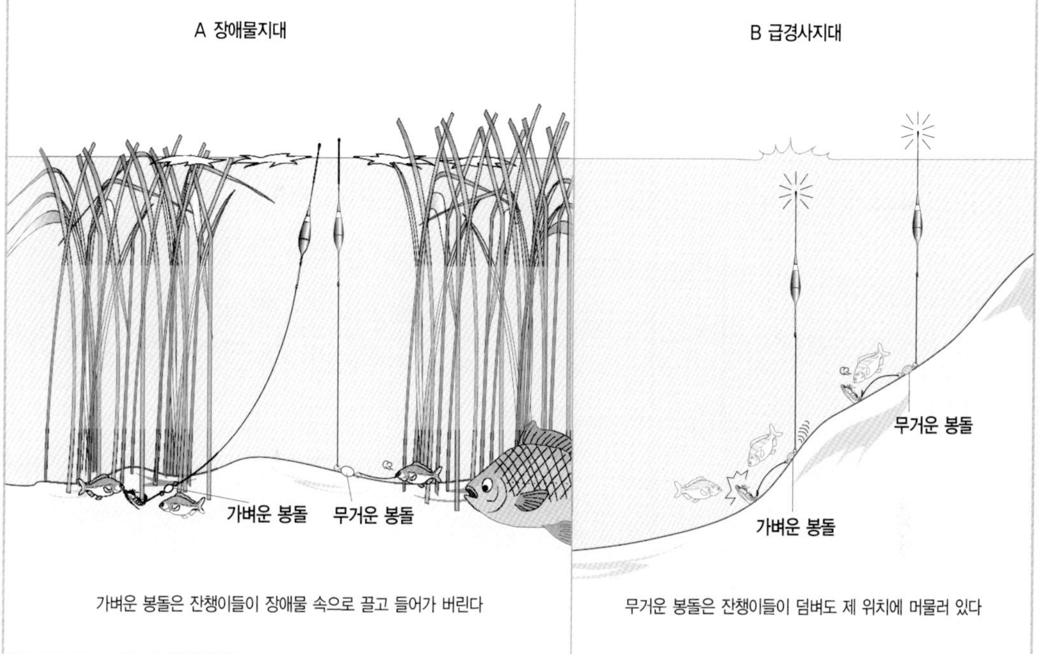

붕어낚시란 게 이렇다. 같은 토종붕어를 낚는데도, 갓낚시용 1.5호 봉돌을 보고 떡밥낚시인들은 "어휴, 그렇게 무거운 봉돌을 붕어가 어떻게 밀어올리남?"하고 말하고, 대물낚시인들은 "쯧쯧, 그런 콩만한 봉돌로 수초 속에 채비를 넣을 수 있겠어요?"하고 말한다. 둘 중 토종붕어에 대한 이해도는 대물낚시인들이 한 수 위다. 토종붕어에게 2호 정도의 봉돌 무게는 별로 부담스럽지 않기 때문이다. 특히 새우를 공격할 정도의 굵은 붕어라면 5칸 낚싯대까지 끌고 가므로 봉돌의 무게 정도는 문제되지 않는다.

무거운 봉돌을 부담스러워하는 종류는 떡붕어, 희나리(떡붕어와 토종붕어의 중간 습성을 가진 낙동강계에 서식하는 한국 고유종), 중국붕어다. 그래서 낙동강계 수로에서 희나리낚시를 즐겨온 부산낚시인들은 예민한 채비를 선호하고 있으며, 유료낚시터에서 떡붕어와 중국붕어를 많이 접해본 서울낚시인들도 예민한 채비를 선호하고 있다. 두 도시의 낚시인들이 채비의 예민성에 깊은 관심

왼쪽 찌는 서찬수씨가 디자인한 갓낚시 전용 찌 'F303'이며, 오른쪽 찌는 제가 애용하는, 서울의 수제찌 장인 신재석 옹이 갓낚시용으로 만들어준 것입니다.

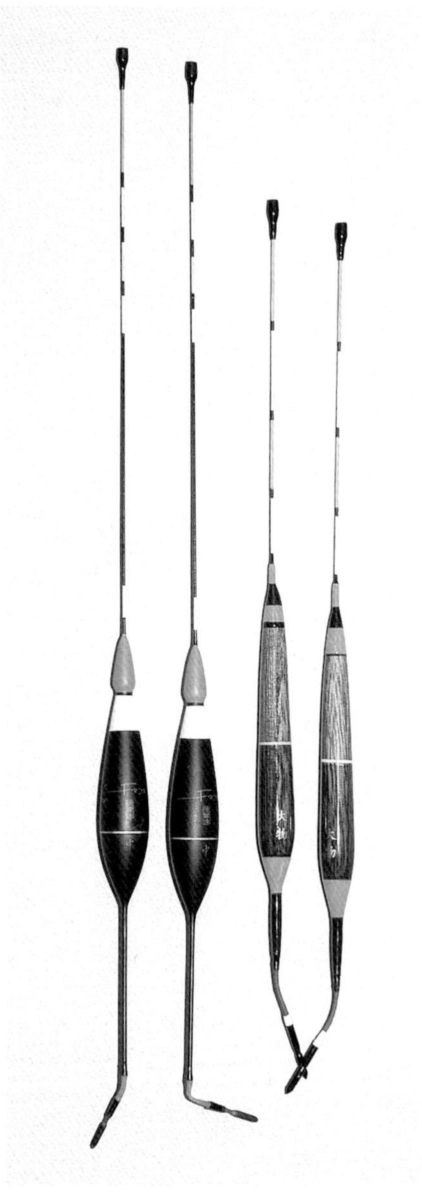

을 가지는 이유는 둔감한 채비로는 붕어를 낚지 못한 경험을 실제로 가지고 있기 때문이다. 그러나 그런 경험들이 토종붕어를 낚는 데는 오히려 걸림돌이 되는 측면이 많다. 안타까운 일이다.

찌의 재질과 형태

갓낚시의 찌는 견고함이 생명이다. 생자리를 즐겨 찾고 장애물을 주 포인트로 삼는 만큼 나뭇가지에 걸렸다가 튕겨 나와도 부러지지 않을 만큼 튼튼해야 한다.

●찌의 형태 몸통 상부보다 하부가 굵은 '역유선형' 혹은 '하부팽창형' 찌가 좋다. 하부팽창형 찌는 오뚜기처럼 발딱 일어서는 성질을 지녀서 찌몸통까지 수면에 올라와도 기울지 않고 직립한다. 그런 찌라야 아주 얕은 20~30cm 수심에서도 기울지 않아 물가에 바짝 붙여 세우기 좋다.

사진에 보는 찌들이 하부팽창형의 갓낚시용 찌다. 오른쪽 찌는 내가 애용하는 것으로 서울의 붕어찌 장인 신재석 옹이 오동나무로 만든 수제품이며, 왼쪽 찌는 서찬수씨가 디자인하여 토닉에서 만든 「F303」이란 제품이다. 303은 짐작하

긴 찌가 예민하다고?

찌에 관한 대표적인 오해가 '긴 찌가 예민하고 많이 솟는다'는 것이다. 그러나 긴 찌는 짧은 찌보다 오히려 둔하고 적게 솟는다. 그런데 왜 다들 오해하고 있을까? 찌올림의 메커니즘을 잘 모르기 때문이다.

찌는 몸통과 톱으로 구성돼 있는데, 찌를 밀어 올리는 요소는 톱이 아니라 부력을 가진 몸통이다. 속이 찬 찌톱은 아무 부력이 없고 오직 무게만 있다. 그러므로 찌톱이 길면 무게가 증가해서 몸통의 부력을 누르는 저항으로 작용해 찌 상승을 억제하고 결국 둔한 찌올림을 낳는다.

또 낚시인들은 '찌톱이 가늘수록 예민하다'고 한다. 그 말은 맞다. 그러나 왜 가는 찌톱이 예민한지 그 이유는 잘못 알고 있다. 낚시인들에게 물어보면 십중팔구 "톱이 가늘수록 물의 저항이 작기 때문에 예민하게 솟는다"고 한다. 그러나 사실은 톱이 가늘면 '가벼워서' 예민하게 솟는 것이다.

가는 톱과 물의 저항은 전혀 무관한데, 그것은 간단히 추론할 수 있다. 찌가 솟을 때는 톱만 솟는 게 아니라 몸통도 같이 솟구친다. 그러면 물의 저항은 찌톱과 비교할 수 없을 정도로 두꺼운 몸통이 다 받게 돼 있다. 그런 몸통은 생각하지도 않고 찌톱이 조금 가늘다고 물의 저항이 줄어든다는 것은 말이 안 된다.

가는 찌톱이 예민한 이유는 몸통을 누르는 톱의 무게가 가볍기 때문이다. 그러므로 가는 톱을 쓸수록 찌올림은 예민하다. 그러나 찌톱은 무한정 가늘게 만들 수 없다. 가는 톱은 눈에 잘 보이지도 않을뿐더러 작은 충격에도 쉽게 부러진다. 그러면 찌의 예민성을 높이는 더 좋은 방법은 무엇일까? 찌톱을 적당히 잘라내서 무게를 줄이는 것이다.

찌톱의 무게가 몸통의 부력을 얼마나 누르고 있는지는 간단한 실험으로 알 수 있다. 수조에서 찌 밑에 봉돌을 달고 영점찌맞춤(찌톱이 서서히 떠올라 수면에 일치한 상태)한 뒤, 찌톱을 3cm만 잘라보자. 어떻게 될까? 톱의 끝은 여전히 수면에 일치할까? 잘라낸 3cm만큼 떠오를까? 아니면 더 둔해져서 물속으로 가라앉을까?

수면에 일치해 있던 찌톱은 아마 10cm 이상 떠오를 것이다(그 상승 폭은 톱이 무거울수록, 부력이 약할수록 많이 솟는다). 그 10cm의 상승 폭이 3cm의 찌톱이 누르고 있던 예민성이다. 즉 찌톱이 짧을수록 찌의 부력은 상대적으로 커지고 찌올림도 예민해진다.

그런데 3cm의 톱을 잘랐을 뿐인데 왜 10cm나 솟을까? 그것은 이른바 '찌톱 무게 가중의 원리' 때문이다. 찌의 상승을 억누르는 무게는 톱의 상단에 붙일수록 커진다. 즉 좁쌀만한 봉돌을 찌의 하단에 붙일 때보다 찌 꼭대기에 얹을 때 찌 상승 폭은 더 크게 줄어든다는 것이다. 다시 말해 찌톱이 1cm 길어질 때 그 무게감이 0.1g 증가한다면, 찌톱이 2cm 길어질 때 무게감은 0.2g이 아닌 0.4g 증가하는 식이다.

그런데 왜 낚시인들은 둔하기만 한 긴 찌톱을 예민하다고 생각할까? 그 이유는 긴 찌톱이 점잖게 솟아서 챔질타이밍을 잡기 좋기 때문이다. 즉 '찌 보는 맛이 좋다'는 것이지 예민한 것은 절대 아니다. 점잖게 솟는다는 것은 약간 둔하다는 것이다. 그래서 잔챙이 붕어의 경망스런 입질도 큰 붕어의 점잖은 입질처럼 살짝 왜곡시켜 보여주어 시각적으로 더 예민해 보이는 착시현상을 일으킨다.

만일 여러분이 예민한 찌솟음, 더 많이 솟는 찌솟음을 원한다면 내일이라도 당장 낚시터에 가서 사용하는 찌의 톱을 3~4cm 잘라내고 낚시해보기 바란다. 예민성의 차이를 바로 알 수 있을 것이다.

듯 월척을 뜻한다. 이 찌를 쓰는 모든 낚시인들이 월척 하시라는 뜻에서 붙인 이름이라고. 특이하게 몸통 소재로 고압축스티로폼을 사용한 이 찌는 깨져도 물이 스며들지 않는 100% 방수찌다.

사진에서 보듯이 갓낚시용 찌는 요즘 유행하는 유동채비를 쓰지 않고 전통적인 날라리를 채용하고 있다. 갓낚시는 얕은 수심을 많이 겨냥하므로 유동채비보다 날라리식이 더 편하다. 물론 날라리를 떼어내고 유동찌로 만들어 써도 아무 문제없다.

☞찌는 거꾸로 꽂아야 엉킴이 적다 - 갓낚시는 60cm 이하의 수심을 많이 노리므로 찌 밑의 원줄 길이가 짧아서 투척할 때 찌와 바늘이 엉키는 경우가 종종 있다. 그것을 방지하려면 찌를 찌고무의 밑에서 위로 꽂아주는 것이 좋다. 그 경우 찌의 진자운동 폭이 좁아져서 훨씬 덜 엉킨다.

갓낚시클럽 허송세월의 서경석 고문이 김해시 진례면 신월리의 무송지에서 낚은 4짜 붕어를 보여주고 있군요. 뗏장수초 외곽, 30cm 길이의 찌가 제대로 서지 않는 50cm 수심에서 걸었습니다.

●찌톱 재질 가볍지만 잘 부러지는 카본(탄소섬유)보다 무거워도 잘 휘어져서 부러지지 않는 글래스파이버(유리섬유, '솔리드' 라고 흔히 부른다)가 좋다. 톱의 굵기는 최하 0.8mm는 되어야 하고 1mm 안팎으로 두툼한 것이 든든하다. 톱이 굵을수록 찌올림이 둔하지만 갓낚시용 찌는 적당히 둔한 게 낫다. 특히 부러지기 쉬운 몸통과 톱의 접합부위에 파이프를 넣어 튼튼하게 만든 제품이 좋다.

●몸통 재질 역시 오동나무가 최고다. 발사나무나 코르크 등 연하고 부서지기 쉬운 소재는 갓낚시용으로 적합하지 않다. 그렇다고 너무 단단한 목재를 소재로 써도 좋지 않다. 경질 목재는 무겁기 때문이다. F303처럼 가볍고 단단한 압축스티로폼도 갓낚시 찌 재질로 적합하다. 찌는 어느 정도 튼튼하다는 전제하에 가벼우면 가벼울수록 정확한 캐스팅에 유리하다. 간혹 찌가 봉돌보다 무거워서 투척하면 봉돌보다 먼저 날아가는 경우도 있는데 그런 찌로는 정확한 캐스팅이 불가능하고 연안 장애물에 찌를 바짝 붙여야 하는 갓낚시를 할 수 없다.

찌는 거꾸로 끼우는 게 좋다

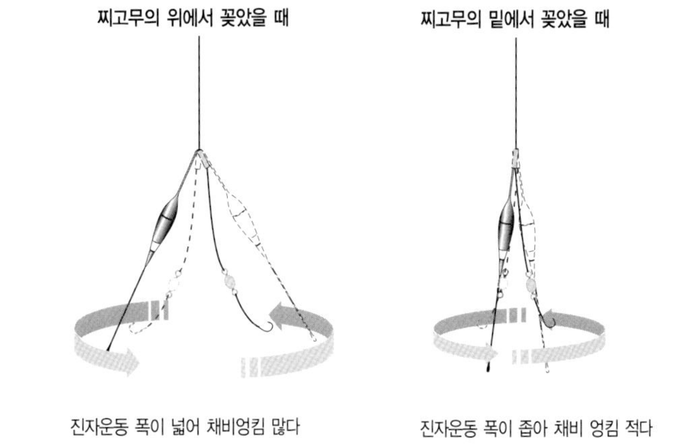

낚싯대

너무 무거운 대는 부적합하다

월척 이상의 붕어를 노리는 갓낚시에는 아무래도 힘이 좋은 대물낚싯대가 알맞다. 그러나 4칸 이상 긴 대는 오히려 가볍고 유연한 떡밥낚시용 대가 쓰기에 더 낫다. 나는 3칸까지는 무겁고 빳빳한 대물낚시용 경질대를 사용하고, 3.5칸부터는 가뿐한 떡밥낚시용 대를 쓰고 있다. 3칸 이하의 낚싯대는 어차피 가벼우니까 대어를 끌어내기 좋은 무거운 대를 고르고, 3.5칸 이상의 낚싯대는 어차피 힘이 좋으니까 휘두르기에 좋은 가벼운 대를 사용하는 것이다.

☞경조대 – 경조硬調라는 말은 낚싯대의 빳빳한 끝흔들림 액션을 뜻하는 말이다. 반대말은 연조軟調다. 대물낚싯대에는 경조대가 많다. 그러나 경조와 무게는 다른 의미다. 낚싯대가 빳빳하려면

고탄성의 카본원단으로 만들어야 하는데 고탄성 카본일수록 가볍기 때문이다. 그러나 대부분의 경조대는 무거운 편이다. 그 이유는 고탄성 카본을 쓰되 힘을 높이기 위해 원단의 두께를 두껍게 만들기 때문이다.

그러나 이참에 낚싯대를 세트로 바꾸고자 한다면 주변의 대물낚시 선배 조사들에게 폭넓은 자문을 구하는 것이 좋다. 낚싯대는 앞으로 나의 분신처럼 사용할 것이기에 처음 고를 때 새 차를 구입할 정도의 신중함을 가지고 구입해야 한다. 더구나 갓낚시는 1.5칸부터 4칸까지 두 대씩 장만해야 하고, 기왕이면 4.5칸대와 5칸대도 하나씩 있어야 하니까 구입비용도 만만치 않고 한 번 사면 다른 모델로 바꾸기도 어렵다.

붕어에게 너무 바짝 다가가지 않기 위해 갓낚시에서는 긴 대를 사용합니다. 이 자리에서도 조금 더 전진하면 짧은 대로 수초 외곽에 찌를 세울 수 있겠지만 그 경우 월척의 확률은 떨어집니다. 김해 진례면 무송지에서.

'갓낚시에는 어느 회사의 어떤 낚싯대가 좋은가' 물어보는 사람이 많다. 그러나 내가 우리나라에서 출시되는 모든 낚싯대를 다 써본 것은 아니므로 '이게 최고다' 라고 말할 수 없다. 또 최근 대물낚싯대 신제품이 속속 출시되는 만큼 깜짝

놀랄 만큼 우수한 낚싯대가 곧 나올지도 모를 일이다.

다만 한 가지 말하고 싶은 것은 너무 무겁고 투박한 대는 사지 말라는 것이다. 갓낚시의 주력 대는 3칸, 3.5칸, 4칸 대인데, 긴 대일수록 가벼워야 자주 쓰게 된다. 3.5칸대보다 4칸대를 던지면 좋은 자리인데 그 무게가 부담스러워 3.5칸대를 펼 정도라면 안 된다는 뜻이다.

간혹 초보자가 떡밥대를 가지고 대물낚시를 하고 있으면, '에헤이, 그 대로는 걸어도 못 먹어요' 하고 겁을 주는 사람이 있는데, 좀 지나친 감이 있다. 허접한 중국산이 아니라면 붕어를 못 끌어낼 정도로 약한 낚싯대는 없다. 최근의 대물낚시는 장비가 필요 이상으로 투박해지는 면이 있는데 즐거운 낚시라는 측면에서 바람직한 것은 아니다. 낚시라는 게 손맛도 있어야 하는 것 아닌가.

준척 붕어도 챔질과 동시에 붕 날아와서 발 앞에 떨어질 정도의 경질대가 필요하다며 "4짜를 제압하려면 그 정도는 돼야 한다"고 말하는 사람을 보면 대체 1년에 4짜를 몇 마리나 낚기에 저러나 싶다. 4짜는 평생 한 마리 낚을까 말까 한 귀물이다. 나는 낚시기자로서 대한민국에서 내로라는 대물낚시인을 많이 만나봤지만 그들도 1년에 4짜 한 마리를 낚을까 말까 한다. 그런데 대물낚시 입문자들은 "네? 그런 명인들은 1년에 4짜를 몇 마리씩 낚는 줄 알았어요"하고 말한다. 대물낚시가 확산되면서 '잔챙이 월척' '턱걸이 월척'이라는 말이 나올 정도로 꾼들의 욕심이 커졌다. 그것이 붕어낚시의 단아한 맛을 자칫 해치지는 않을까 걱정스럽다.

더 가벼운 장대가 나왔으면…

갓낚시에 최적의 낚싯대 구성은 긴 대만 놓고 봤을 때 3.5칸 2대, 4칸 2대, 4.5칸 1~2대, 5칸 1대다. 5.5칸 이상의 대는 갓낚시에는 크게 필요치 않고 솔직히 너무 무거워 낚시하는 맛이 떨어진다. 긴 대를 풀세트로 장만하려면 가격이 만만치 않다. 물론 짧은 대도 있어야 한다. 생자리에서는 긴 대를 펼칠 수 없는 경우가 많기 때문이다. 3칸, 2.5칸, 2칸, 1.5칸 대가 모두 2대씩 있어야 한다. 대개

긴 대를 뽑아들고 물가를 서성이는 서찬수씨. 찌를 던져보아서 적당한 수심의 연안 수중턱을 탐색하는 과정입니다. 수초가 있으면 수초의 형태를 보고 포인트를 찾겠지만 수초가 없는 계곡지에선 찌를 던져서 물속의 보이지 않는 수중지형을 읽어서 포인트를 찾습니다. 그것이 처음엔 맹인이 점자를 더듬어 읽듯 힘들지만, 숙달되면 수초대보다 더 빠르고 정확한 입질지점을 찾을 수 있습니다.

긴 대를 펼치는 자리에선 긴 대만 필요하고, 짧은 대를 펼치는 자리에선 짧은 대만 필요하기에 모든 낚싯대가 두 벌씩은 있어야 한다.

최근에는 0.2칸 단위로 출시되는 대물낚싯대들도 있는데, 기존의 0.5칸 단위보다 실용적이라 그 아이디어에 감탄하고 있다. 과거 그런 제품이 없었을 때 나는 1.5칸-1.9칸-2.2칸…으로 올라가는 낚싯대와 1.7칸-2.1칸-2.5칸…으로 올라가는 낚싯대를 한 세트씩 사서 낚싯대의 길이를 다양화하는 방법을 나름대로 썼다.

그러나 요즘 출시되는 대물낚싯대 세트도 완전히 만족스럽지는 않으니, 그것은 짧은 대와 긴 대의 액션을 달리 만든 제품이 없다는 것이다. 즉 짧은 대는 무겁고 튼튼하게, 긴 대는 약간 가볍게 만들어 한 세트로 구성한 낚싯대가 있으면 딱 좋겠는데 그런 제품은 없다. 물론 그것이 힘들다. 하나의 낚싯대 세트는 각 마디를 동일 소재, 동일 두께로 만들기 때문에 짧은 대를 강하게 만들려면 긴 대는 무거워질 수밖에 없고, 긴 대를 가볍게 만들려면 짧은 대는 약해질 수밖에 없기 때문이다.

그래서 차라리 3.5칸 이상의 장대 세트를 따로 만들고, 3칸 이하의 단대 세트를 따로 만들되, 두 세트의 디자인은 똑같이 해서 출시하는 제품이 있다면 참 좋겠다는 생각을 해보고 있다. 그러나 내가 낚싯대 제조업자가 아닌 이상 내 취향에 딱 들어맞는 낚싯대를 누가 만들어주지는 않을 것이다.

아무튼 갓낚시뿐 아니라 오늘날 대물낚시에서 장대의 활용도가 점점 커지고 있기 때문에 5칸대로도 가뿐하게 스윙할 수 있는 낚싯대가 나온다면 그에 대한 수요층은 분명히 있을 것이라 생각한다.

갓낚시에서는 1.5칸부터 4칸까지 거의 두 대씩 갖추어야 하므로 15~20대의 낚싯대가 필요하다. 물론 그 낚싯대들을 다 펼치는 것은 아니다. 포인트 여건에 따라 꼭 필요한 낚싯대만 4~7대 편다. 급경사에선 2~3대만 펴기도 한다.

긴 대는 손맛이 없다?

낚시인들이 짧은 대를 선호하는 이유는 다루기 편하고 붕어를 걸었을 때 '손맛이 좋기 때문'이라고 한다. 그러나 다루기 편한 것이야 짧은 대가 앞서지만 손맛도 짧은 대가 낫다고는 할 수 없다.

8치 붕어라면 2.5칸 이하의 짧은 대보다 3칸대의 손맛이 더 낫다. 가령 월척을 1.5칸대로 걸었다고 가정해보자. 대단히 힘든 파이팅을 펼칠 것 같지만 5초 안에 뭍으로 끄집어낼 수 있다. 낚싯대가 짧은 만큼 붕어가 도주할 수 있는 거리가 짧아 단 한 번의 "푸당탕" 물소리를 끝으로 제압당하고 오히려 손맛도 덜하다.

월척을 걸었을 때 가장 손맛이 좋은 대는 3칸~3.5칸대다. 그리고 35cm가 넘는 붕어는 3.5칸~4칸대의 손맛이 가장 좋다. 그러나 4.5칸과 5칸대는 아무래도 손맛이 떨어진다.

물론 6치 이하의 붕어라면 2칸대나 2.5칸대의 손맛이 더 나을 것이다. 그러나 아무리 짧은 대와 연질대를 써도 작은 붕어는 힘이 약하니 손맛이랄 게 없다.

받침대

갓낚시의 받침대는 8개만 있으면 된다. 뒤로 물러나 앉는 갓낚시에서는 낚싯대가 땅 위에 올려지는 경우가 많아 받침대가 불필요한 경우도 많지만, 최상류처럼 밋밋하게 얕은 곳에서는 갓낚시라도 물가에 앉아야 하기 때문에 8개의 받침대는 기본적으로 필요하다. 또 낚싯대가 땅 위에 올라와 있는 경우라도 그 바닥이 풀밭이 아니라 흙바닥이라면 대를 보호하기 위해 받침대 위에 올려줘야 한다.

특히 모래바닥에서는 낚싯대가 땅에 닿아선 안 된다. 모래알갱이가 낚싯대 속에 들어가면 펴고 접을 때 대 표면을 심하게 긁어버리기 때문이다. 만일 낚싯대에 모래 알갱이가 묻었으면 수건으로 털어내지 말고 낚싯대를 저수지 물에 통째로 담가서 여러 번 휘저어서 모래를 씻어내 주고 접는 게 좋다.

3절짜리 받침대는 많이 사지 않아도 된다. 대신 4절 받침대 여러 개와 5절 받침대 2개를 구입한다. 4절 받침대는 4칸 이하의 낚싯대를 받칠 때 쓰고, 5절 받침대는 4.5칸과 5칸대를 받칠 때 쓴다. 3절짜리가 많이 필요 없는 이유는 4절 받침대로 짧은 대를 받칠 수 있기 때문이다. 4절이 굳이 불편하면 한 칸 접어서 3절로 만들면 된다. 그러나 3절 받침대로 긴 대를 받칠 수는 없지 않는가.

4절 받침대를 주로 쓰는 이유는, 갓낚시는 초저녁에 짧은 대를 편 자리에 새벽에는 긴 대를 펴기 때문이다. 갓낚시 대편성은 앞서 말했듯이 시간대별 수심이동에 따른 유동 포메이션이다. 초저녁에는 3칸대를 펼친 자리에 새벽에는 4칸대가 들어간다. 그래서 초저녁부터 미리 4절 받침대를 꽂아두는 것이다.

받침대는 낚싯대와 달리 가벼우면 못 쓴다. 긴 대를 받쳐도 휘청거리지 않을 만큼 굵고 튼튼한 제품이 좋다.

뒤꽂이와 총알

뒤꽂이와 총알은 대단히 중요한 소품이다. 아무래도 여러 대를 펼치다보니 미처 입질을 보지 못해 붕어가 대를 차고 나가는 수가 많기 때문에 그때 낚싯대를 잡아줄 수 있는 총알이 필수품이다. 토종붕어는 7치만 되면 4칸 대를 단숨에 차고 나갈 수 있다. 그때 총알이 뒤꽂이에 제대로 박히면 녀석을 잡아낼 수 있지만, 총알이 박히지 못하면 밤에 랜턴 들고 낚싯대를 주우러 다니는 촌극을 빚는다. 걸핏하면 받침대를 생략하는 갓낚시에서도 그래서 뒤꽂이는 확실하게

총알 뒤꽂이

브레이크 뒤꽂이

꽂아준다.

뒤꽂이는 2단으로 높낮이 조절이 가능해야 하며 총알이 잘 박혀줘야 한다. 그러기 위해서는 총알이 박히는 뒤꽂이의 구멍이 충분히 크고, 총알이 무거워야 하고, 총알 끈은 5~6cm로 좀 짧은 것이 좋다. 그리고 총알 끈이 굵고 튼튼해야 한다. 대어가 낚싯대를 차고 나갈 때 총알 끈이 터져버리는 경우도 종종 있다.

나는 창원시 동읍 화양리 고양못에서 총알 끈을 끊어버리고 낚싯대를 끌고 간 고기 때문에 물에 헤엄쳐 들어갔다가 대는 다행히 건졌지만 발에 쥐가 나서 혼난 적도 있다. 당시 그 고기가 터뜨린 총알은 낚싯대에서 무려 3m나 뒤로 날아가 있었다. 끈이 터질 때 반발력으로 튕겨 나간 것이었다.

☞붕어가 대를 끌고 갔을 때 – 붕어는 낚싯대를 차고 가도 결국은 그 낚싯대를 끌고 다시 연안으로 나온다. 그것을 보아도 붕어는 늘 저수지 가장자리에 머문다는 것을 알 수 있다. 그러므로 낚싯대를 차고 가도 당황하지 말고 케미라이트의 이동경로를 주시하고 있다가 나중에 연안으로 돌아나오면 조용히 걸어가서 낚싯대를 주워오면 된다. 만일 가로 나오지 않고 저수지 중앙에서만 배회한다면 그것은 잉어일 확률이 높다. 그러나 저수지 안에 큰 수초무더기가 있으면 골치 아프다. 붕어가 그 수초 속으로 들어가 버리면 헤엄쳐서 들어가지 않는 한 낚싯대를 회수할 길이 없다.

총알 대신 브레이크 뒤꽂이를 쓰는 낚시인도 많다. 그러나 브레이크는 붕어가 대를 찼을 때 총알보다 자동걸림되는 확률이 낮아서 대물낚시인들은 거의 사용하지 않는 편이다.

그러나 나는 급경사 지역에서 브레이크 뒤꽂이를 즐겨 쓴다. 급경사 지역에서는 낚싯대를 수직으로 내려서 낚시할 때가 많은데 그런 곳에서 일반 뒤꽂이를 쓰면 낚싯대가 연신 미끄러져 불편한데 그때 브레이크는 단단히 고정해주므로 편리하다.

브레이크 뒤꽂이를 쓸 때 주의할 점은 브레이크에 손잡이 끝을 걸쳐선 안 된다는 것이다. 그 경우 대어가 낚싯대를 차면 순간적으로 브레이크를 빠져나가버리는 수가 있다. 손잡이대를 브레이크 뒤로 한 뼘 정도 뽑아내줘야 한다. 반면 총알을 쓸 때는 손잡이대 끝이 뒤꽂이에 일치하게끔 해야 총알이 잘 박힌다.

●**EVA 바구니** 갓낚시는 살림망을 놓을 곳이 늘 마땅치 않다. 살림망을 넣어둘 물가에 찌가 있기 때문이다. 또 아무래도 살림망 속의 붕어들이 푸득거리면 연안을 노리는 갓낚시에는 좋을 것이 없다.

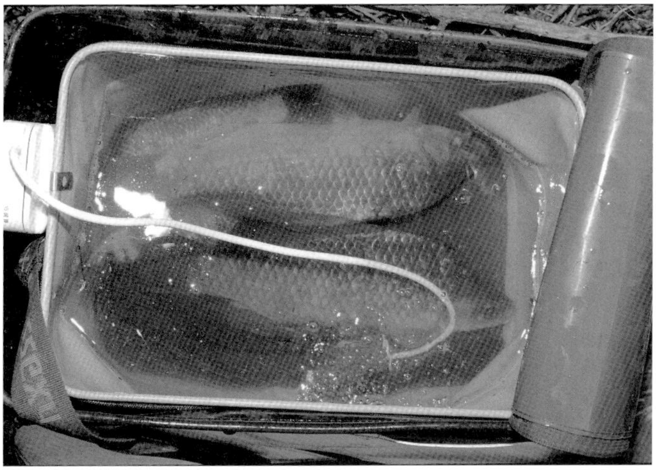

40cm 길이의 바구니 안에 36cm 길이의 바구니를 담고, 그 안에 물과 함께 붕어를 담으면 차가 덜컹거려도 물이 40cm 바구니에 고일 뿐 밖으로 쏟아지지 않아 편리합니다.

그래서 살림망 대신 EVA 바구니에 물을 담아서 그 속에 붕어를 살린다. 살림망에 넣는 것보다 비늘과 지느러미가 상하지 않아서 좋다. 늦가을부터 봄까지는 물이 차고 밤 기온도 낮아서 바구니에 붕어를 20마리 이상 담아두어도 아침까지 살아 있다. 그러나 5월 중순부터는 살림망에 담아야 아침까지 살릴 수 있다.

EVA 바구니는 36cm, 40cm 두 개가 있으면 좋다. 붕어는 36cm 바구니에 물과 함께 담고, 그것을 다시 40cm 바구니에 담아 지퍼를 이중으로 닫으면 차가 달릴 때 물이 출렁거려도 40cm 바구니 안에 고일 뿐 밖으로 흘러나오지 않는다.

●**기포기** 5~9월에는 기온이 높고 물속의 용존산소량이 적어 휴대용 산소발생기(기포기)가 필수품이다. 봄에도 기포기가 있으면 낚은 붕어를 더 쉽게 살릴 수 있고 월척을 살려서 집까지 가져올 수 있다. 요즘은 월척도 기념촬영만 하고 방생해주는 낚시인이 늘고 있는데, 정말 보기 좋은 풍경이 아닐 수 없다.

●**새우쿨러** 4월 말까지는 새우를 톱밥에 버무려 비닐봉지에 담아 써도 아침까지 새우가 죽지 않는다. 그러나 5월부터는 새우쿨러에 담아야 한다. 새우는 갓 죽어도 미끼로 쓰는 데는 아무 문제없으나 죽은 지 두 시간쯤 지나면 머리가 떨어져서 미끼로 쓸 수 없다. 만일 새우쿨러를 준비하지 못했을 땐 낚시점에서 1천

원짜리 통얼음을 하나 사서 EVA 바구니에 담고 거기에 새우를 넣어두면 된다.

●호미 경사진 곳에서 의자 놓을 자리를 다듬을 때 쓴다. 야삽을 써서 땅을 편평하게 파내는 사람들이 있는데 쓸데없이 힘든 노동인데다 자연훼손이다. 호미를 사용해 의자의 뒷다리가 들어갈 만큼 골만 가늘게 파주면 된다.

●접이식 톱 생자리에서 낚시할 때 주변의 잡목 가지들을 쳐내는 도구다. 낫으로 쳐내면 소음과 진동이 크니까 톱으로 조용히 썰어내는 것이 좋다. 그러나 붕어의 경계심을 자극할 만큼 지나친 벌목작업은 금물이다. 작은 가지를 치는 것은 괜찮으나 큰 가지나 나무를 통째로 잘라내는 것은 산림법에 위배되어 벌금형을 치를 수 있다.

Part 12

낚싯대 편성

갓낚시는 붕어의 사냥터에 덫을 놓는 것입니다. 대 편성 역시 붕어의 입장에서 접근해야 합니다. 불필요한 덫을 놓아선 안 되고, 쓸데없이 모양새를 따져서도 안 됩니다.

붕어가 연안으로 접근하는 길을 막아서는 안 됩니다. 갓낚시는 붕어를 쫓아가지 않습니다. 그들이 늘 다니던 길을 열어두고 사냥의 최종목적지에 먹음직스런 새우 한 마리를 살짝 떨어뜨려두지요.

원격과 파격

경기도 양평에 사는 아는 형과 붕어낚시를 갔다. 그 형은 잉어 릴낚시 전문가였는데 오래 전에 나하고 소양호 신남에서 붕어낚시를 해보고는 붕어낚시로 취미를 전향했다. 그 형은 낚시를 하다가 나를 물끄러미 보더니 "너, 낚시가 이상해졌다?"고 했다. "대도 그렇고… 찌도 그렇고… 왜 그렇게 제멋대로 펴는 거냐? 옛날엔 안 그랬는데, 오늘 보니까 영 실망스럽다"고 하는 것이었다.

갓낚시 대편성이란 게 그 형의 표현대로 '제멋대로' 이다보니 다른 낚시인들에게서도 그런 얘기를 종종 듣는다. 나도 옛날에는 낚싯대 간격도 질서정연하게 맞추고, 찌도 케미라이트 끝만 수면에 일치할 정도로 칼같이 맞추어서 폼 나게 낚시를 했는데, 요즘은 옆으로 던지는 낚싯대는 받침대도 생략하기 일쑤요, 찌는 몸통까지 수면에 나올 만큼 대충 던져두니, 변해도 참 많이 변했다 싶다. '남들 이목도 있으니 좀 예쁘게 펴볼까?' 싶다가도 붕어가 낚싯대 예쁘게 폈다고 물어주는 게 아님을 잘 알기에 그러기도 귀찮은 게 사실이다.

갓낚시의 대 편성을 한마디로 표현하면 '파격破格' 이다. 내가 그냥 던지고 싶은 자리에 찌를 던지면 되는 것이지, 무슨 부채꼴형이니, 지그재그형이니, 학익진이니 하는 틀이 필요한 것이 아니기 때문이다. 작고하신 견지낚시의 대가 송우 선생이 생전에 쓴 글 중에 '격 중의 최고 격은 파격' 이란 구절이 있는데, 낚시에 참으로 어울리는 말이 아닐까 한다. 붕어를 만나러 나선 길에 향수 뿌리고 넥

저~ 저~, 무질서의 극치를 달리는 대 편성 좀 보세요. 물론 이런 무질서한 대 편성을 갓낚시가 의도하는 것은 아닙니다. 다만 일부러 보기 좋게 나열하려는 수고로움을 생략할 뿐이죠. 낚싯대 예쁘게 폈다고 붕어가 물어주는 건 아니니까요.
경남 고성군 영오면 양산리의 양산소류지(머릿골못).

타이 맬 일 없듯이 낚싯대 펼치는 것에 무슨 격조가 필요하리오.

최근 들불처럼 번져가는 대물낚시를 보면 좋게 보면 멋이요 달리 보면 폼생폼사가 좀 많다. 수초도 없고 수면도 좁아서 5대만 펴면 될 성 싶은 공간에 10여 대를 부챗살 모양으로 펼쳐놓고는 옆의 낚시동료에게 "각도를 좀 봐 달라"고 한다. 무슨 말인가 싶어서 보니 그 동료, 고개를 숙여서 옆으로 꼬고 손짓이 열심이다. "왼쪽 두 번째 대를 조금 더 올려! 오케이, 맨 오른쪽 대는 약간 내리고… 아, 좋아요." 알고 보니 옆에서 보았을 때 10대의 낚싯대가 들쑥날쑥하지 않도록 각을 잡는 과정이었다. 그들에게는 미안한 노릇이지만 실소가 터져 나왔다.

물론 낚싯대를 보기 좋게 펼쳐놓고 가지런한 찌를 바라보며 마음을 가다듬는 것도 정적인 붕어낚시의 즐거운 요소란 것을 모르는 바 아니다. 그러나 언젠가 경북 고령군에서 목격한 한 낚시인의 경우는 좀 병적이었다. 그는 8대를 펼쳤는데 한 대는 찌가 그냥 수초 위에 얹혀 있었다. 내가 봐도 그곳은 스윙낚시로 집어넣지 못할 만큼 수초가 밀생한 곳이었다. "이 대는 쓸모가 없는데 왜 펼쳤냐"고 물었더니 그는 "똑같은 간격으로 벌려야 보기 좋은데 그 곳을 비워두자니 이빨이 빠진 듯 보기 싫어 그냥 펴두었다"고 했다.

또 낚싯대의 상표가 모두 위로 오게끔 맞춰놓아야 직성이 풀리는 낚시인도 보았다. 바람이라도 부는 날이면 그는 붕어빵 장사가 철판을 뒤집듯이 바람에 돌아가는 낚싯대 상표를 돌려가며 나란히 일치시키느라 무척 바빴다.

충남 태안에서 만난 어떤 낚시인은 뒤꽂이 6개를 꽂는데 한참동안 땀을 뻘뻘 흘리고 있었다. '무슨 바닥인데 저리도 안 꽂히나' 싶어 가보니 별로 단단한 바닥도 아닌데 큰 돌 하나가 박혀 있어 애를 먹는 중이었다. "아니, 이 뒤꽂이 두 개는 돌을 피해서 물 안쪽에 꽂아주면 되잖아요?"하니까 버럭 역정을 낸다. "누가 그걸 모르나? 일렬로 가지런히 꽂으려니까 그러는 거지!"

그래서 10대짜리 받침틀이 인기를 끄는지도 모른다. 규칙적으로 뚫린 구멍에 받침대와 뒤꽂이를 꽂기만 하면 각이 저절로 나오는… 그러나 갓낚시를 하려면 받침틀은 쓸래야 쓸 수가 없다. 받침틀 제조회사의 입장에서 보면 이 무질서한 갓낚시가 더 이상 보급되는 것을 막아야 할 것이다.

수심초-내가 던지고 싶은 자리에…

2003년 3월 17일, 경남 의령군 정곡면 큰골지의 왼쪽 작은 골 상류. 서찬수씨가 간밤 초저녁에 40cm 월척을 낚아낸 순간을 재연하고 있습니다.
이렇게 좁은 물골의 건너편 직벽에 찌를 붙이는 방식이 갓낚시의 '크로스 편성'입니다. 이처럼 좁은 물골에서는 3칸대나 3.5칸대로도 건너편 벽을 노릴 수 있지만 약간 넓은 물골에선 4.5칸대나 5칸대까지 필요합니다.

갓낚시의 대 편성을 단적으로 표현할 수 있는 재미있는 용어가 하나 떠올라 소개할까 한다. 「낚시춘추」에 '씁새'라는 인기 꽁트를 연재하는 작가 박준걸씨가 있는데, 그분이 10여 년 전에 쓴 글 중에 '수심(隨心)초'라는 말이 나온다. 그 글은 논산 탑정지에서 벌이는 낚시인들의 대결을 무협소설식으로 각색한 재미있는 꽁트였는데, 그 중 한 낚시인이 사용하는 필살기 초식의 이름이 수심초였다. '마음 가는 대로 펼치는 초식'이란 이름 그대로 일정한 틀 없이 대를 왼쪽으로도 쳤다가 오른쪽으로도 뿌렸다가 하는 막무가내식 대 편성을 일컫는 것이었다. 지금 생각해보니 그야말로 갓낚시에 딱 들어맞는 초식이 아닐까 한다. 내 마음 내키는 대로, 남 눈치 볼 것 없이, 왼쪽 대를 걷어서 오른쪽으로도 던질 수 있는 개

방식 대 편성! 그것이 바로 수심초요 갓낚시가 아니던가.

갓낚시는 시간에 따라 대 편성이 바뀌고 초저녁에 측면으로 친 대가 새벽에는 정면으로 향하는 변화가 잦으니 의장대 스타일의 대 편성은 할 수도 없다. 기존의 새우낚시는 대 편성을 마치면 할 일이 끝났다는 듯 팔짱을 끼고 오직 기다림에 들어가지만, 갓낚시는 입질이 없으면 진용을 바꿔 새로운 공격루트를 찾는다. 또 입질이 한두 대에만 집중되면 나머지 낚싯대는 접어 버리기도 한다.

입질이 없는 대를 펼쳐두는 것은 입질이 오는 대에 장애가 될 뿐이다. 새우를 미끼로 쓰기 때문에 다대편성은 필수이지만, 최상류나 수초 밀생지역이 아닌 한 6대를 넘지 않으며, 3대나 4대만 펼치는 경우도 많다. 또 짧은 대를 잡다하게 늘어놓는 것보다 긴 대 몇 대만 펴는 것이 훨씬 유리하다.

그리고 낚싯대를 많이 펼 수 없는 곳이라 해서 좋아 보이는 자리를 포기하는 우를 범하지 말아야 한다. 96년 봄에 나는 경북 경산시 진량읍의 먼못(원지)에 간 적 있는데, 가방을 메고 걸어가다 보니 3.5칸대 거리에 멋진 수초구멍이 있었다. 그러나 두 대밖에 펼 수 없는 공간이었다. 나는 많은 대를 펼 욕심에 그곳을 지나쳐 자리를 잡았다. 그리고 뒤에 온 낚시인이 그곳에 앉았다. 결국 두 대만 펼친 낚시인은 준척 4마리를 낚았고 여덟 대나 펼친 나는 7~8치 두 마리를 낚았다. 대물낚시인들은 멋진 다대편성을 하고 싶어 하므로 넓은 공간만 고집하는 경우가 많다. 그러나 잘 알다시피 월척이 어디 그런 넓은 공간을 좋아하던가. 비록 단 한 대만 펼 수 있는 공간일지라도 그 한 포인트가 그 저수지에서 최고의 명당이라고 판단된다면 망설일 것 없이 선택해야 한다. 그런 곳을 버리고 다대편성이 가능한 자리를 택한다면 말로는 "대물 한 마리"를 부르짖지만 속으로는 잦은 입질을 바라는 것이 아니겠는가.

갓낚시 대 편성의 5가지 원칙

제1원칙-소수 정예

'꼭 필요한 낚싯대가 아니면 펼치지 않는다!' 이것이야말로 월척의 비결이다.

낚시터에 가서 자리를 잡으면 이런 질문을 수시로 던져야 한다.

"나에게 단 한 대만 있다면 몇 칸 대를 어디에 던지겠는가?"

새우낚시의 실패는 낚싯대 편성을 '고른 공간 구획'으로 생각하기 때문이다. 그러나 포인트는 '공간'이 아닌 '점'이다. 갓낚시를 하다 보면 그 점을 보는 눈이 길러진다. 대물낚시인들이 낚싯대를 많이 펼치는 이유는 어디에서 입질할지 예측하지 못하기 때문인 면도 있다. 특히 수초가 없는 맹탕에서는 어디에 몇 칸 대를 펴야 할지 몰라 쩔쩔맨다. 그래서 대충 많이 펴서 확률을 높이려 든다. 그러나 갓낚시에서는 수초 한 포기 없어도 물속의 공략지점이 선명하게 잡힌다. '물 가장자리' '골의 맨 안쪽' '수중턱 초입' '낭떠러지 끝' 등 각 낚싯대의 정확한 위치가 하나의 점으로 선정된다.

갓낚시에 입문한 후배 조사들의 기량을 빠른 시일에 끌어올릴 수 있게끔 하는 트레이닝 방법이 있다. 그들에게 이런 질문을 던진다. "일곱 대를 펼쳤는데, 각

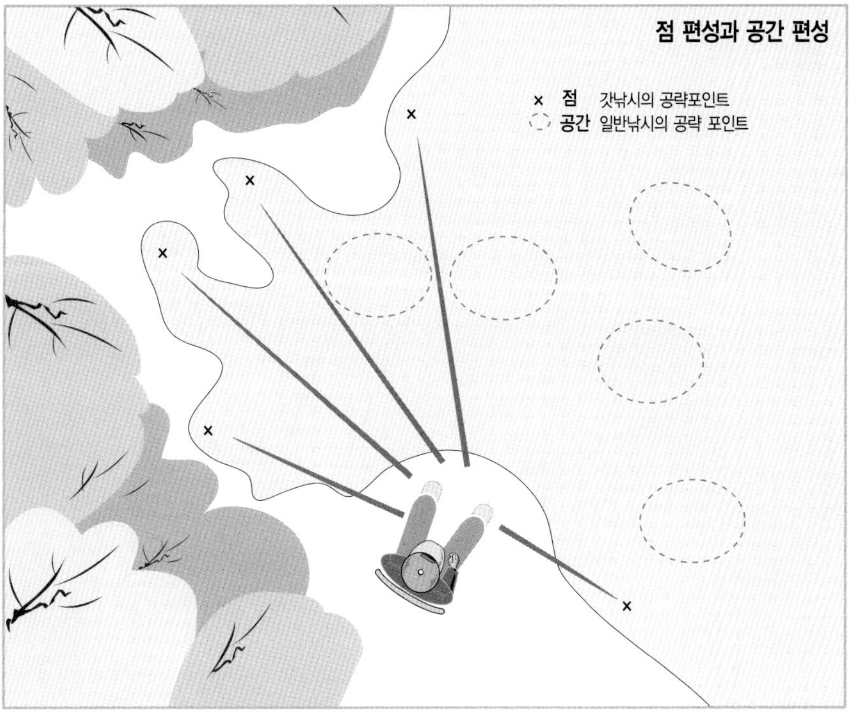

낚싯대를 그곳에 펼친 이유를 하나하나 대보세요!" 만일 그가 네 개의 낚싯대는 노리고자 하는 지점과 그 이유를 설명하지만, 나머지 세 대에 대해 우물우물하면 이렇게 말하면 된다. "그럼 나머지 세 대는 도로 접어서 가방에 넣어두세요." 실제로 그 세 대를 접어버리면, 남은 네 대에 찾아오는 입질의 빈도는 더 높아진다.

자신이 생각하는 입질예상 지점은 단 한 개의 찌로 커버해야 한다. 공간이 남는다고 불필요한 대를 첨가해선 안 된다.

이 소수정예 편성은 월척을 낚는데 너무도 중요한 핵심이므로 다시 한 번 강조한다. 자리를 잡으면 스스로 질문을 던진다. '단 한 대만 펼친다면 몇 칸 대를 어디에 펼칠 것인가?' 그리고 그 장소가 눈에 들어오면 그곳에 한 대를 펼친다. 그러면 그 날 밤 조과의 50%는 그 한 대에서 나타날 것이다. 나중에 갓낚시에 능숙

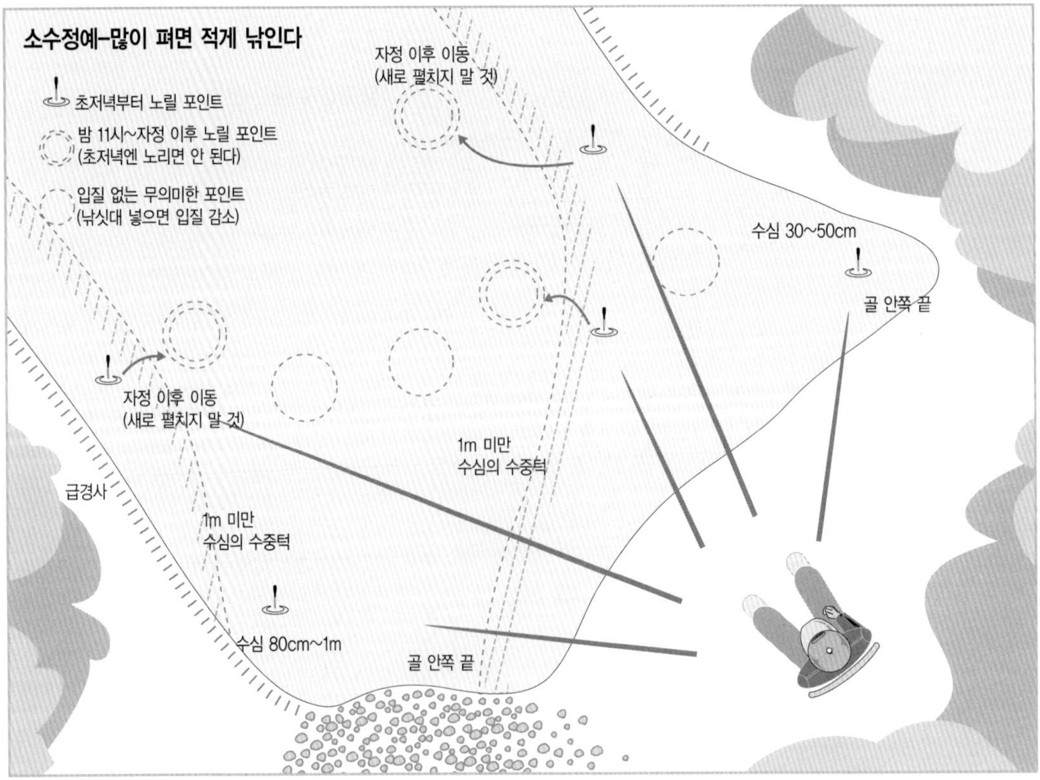

해지면 조과의 70~80%가 그 한 대에 집중될 것이다.

한숨 돌린 다음 또 질문을 던진다. '딱 한 대만 더 펼친다면 어디에 펼 것인가?' 역시 또 하나의 장소가 눈에 들어오면 그 곳에 두 번째 대를 펼친다. 그러면 실제로 붕어의 입질은 그 두 대에 집중된다.

그런 식으로 꼭 필요한 낚싯대만 하나씩 펼치면 때로는 3대가 되고 때로는 6대가 될지라도 모든 대들이 제각각 역할을 맡아 완벽한 '압박'이 가능하다. 낚시가방에는 20대가 넘는 낚싯대가 들어있겠지만, 시간이 남는다고, 공간이 남는다고 꼭 필요하지 않은 낚싯대를 더 펴서는 안 된다. 더 펴는 낚싯대는 그때부터 낚싯대가 아니라 '붕어를 쫓는 작대기'로 변한다.

물속에 자란 갯버들. 그 옆에 찌를 붙이면 금방이라도 굵은 붕어가 올려줄 것 같지요? 그러나 그 뒤편으로 보이는 벽면에 긴 대로 미끼를 던져주면 더 잦은 입질을 받을 수 있습니다.

제2원칙–간격 유지

낚싯대의 간격을 최대한 넓혀야 한다. 촘촘하게 배열하면 붕어에게 경계심만 주고 대어를 처리할 때 줄이 엉킨다. 갓낚시로 노리는 붕어는 먹이를 사냥하는 붕어다. 그런 붕어는 먹이를 찾는 범위가 상당히 넓기 때문에 직경 2m의 공간에 미끼 하나를 투입하나 둘을 투입하나 붕어가 그 미끼를 발견할 확률은 같다. 오

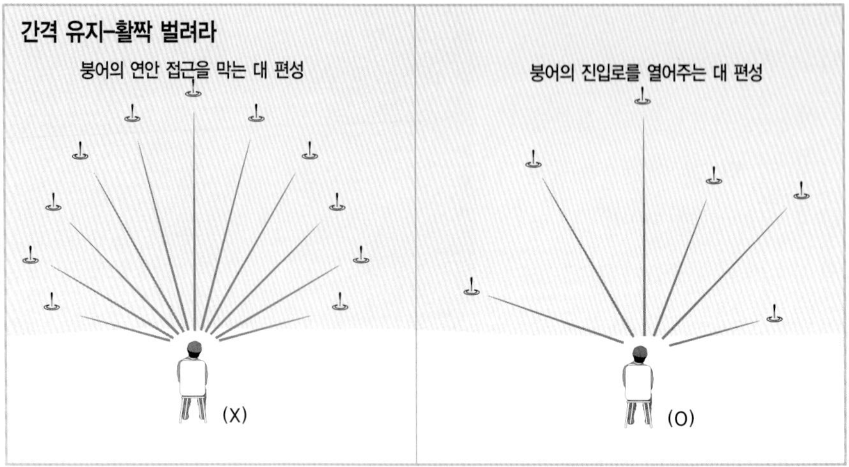

히려 대가 많으면 물속으로 늘어지는 줄의 숫자가 많고, 물속에 투과되는 케미라이트의 빛도 밝고, 대를 들었다 놓는 과정의 인기척도 많아지므로 적게 펴느니만 못하다.

그래서 가능한 한 낚싯대의 숫자를 줄여야 한다. 그리고 적은 낚싯대로 넓은 지역을 커버하기 위해서 낚싯대를 최대한 180도로 넓게 펼치는 것이 좋다. 두 손을 모아 열 손가락으로 한 곳을 가리켜보고, 한 손만으로 다섯 손가락을 활짝 벌려서 보라. 커버하는 면적은 똑같지만 왠지 다섯 손가락만 펼쳤을 때 붕어가 더 가까이 들어올 것 같지 않은가?

입질이 잦은 곳에 낚싯대를 추가하는 것도 금물이다. 가령 왼쪽 4칸 대에서 연달아 붕어가 낚이면 그 쪽으로 4칸 대를 하나 더 펴고 싶은 유혹을 받게 돼 있다. 그러나 더 펴면 안 된다. 낚싯대를 더 넣는 순간 오던 입질까지 끊어진다. 이유는? 인기척이 증대하기 때문이다.

다만 수초가 밀생한 곳에서는 좀 더 펴는 것도 좋다. 밀생수초대에서는 붕어의 회유 폭이 좁기 때문이다. 그러나 어떤 경우에도 8대를 넘겨선 좋지 않다. 내 경험으로 볼 때 수초가 없는 맨바닥에서는 5대, 수초가 많은 곳에선 7대가 최적의 숫자다. 그보다 적게 펴는 것은 좋지만, 한 대라도 더 펴면 입질은 줄어들고 씨알은 더 뚜렷이 잘아질 것이다.

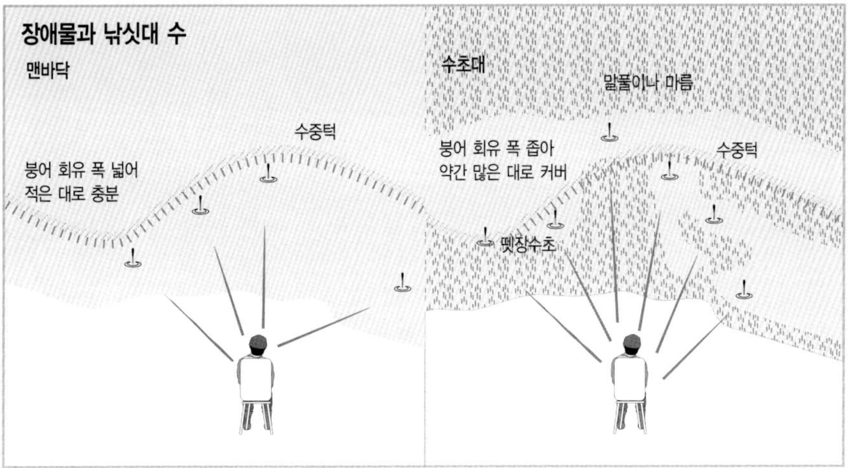

어떤 낚시인은 7대만 펴라고 권하면 이렇게 말한다. "그럼 케미가 하나 남잖아요?" 그렇기는 하다. 그럼 나는 얼른 그에게서 남는 케미 하나를 빼앗아 챙긴다. 나도 홀수로 대 펴기를 즐겨 케미 하나가 늘 남거나 모자라기에….

그러나 일단 하고 싶은 대로 하세요

내가 이렇게 말해도, 8대 이상 펼치리라는 걸 압니다. 처음에 낚싯대를 20대 구입하면 그 20대를 다 깔아보고 싶을 것입니다. 그럼 그렇게 하세요. 까짓 붕어를 좀 덜 낚으면 어떻습니까? 살면서 해보고 싶어도 못 해보고 죽는 것이 얼마나 많은데, 낚시꾼이 낚시터에 가서 낚싯대 한번 내 맘대로 못 펼친다면 무슨 의미가 있겠습니까?

내 마음 가는 대로 하는 낚시가 갓낚시입니다. 남 눈치 볼 것 없이 힘대로 깔아보고 깊은 곳에서 붕어가 낚일 것 같으면 긴 대로 깊은 곳도 노려보고, 저쪽 자리가 맘에 들면 그쪽에 가서도 낚시해보세요. 사실 낚시실력은 그렇게 해보고 싶은 대로 다 해본 끝에 많은 시행착오를 겪으면서 오롯이 내 것이 되는 것이니까요.

우리가 '가에서 붕어가 낚인다'고 했을 때 그대로 따라 하는 낚시인은 월척을 빨리 낚기는 하지만 그 이상의 발전은 더딘 편입니다. 그러나 '나는 나대로 해보겠소' 하는 낚시인은 처음에 시행착오를 겪지만 그를 통해 나중에는 갓낚시의 효과가 더 낫다는 것을 확실히 체득합니다. 낚시의 즐거움은 실험과 도전에 있습니다. 무비판적으로 따라 가기보다 스스로 생각하고 실험해보는 낚시를 습관화하면 붕어라는 대상어를 더 빨리 이해하게 되고 더 여유로운 낚시를 즐길 수 있을 것입니다.

여섯 대만 펼쳐서 180도에 가까운 범위를 노리고 있습니다. 이렇게 적은 대로 넓은 범위를 커버하는 것이 많은 대로 커버하는 것보다 붕어의 경계심을 줄여서 더 굵은 붕어를 더 많이 낚을 수 있습니다. 낚싯대 숫자와 조과는 반비례합니다. 경남 사천시 정동면의 상객방지.

제3원칙-긴 대 우선

갓낚시의 특징은 원격(遠擊)이다. 낚시인이 물가에 접근하면 1.5칸대로 노릴 수 있는 포인트를 일부러 물러나서 3칸~4칸대로 노린다. 그 경우 인기척을 줄여서 똑같은 장소를 노려도 현격한 씨알 차이가 나타난다.

사실 초저녁 갓낚시로 노리는 지점은 물가에서 1m 이내 거리! 물가에서 던지면 칸반대도 긴 장소다.

가장 확률이 높다고 생각하는 제1포인트는 3.5칸대나 4칸대로 노리고(4.5칸 이상은 아무래도 무거워서 투척의 정확성이 떨어지니까) 그에 맞춰 낚시의자를 놓는다. 그래서 갓낚시를 제대로 구사하려면 3.5칸대와 4칸대는 각각 두 대 이상 있어야 한다. 사실 요즘 대물낚시에서 4칸 대는 그리 긴 대도 아니다. 그 낚싯

긴 대를 사용한 주력 대 편성

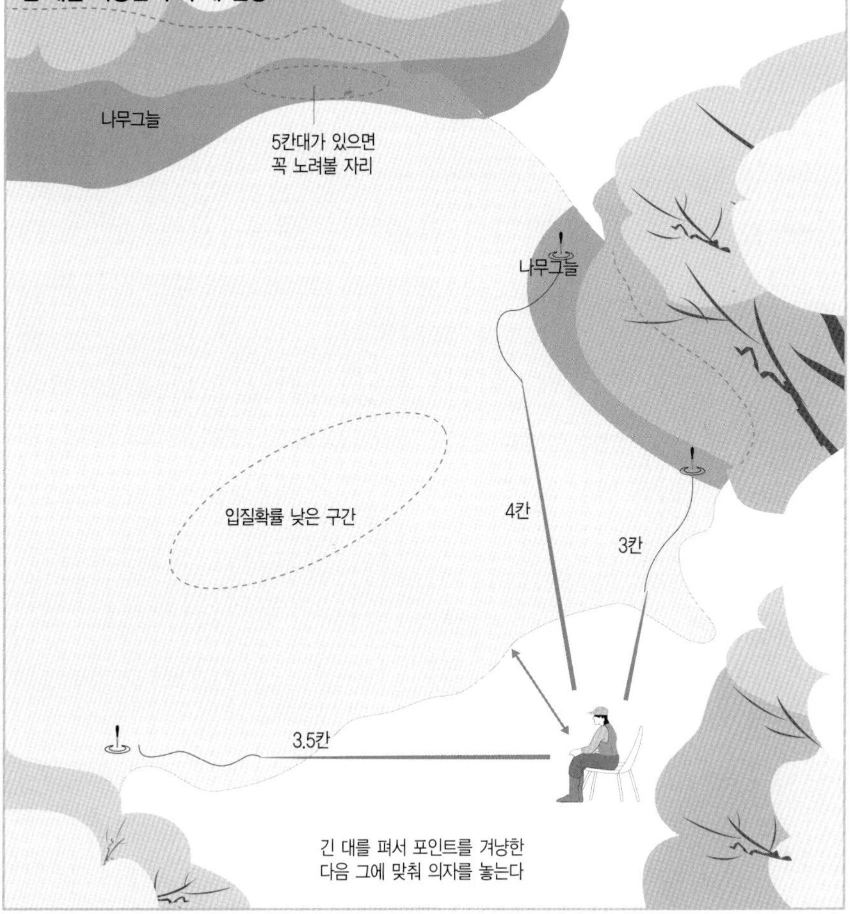

대로 깊은 수심을 노리는 게 아니다. 1m 미만의 얕은 수심을 노린다.

긴 대는 가격이 하나에 수십만원 할 만큼 비싸다는 건 알지만 어쩌겠는가. 무정한 붕어가 낚시인이 다가오는 것을 저리도 싫어하는 데야….

제4원칙–자연 활용

인기척을 줄이려면 물가의 지형지물을 훼손하지 말아야 한다. 연안의 장애물은 아무리 거치적거려도 손대지 말고 낚시하는 것이 좋다. '대어를 끌어내기 용이하게끔' 한답시고 연안의 갈대를 쳐내거나 발 앞의 수초를 제거하는 낚시인이 많은데 월척을 만나려면 절대로, 저 · 얼 · 대 · 로 금물이다. 그 소란에 대어들이 다 달아나고 없는데, 끌어내기 용이하게 한 작업이 무슨 소용이란 말인가!

여러분은 혹시 늦게 찾아간 저수지에서 자리를 미처 다듬을 새도 없이 펼친 낚싯대에 붕어를 줄줄이 낚은 경험이 없는가? 그리고 그 다음에 '너희들, 오늘 다 죽었어' 하고 새우를 쿨러 가득 담고 일찌감치 도착해 자리 다듬고 만반의 준비를 갖추어서 낚시하면 입질 한번 없어 허무하게 돌아온 적은 없는가? 그것이 바로 연안 장애물을 보존한 것과 치운 것의 차이이다.

갓낚시의 명당은 연안 장애물 지대다. 월척은 밋밋한 물가보다 돌멩이 하나라도 있는 물가에서 먹이를 사냥한다. 그 장애물을 치워버리면 어쩌자는 것인가? 도저히 나뭇가지 몇 개쯤 제거하지 않으면 낚시가 불가능한 장소가 있다. 그런

부산 낚시인 김종호씨가 뗏장수초 너머에서 붕어를 낚아내고 있습니다. 이런 곳에서 붕어를 끌어내기 쉽게 한다고 전방의 뗏장수초를 제거하면 입질을 받을 확률 자체가 떨어져 애써 수초를 제거한 작업이 무의미해집니다. 수초대보다 긴 대를 사용해서 챔질과 동시에 위로 들어 올리면 대어를 걸어도 뗏장 속에 파고드는 것을 방지할 수 있습니다. 경남 창원시 동읍 화양리 고양못.

곳에서는 조심조심 물가로 다가가서 손으로 소리 나지 않게 살짝 꺾어내는 정도로 그쳐야 한다. 오히려 갓낚시에서 연안의 나뭇가지는 받침대 대용으로 활용할 수 있어 좋은 면이 많다.

받침대를 휘둘러가며 연안의 갈대를 쳐내는 터프한 낚시인들은 '낮에는 붕어가 이 물가에 없다' 고 생각하기 때문에 그런 작업을 하는 것이다. 그러나 밤이든 낮이든 붕어는 물가에서 멀지 않은 곳에 있다.

제5원칙-수심초

아무리 신중하게 대 편성을 마쳤다고 해도 그 판단이 옳았다고 장담할 수 없다. 왼쪽이 포인트라고 생각했는데 막상 오른쪽에서만 입질이 올 수 있다. 또 초저녁엔 얕은 수심을 노리다가 자정 이후엔 깊은 수심까지 공략해야 한다. 한두 마리 입질을 보고 성급하게 대 편성을 허물어선 안 되지만 일단 방향을 잘못 잡았다고 판단되면 망설일 것 없이 신속하게 이동시킨다.

그러나 앞서 말했듯이 오른쪽에 입질이 잦다고 해서 그 쪽에 여러 대를 우르르 몰아넣어서는 안 된다. 붕어가 움직이는 방향이 확인된 이상 그에 맞춰 포인트 배분이 새로 이뤄져야 한다는 의미일 뿐이다.

낚싯대 편성의 변화를 고려해 갓낚시에서는 불필요한 받침대는 쓰지 않는다. 뒤로 물러나 앉는 갓낚시에서는 연안의 수풀이나 나뭇가지, 뗏장수초 등 낚싯대를 걸칠 사물이 도처에 있다. 받침대가 없어서 나쁜 것은 모양이 나지 않는다는 것뿐이다. 뭐 밤에 봐줄 사람도 없지 않은가.

☞그러나 대 끝이 물에 잠기면 안 된다 – 낚싯대의 끝은 수면에서 30cm 이상 들려 있어야 한다. 그래야 대 그림자가 물속에 덜 비치고 챔질할 때 대 끝이 수면을 후려치는 파장이 발생하지 않는다. 그래서 옆으로 펼친 대라도 대 끝이 물에 잠길 정도라면 받침대로 받쳐줘야 한다. 떡밥낚시를 즐겨온 낚시인들은 대 끝을 물속에 잠가두는 경우가 많다. '바람에 원줄이 흐르는 것을 방지하기 위해서' 라고 한다. 그러나 밤에는 그 정도로 바람 부는 날이 많지 않다. 특히 물가를 노리는 갓낚시에서는 낚싯대나 원줄이 물속에 가라앉을 경우 접근하는 붕어에게 부비트랩이 된다.

바닥의 요철을 샅샅이 읽어라

갓낚시의 포인트 선정은 수중턱을 찾는 것이 핵심이라고 말했다. 일단 자리를 정하면 4칸 대를 꺼내서 여기저기 던져 바닥의 요철을 파악한다. 어디까지가 얕은 턱이고 어디서부터 깊어지는지 숙지한 다음에야 낚싯대 길이와 방향을 결정할 수 있다. 만일 생각보다 너무 가파르거나 완경사지대가 너무 멀리까지 뻗어 있으면 좋은 포인트가 아니므로 얼른 다른 곳으로 옮겨야 한다.

경남 의령군 화정면 상정리 모시골못(저곡지)에서 겪은 아쉬웠던 사례를 소개한다. 그 날 저수지에 좀 늦게 도착하는 바람에 나는 미처 먼 거리 수심을 파악하지 못한 채 연안의 수몰나무만 보고 포인트를 잡았다. 2.5칸대를 꺼내 정면으로 던져보니 1.2m, 가장자리에 붙이니 50~70cm 수심이었다. 됐다 싶어 5대를 펴고 낚시를 시작했는데 초저녁에 6치 세 마리만 낚이고는 감감무소식이다. 건너편과 상류에서는 37cm를 비롯해 월척과 준척을 연신 뽑아내며 희희낙락하는데….

아차 싶어 옆으로 펼친 3.5칸대를 들어 정면으로 던져봤더니 앞이나 멀리나 모두 1.2m 수심이 아닌가! 알고 보니 그 수심의 수중턱이 무려 5칸대 거리 이상까지 뻗어 있었다. 그러니 깊은 수심에 있던 붕어들이 내 미끼가 있는 연안까지 접근하려면 수중턱 위로 올라와서도 무려 20m 거리의 얕은 수심을 종횡무진 달려와야 하는 셈. 무슨 입질이 있을 것인가?

큰 붕어일수록 은신처에서 가까운 수중턱을 찾기 때문에 얕은 수심이 지나치게 멀리까지 뻗어 있는 곳에서는 가에서 입질을 받기 어렵다. 그런 곳은 긴 대로 먼 거리의 수중턱 끝을 노려야 한다.

미리 알았더라면 수중턱이 비교적 근거리에서 심층부로 떨어지는 왼쪽에서 낚싯대를 펼쳤을 것이다. 결국 어둠 속에서 자리를 옮겨 준척 2마리를 낚았으니, 초저녁부터 그 자리에서 시작했더라면 곱절의 조과를 거두었을 터였다.

나의 이런 실수를 여러분은 하지 않기 바란다. 물가에 도착하면 허둥지둥 받침대부터 꽂지 말고 꼭 긴 대를 꺼내 물속의 수심과 요철을 더듬어보자. 낮에 도착하면 저수지 전체를 걸어서 돌아보는 것도 좋다.

뒤로 물러날 곳이 없는 산자락에서 긴 대를 옆으로 펼쳐 물가에 찌를 붙이는 전형적인 '측면 대 편성'입니다. 연안에 수풀이 우거진 곳은 그 수풀을 제거하지 말고, 이렇게 '천연 받침대'로 활용하는 것이 좋습니다. 충북 괴산군 불정면 지장리의 세곡지.

횡으로 펼쳐진 연안에서 대를 양 옆으로 펼치는 측면 대 편성입니다. 중하류에서 많이 사용하는 편성법. 긴 대를 양쪽 연안으로 붙이고 정면은 비워 놓습니다(정면의 물가는 낚시인과 가까워 입질이 거의 없음). 경남 함안군 칠서면 구포리의 구곡지.

붕어낚시는 대 편성에서 성패가 좌우된다. 그러니 처음 대를 펼 때 그만큼 심사숙고해야 한다. 포인트 주변의 물속 지형을 더듬어 파악한 다음, 붕어가 어디에서 접근해 어디에서 입질하고(1부 포인트) 자정 이후에는 어디로 후퇴할 것인지(2부 포인트) 계산한 다음, 몇 칸 대를 펼칠 것이며 의자는 어디 놓는 게 좋을지 생각한 후에 비로소 받침대를 꺼내 꽂아야 한다.

최악의 유형은 그런 과정 없이 일단 야삽을 꺼내 의자 놓을 자리부터 다듬는 타입이다. 어떤 이들은 낚싯대는 펴보지도 않고 텐트부터 치기도 한다. 그리고 나중에 이렇게 소리친다. "어휴, 밑걸림이 많아서 도저히 낚시 못하겠어!" 그러게 미리 낚싯대라도 한 번 던져보았으면 좀 좋은가 말이다.

갓낚시에서는 낚시텐트는 치지 않는다. 물가에 덩그러니 세워놓는 낚시텐트는 연안으로 접근하는 붕어에게 상당한 경계심을 준다. 비록 밤이라도 붕어는 물가에 새로 나타난 물체를 감지한다. 사람 그림자에도 반응하는데 하물며 텐트라니…. 그래서 비가 오지 않는 한 밤이슬을 막는 용도로는 파라솔도 펼치지 않는다. 별로 춥지 않은 날에도 굳이 그런 시설물을 설치하는 사람들이 많은데, 10단짜리 받침틀처럼 낚시텐트도 모양새를 따지는 일종의 유행이 아닐까 싶다.

대를 펴는 순서는 긴 대 우선이다. 긴 대가 주력 대이기도 하지만 짧은 대보다 정확히 던지기 어려우므로 좁은 장애물지대를 노릴 경우 수차례 반복 캐스팅을 통해 어둠 속에서도 던질 수 있게끔 감을 익히기 위해서다.

낚싯대를 한 대씩 펴서 미끼를 던져 나가든 여러 대를 펴놓고 한꺼번에 케미와 미끼를 꽂아서 던지든 그것은 개인의 취향이다. 그러나 낚시터에 늦게 도착한 날은 반드시 한 대씩 펼쳐서 케미와 새우를 꿰어서 던지도록 한다. 첫 낚싯대를 가장 좋은 자리에 펴기 때문에 초저녁 황금시간대에는 두 번째 대를 펴기 전에 입질을 받는 경우가 허다하기 때문이다.

또 늦게 도착했을 때는 웬만하면 받침대는 펴지 않는 게 좋다. 받침대를 땅에 꽂을 때 나는 진동과 물의 파장이 대단히 크기 때문이다.

☞받침대 꽂는 요령 - 아직도 받침대 꽂는 요령을 몰라서 절구질 하듯 쿵쿵 찧어가며 땅에 박는 사람들이 있다. 그러면 단단한 땅에서는 박히지도 않는다. 받침대는 땅에 대고 좌우로 휘저으며

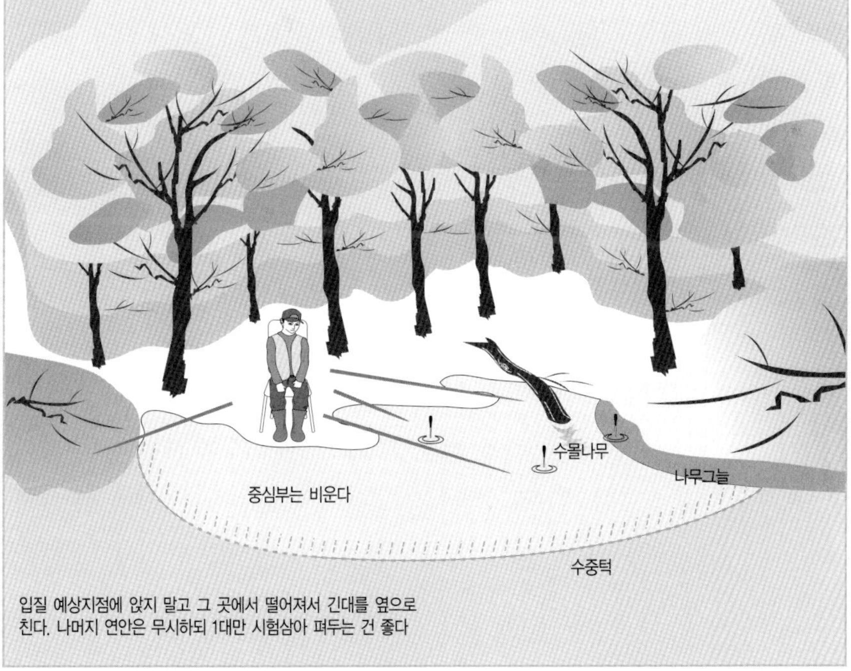

입질 예상지점에 앉지 말고 그 곳에서 떨어져서 긴대를 옆으로 친다. 나머지 연안은 무시하되 1대만 시험삼아 펴두는 건 좋다

밀어 넣으면 진동도 없고 아무리 단단한 땅이라도 쉽게 박힌다.

측면 대 편성-중류와 제방에서

갓낚시는 연안을 노리므로 양쪽 옆으로 낚싯대를 펼치는 '측면 대 편성'이 가장 많이 쓰인다. 이때 좌우 양 방향을 모두 노리려고 해선 안 된다. 그 경우 주의력이 분산되어 두 마리 토끼를 쫓다가 다 놓치는 결과가 되기 십상이다. 그러므로 왼쪽인가 오른쪽인가를 결정하고 한 쪽을 집중 공략하는 대신 한 쪽은 버려야 한다.

만일 왼쪽 포인트를 집중적으로 노리고자 한다면 낚시의자는 당연히 오른쪽에 놓아야 할 것이다. 즉 노리고자 하는 자리에서 멀어지는 것이다. 끝내 오른쪽 포인트에도 미련이 남는다면 왼쪽으로 3~4대 펼쳐놓고 오른쪽으로는 한 대 정도만 깔아 혹시 모를 입질에 대비하면 충분하다.

그러나 긴 대를 활용하면 양쪽 연안을 모두 노릴 수 있다. 낚시의자를 최대한 뒤로(혹은 높은 곳으로) 물린 채 아주 긴 4.5칸대와 5칸대를 사용해 각각 양쪽 끝의 포인트를 겨냥하는 것이다. 의자를 뒤로 물릴수록 양쪽의 찌가 한눈에 들어와 어신을 보기에 편리하다. 물론 인기척을 줄이는 효과가 더 크다.

물가에 접근해서 3.5칸-2.5칸-1.5칸-2칸-3칸대를 양 옆으로 벌리는 것보다 물가에서 물러나서 똑같은 5개 지점을 4.5칸-3.5칸-2.5칸-3칸-4칸대로 노리면 모든 찌를 한눈에 볼 수 있고 인기척도 크게 줄일 수 있다. 의자를 뒤로 물리면 낚싯대들은 모두 땅이나 풀 위에 올라오므로 앞받침대도 불필요해 빠른 시간에 대 편성을 마칠 수 있다.

특히 제방에서는 의자를 둑 위에 놓고 긴 대로 측면 편성을 하는 것이 유리하다. 의자를 놓기 불편한 비탈진 석축에서 벗어나 편평한 잔디밭에서 편안하게 낚시할 수 있다. 넓게 조망하므로 연안 장애물에 찌를 더 붙일 수 있고, 여름밤에는 모기도 덜 달려든다.

같은 지점에 5개의 찌가 놓일지라도 멀리서 긴 대로 노릴 때의 조과가 월등한

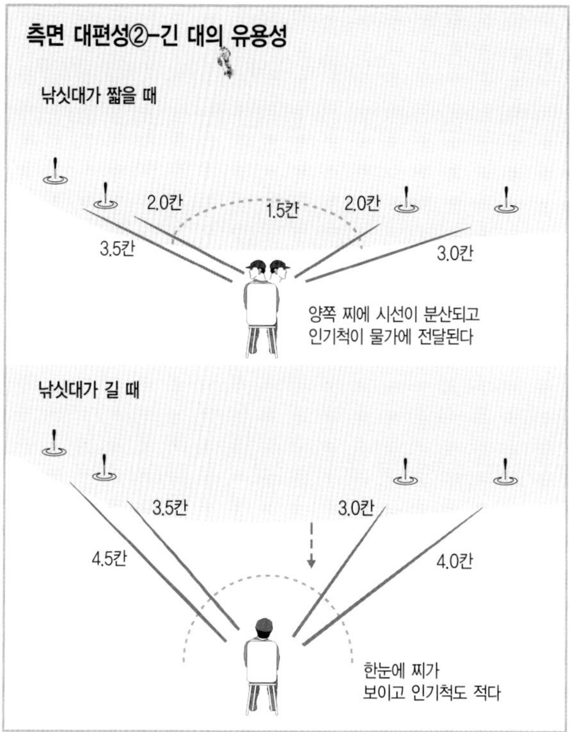

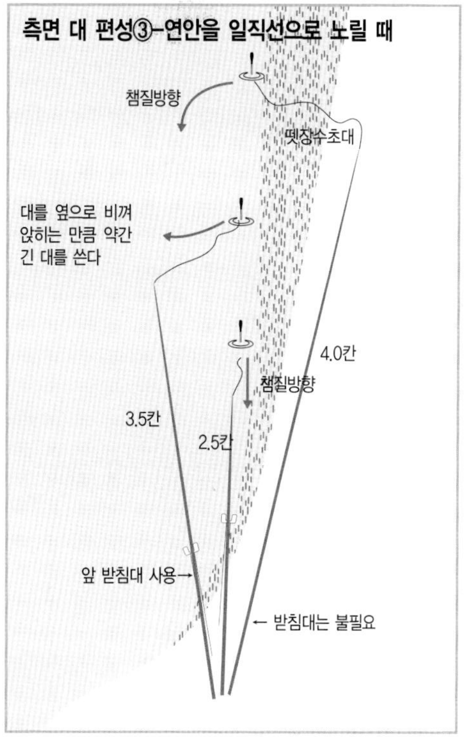

이유는 참새 소쿠리 효과다. 그래서 갓낚시인들은 고지를 점령하기 위해 경쟁한다. 뭇 낚시인들이 '그렇게 물가에서 멀리 떨어져 앉으면 낚은 고기를 끌어올리기 불편하지 않겠느냐'며 높은 자리에 앉기를 기피하지만, 월척이 걸리더라도 낚시인이 물가로 걸어 내려가서 건져 올라오면 된다. 사실 걱정도 팔자다. 월척 입질을 못 받아서 탈이지, 일단 내 바늘에 걸리면 무슨 수를 써서라도 건져 올리지 못할까.

찌의 간격은 촘촘하면 안 된다. 최하 2m의 거리를 유지하는 것이 좋다. 그를 위해 낚싯대의 길이는 1.0칸씩 간격을 둔다. 즉 3.5칸대를 던졌으면 그 안쪽에 3칸대 대신 2.5칸 대를 던져야 간격이 적당히 벌어진다. 그러나 그런 칸 수에 구애받을 필요는 없다. 갓낚시는 어차피 멀리 던진 다음 찌를 가까이 끌어 당겨서 가에 붙이는 식이니까 3칸대를 쓰든 2.5칸대를 쓰든 찌를 당겨서 원하는 자리에 넣을 수 있다.

그러므로 '그 자리는 근거리에서 입질이 잦으니까 짧은 대가 유리하다'는 식의 표현은 갓낚시와는 무관하다. 4칸대를 폈더라도 앞에서 입질이 잦으면 찌를 끌어당겨 놓으면 되니까…. 그러나 짧은 대로는 그 반대로 할 수 없다. 이래저래 긴 대가 갓낚시에는 쓸모가 많다.

측면 대편성을 해보면 입질은 거의 양쪽 맨 끝의 찌에 집중된다. 붕어가 그만큼 인기척에 민감하다는 증거다. 그러므로 입질이 뜸한 중앙부는 그냥 비워둔다.

크로스 대 편성-제방 코너와 최상류 물골에서

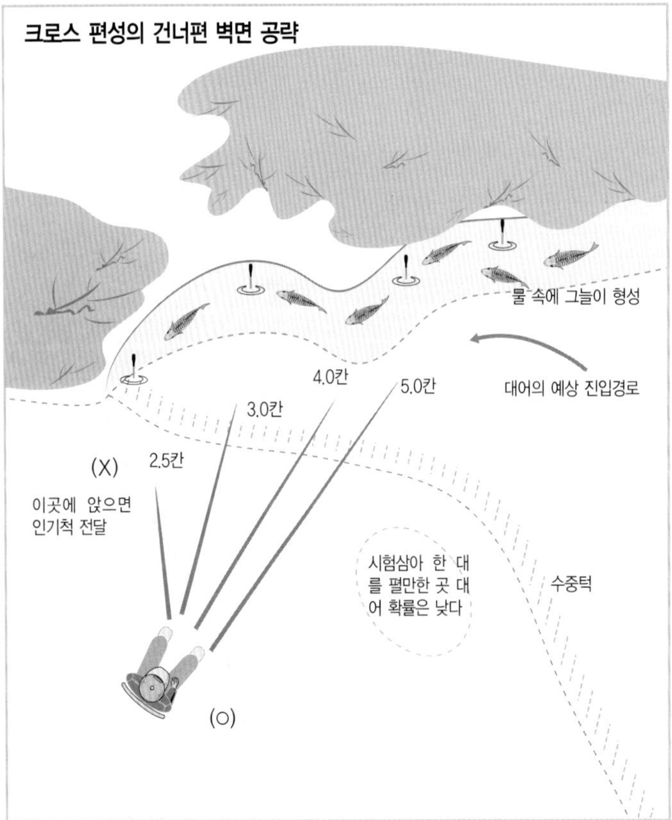

크로스 편성은 갓낚시에서 월척을 낚을 수 있는 확률이 가장 높은 편성법이다. 그 이유는 크로스 편성을 요하는 자리들이 갓낚시 제1의 명당이기 때문이다. 크로스 편성을 하는 자리는 〈1〉제방의 양쪽 모퉁이 〈2〉최상류 물골이다.

왼쪽 그림을 보면 알 수 있듯이 크로스 편성은 건너편의 벽을 노려서 긴 대로 가로질러 던지는 방법이다. 크로스 편성에선 연안의 한쪽 면을 완벽하게 공략하기 위해 한쪽 면을 포기해야 한다. 그러면 어떤 면을 공략하고 어떤 면을 포기하는가? 그에 대한 해답은 각자가 현장에서 판단할 수밖에 없으나 대개 절벽을 끼고 있는 급경사 쪽을 공략하고 완경사 지역을 포기하는 게 월척 확률이 높다.

예컨대 무넘기를 포함한 제방의 양쪽 모퉁이에서는 산자락을 노리고 제방은 포기하는 것이 좋다. 제방은 석축으로 형성되어 바늘채비가 석축 틈에 잘 박히고 산자락에 비해 대어의 접근도도 낮다. 그러나 제방이 흙으로 이루어져 있거나 석축 사이의 틈이 흙으로 다 메워졌을 만큼 오래 묵은 고지에서는 오히려 제방 쪽을 노리는 것이 더 나을 수도 있다.

또 최상류 물골에 앉았을 때는 산자락의 절벽을 겨냥해 4칸 이상 긴 대로 물골을 건너 쳐서 절벽의 벽면에 찌를 바짝 붙여준다. 지금까지 허송세월 팀이 낚아낸 4짜 중 대부분이 바로 이 최상류 물골에서 크로스 편성에 걸려든 것이라면, 그 포인트 위력을 짐작할 수 있을 것이다.

왜 크로스 편성에서는 한 쪽 면을 완전히 버려야 하는가? 다음 페이지의 그림을 통해 설명해보자.

이 그림은 진주시 진성면 월령지(이천지)의 무넘기를 그린 것이다. 4짜를 비롯해 무수히 많은 월척을 쏟아낸 자리다. A처럼 무넘기 중간에 자리를 잡으면 제방 쪽과 산 쪽, 그리고 무넘기 중앙부의 연안까지 모두 노리는 측면 대편성이 가능하다. 그러나 문제는 이런 곳

무넘기에 앉아서 크로스 편성으로 절벽지대를 노리고 있습니다. 이 방식이 소류지 무넘기 낚시의 최강수입니다. 만일 찌를 벽에 붙이지 않으면 2m 수심으로 떨어지고 입질은 거의 없습니다. 이 자리에선 오른쪽에서 두 번째 찌(나무그늘 바로 밑)에서 조과의 90%가 나옵니다. 사천시 정동면 감곡리의 대산지.

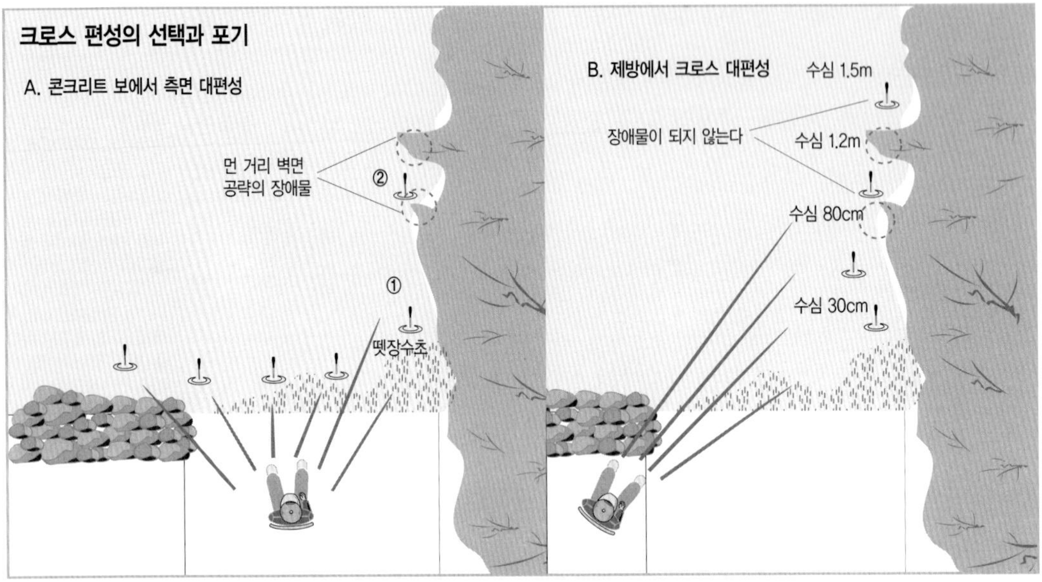

에서 월척의 입질은 십중팔구 산자락에서만 들어온다는 것이다.

찌를 산자락 벽면의 50cm~1.2m 수심에 바짝 붙이면 입질이 들어오는데, 벽으로 붙이지 못하면 1.5~2m 수심으로 미끼가 떨어져서 입질을 받지 못한다. 결국 입질지점은 ①과 ② 두 곳 밖에 안 되며 더 긴 대를 산 쪽으로 펼쳐서 ②보다 안쪽의 벽면을 노려보려 해도 나뭇가지에 걸리고 세 대를 다닥다닥 포개야 하는 애로점이 있다.

반면 B처럼 제방 쪽은 완전히 버리고 산자락만 향해 크로스 편성을 해보자. 산자락 벽면의 지점을 네 곳이나 노릴 수 있어 산자락에 붙어 들어오는 붕어의 입질을 받을 확률이 훨씬 높아진다. 또 바늘에 걸린 월척을 끌어내기도 쉽고 손맛도 더 진하게 볼 수 있다.

다만 이런 크로스 편성에는 긴 대가 필수적이기 때문에 5칸대까지 준비해야 한다. 실제 월령지 무넘기에선 3칸, 3.5칸, 4칸, 5칸의 네 대가 필요하다.

크로스 대편성에서 유의할 점은 '낚싯대 끝을 곡사포처럼 높이 쳐들어야' 한다는 것이다. 붕어가 깊은 중앙부에서 골의 물가 쪽으로 접근할 때는 크로스된 낚싯대가 자칫 이물감을 줄 수 있다. 붕어로선 밤이라도 허공에 가로지른 낚싯

대 그림자를 감지할 수 있다. 그래서 불필요한 대는 펴지 말라는 것이다. 그리고 수심이 얕은 곳이라면 늘어진 원줄이 바닥까지 깔려 접근하는 붕어에게 그물처럼 걸릴 수 있다. 그래서 대 끝을 높이 들어서 늘어진 원줄이 바닥까지 내려가는 것을 막아주는 것이다. 무넘기라면 수심이 깊어서 크로스편성을 해도 대 끝을 굳이 쳐들 필요는 없지만, 최상류 물골은 수심이 얕아서 대 끝을 들어주고 원줄이 바닥에 끌리지 않도록 조심해주어야 한다. 그 경우 물론 대 차림의 모양새는 나지 않는다.

진주시 진성면 이천리 월령지의 무넘기. 크로스 편성으로 절벽 밑에 찌를 붙인 마산 대물낚시 유창호 사장이 36cm 월척 포획 순간을 아침에 재연하고 있습니다. 이 월척은 밤 10시, 4칸대, 1m 수심에서 낚였습니다. 이 못에서 월척을 걸어본 사람은 그 힘에 매료돼 이곳만 찾게 된다는군요.

Part13

생자리를 찾아라!

저수지에 가면 이른바 '명당'이 있습니다. 모든 낚시인이 탐내는 자리…

그러나 갓낚시는 유감스럽게도 그런 명당과는 인연이 없어요. 無인기척이 생명인 갓낚시는 낚시인이 붐비는 자리나 반들반들하게 닦인 자리에서는 큰 효과를 거둘 수 없기 때문이죠.

그래서 남들이 앉지 않은 생자리를 찾습니다.

생자리를 찾는 갓낚시는 유목민 스타일의 낚시입니다. 씨 뿌려 가꾸듯 밑밥 주고 수초작업한 자리는 남들에게는 명당일지 몰라도 갓낚시인에게는 아닙니다.

누구나 탐내는 명당은 버려라

붕어낚시 제1의 명당은 어딘가? 최상류, 무넘기, 벼랑 끝의 수중턱 등을 갓낚시 명당으로 꼽았지만 그런 위치를 떠나서 최고의 명당은 '생자리'다.

다른 낚시인의 손길이 닿지 않은 생자리에는 대어 자원이 많이 남아 있고, 그곳의 붕어들은 낚시인들에게 스트레스를 받지 않아 활달한 성품을 그대로 유지하여 낚시에 잘 걸려든다. 가령 최상류가 포인트 여건은 좋지만 낚시인들이 자주 찾은 듯 반들반들하게 닦여 있고, 무넘기는 상류보다 못해 보여도 낚시한 흔적이 없다면 그 저수지의 월척은 상류보다 무넘기에서 낚일 공산이 크다.

그러나 생자리는 대개 낚시하기에 불편한 자리다. 그러기에 지금껏 생자리로 남아 있는 것이다. 그리고 일반적인 붕어낚시 패턴으로는 공략하기 어렵다. 그러나 갓낚시로는 충분히 노릴 수 있으며 다른 낚시인들의 눈이 휘둥그레질만한 조과를 그곳에서 올릴 수 있다.

생자리에는 세 가지 유형이 있다.

어허~ 저런 곳에 앉았다가 굴러 떨어지면 어쩌려고…. 생자리를 즐겨 찾는 허송세월 황병길 회원. 갓낚시는 이런 곳도 포인트로 삼기 때문에 자리에 크게 구애받지 않습니다. 찌는 최대한 물가에 끌어당겨 붙이기만 하면 됩니다. 함안군 함안면 강명리의 영담지(강지못) 왼쪽 중류.

1.낚싯대를 펼치기에 너무 높거나 옹색하다

제방 옆의 절벽, 나무가 울창한 산자락 등 극심한 급경사를 이루고 있고, 의자를 놓을 수 있는 자리가 마땅하지 않은 곳이다. 수면에서 아주 높은 곳에서만 낚시할 수 있거나 낚싯대를 정면으로 던지면 3~4m 이상 급심으로 떨어지는 곳이

많다. 그러나 갓낚시는 그런 곳에서 연안 상층의 수중턱을 찾으면 얼마든지 붕어를 낚을 수 있다.

2.너무 얕다

최상류의 완경사지대, 갈수기의 상류, 낮에는 바닥이 보일 정도로 얕은 자리는 일반 낚시인들이 붕어가 낚이지 않을 것으로 보고 낚시를 시도하지 않은 생자리다. 가령 5칸대를 던져야 겨우 50cm 수심을 보이는 자리라면, 더구나 그런 곳에 수초 한 포기 없다면, 누가 낚시를 할 것인가? 그러나 갓낚시인들은 그런 곳을 노려 월척을 낚아낸다. 50cm 수심이 아니라 30cm 수심이라도 월척을 낚기에 충분하다는 사실을 알기 때문이다. 얕은 곳을 늘 눈여겨보는 갓낚시적 시각이 없다면 그런 곳까지 붕어가 올라온다는 사실을 알지 못한다.

3.미답의 소류지

전역이 생자리인 곳이다. 사람의 발길이 닿지 않은 오지의 저수지일수록 갓낚시가 잘 먹힌다. '그런 전인미답의 붕어 소굴이라면 굳이 갓낚시를 하지 않아도 쉽게 붕어를 낚을 수 있지 않겠는가' 생각하겠지만 그렇지 않다. 오지의 붕어들은 물가에서만 사냥하는 습성이 완벽하게 배어 있어 깊은 곳을 노리는 일반 낚시로는 제대로 낚아내지 못한다. 최근 전국적으로 소류지낚시 붐이 일면서 중부지방과 호남지방에도 산 속에 묻힌 소류지를 캐고 다니는 낚시인이 많아졌다고 한다. 그러나 그런 곳에서 일반적인 낚시를 한다면 갓낚시 조과의 절반은 커녕 10%도 올리기 어렵다.

어제 많이 낚은 자리에 오늘은 왜 입질이 없지?

그런데 대다수 낚시인들은 생자리를 그다지 선호하지 않는다. 대신 남들이 검증해준 '명당'을 찾는다. 낚시터에 도착하자마자 "어디가 포인트냐"고 묻는 사람은 충분히 검증된 명당을 가르쳐 달라는 뜻이다.

오늘도 생자리를 찾아 숲속을 헤매시는 서찬수씨. 낚시인의 손을 많이 탄 저수지라도 생자리는 있게 마련이며 월척붕어는 그런 곳에 피신해 있습니다.

그런 성향은 떡밥낚시인 뿐 아니라 대물낚시인들도 마찬가지다. 그런 의식 속에는 이미 다른 꾼들에 의해 검증된 자리에서 낚시하는 게 더 안전할 것이라는 믿음과 편안하게 잘 다듬어진 자리에서 낚시를 즐기고 싶다는 욕구가 복합되어 있다.

그리고 생자리보다 명당을 선호하는 낚시인의 뇌리에는 하나의 믿음이 신앙처럼 깃들어 있다. 그것은 '붕어는 회유한다' 는 것이다.

붕어 회유론은 오늘날 붕어낚시의 근간을 이루고 있다. 떡밥낚시인들은 "붕어들이 24시간 동안 한번은 내 자리로 올 것이며 그때를 대비해 부지런히 떡밥을 쌓아두면 떼고기를 낚을 수 있다"고 한다. 그런 믿음이 없다면 입질 없이 밤새도록, 혹은 2박3일씩 한 자리를 고수하지는 않을 것이다. 대물낚시인들도 "어제 새벽 2시에 이 자리에서 네 칸대로 4짜를 낚았다"고 하면 서로 그 자리에 앉으려고 경쟁을 벌인다. 그리고 그 날 밤 용케 그 자리를 차지한 낚시인은 똑같은 방향으

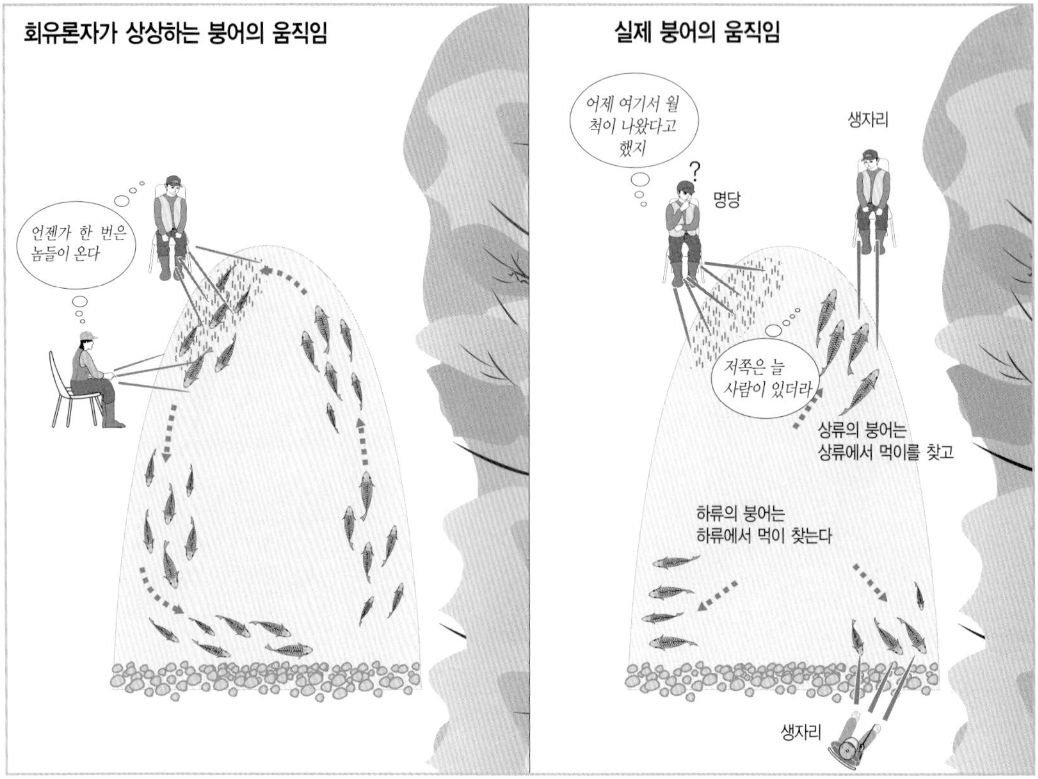

로 4칸대를 펼쳐놓고 '오늘도 이 자리에 그만한 녀석이 또 한 번 찾아오겠지' 하는 믿음을 가지고 밤을 샌다.

그러나 그토록 확고한 '회유 신앙'을 뒷받침할 만한 구체적 근거나 사례는 아쉽게도 그다지 없어 보인다. 그동안 내가 취재현장에서 본 경험으로는 전날 월척이 낚인 자리에서 다시 월척이 낚이는 경우는 극히 드물었고 오히려 그 옆자리나 건너편에서 월척이 낚이는 경우가 더 많았다.

특히 자주 경험하는 것이 어제 떼고기가 쏟아진 저수지에서 오늘 몰황을 겪는 것이다. 어제의 짜릿한 기억을 가지고 절친한 낚시친구들까지 대동하여 붕어 씨를 말릴 기세로 쳐들어가면, 그 많던 붕어들은 자취도 없고 내가 언제 입질했느냐는 듯 고요한 적막감이 저수지를 감돈다. 참으로 허탈하고 황당한 일이 아닐 수 없다.

그런 사건들이 연속으로 발발하는 이유가 무엇일까? 나는 붕어가 회유하지 않기 때문에 그렇다고 짐작한다.

붕어는 물론 물속을 이리저리 헤엄쳐 다닌다. 그러나 그 회유 범위는 우리가 생각해온 것처럼 넓지 않다. 낚시인은 '붕어들이 하루 한 번씩은 유유상종 무리지어 하류부터 상류까지 좌악 훑으며 순시할 것'이라 생각하지만 그 정도의 폭넓은 회유는 없는 듯하다.

그것은 불과 3천평짜리 소류지에서 낚인 붕어도 하류에서 낚인 것과 상류에서 낚인 것의 체형과 체색이 다른 것을 보아도 알 수 있다. 하류의 붕어가 불과 50m 거리에 있는 상류까지 올라가지 않는 것이다. 도로 쪽 연안과 산 쪽 연안에서 낚이는 붕어의 생김새가 다른 경우도 많다. 전남 진도의 소포수로에서 그물을 치는 어부들도 "각 가지 수로마다 붕어 모양이 다 다르다. 한 샛수로에서 다른 샛수로로 이동하지는 않는다"고 말한다.

진주 진성면 월령지에서 거둔 조과. 앞쪽의 체색이 밝은 붕어는 하류에서, 뒤쪽의 체색이 어두운 붕어는 상류 수초대에서 낚인 것입니다. 이처럼 한 저수지에서도 붕어의 체색이 다른 것은 하류의 붕어가 상류까지 회유하지 않는다는 것을 말해줍니다. 진한 손맛을 즐긴 세 모델은 왼쪽부터 유창호, 신수진, 김종호씨.

가뭄이나 홍수 등 큰 변화가 닥쳐서 살기 위해 이동하지 않는 한 단순히 먹이를 찾기 위한 붕어의 회유 폭은 아주 좁다는 것은 이미 많은 낚시인들이 제기해 온 주장이다. 하다못해 산란철에도 저수지의 모든 붕어가 상류로 올라가서 산란하는 게 아니라 하류의 붕어는 저들대로 하류의 적당한 곳에서 산란한다는 것이 확인되고 있다.

댐 붕어와 강 붕어는 저수지 붕어보다 회유 폭이 넓다고 알려져 있지만, 그 회유 폭도 그리 넓지 않다. 수위 변동에 따라 상류로 혹은 하류로 집단이주할 수는 있겠으나 그런 회유가 오늘 내가 낚시하는 하룻밤 사이에 이루어지는 것은 아니지 않은가. 그렇다면 오늘 내가 낚을 수 있는 고기는 결국 내 근처에 있는 고기가 전부다.

2박 이상 장기전은 승산 없어

어젯밤 4짜가 낚인 자리에 오늘 또 4짜가 낚이지 않는 이유는 한 마리 있던 4짜를 어제 낚아버렸기 때문이다. 두세 마리의 4짜가 그 자리에 있어서 '오늘은 붕돌이 네가 가서 먹고 와라. 나와 붕순이는 오늘은 쉬고 내일 사냥할께' 하고 순번을 정해놓고 입질하지는 않을 것이다. 물론 하나의 저수지에서 대물이 잘 낚이는 자리는 분명히 있다. 그러나 그렇더라도 편의점의 음료수 진열대처럼 월척 한 마리가 빠져나가면 뒤에 기다리던 월척이 제깍 충원되지는 않는다. 만일 "작년에(혹은 한 달 전이나 1주일 전에) 이 자리에서 4짜를 낚았다"고 하면 그곳에 앉아볼 필요가 있다. 그러나 어제 4짜가 낚인 자리라면 차라리 주변의 다른 생자리를 찾는 것이 낫다.

어떤 저수지든 4짜가 낚이는 시기는 1년에 단 며칠 정도로 정해져 있어서 오늘 4짜가 낚이면 내일도 4짜가 출현할 확률이 높은 것은 틀림없는 사실이다. 그러나 어제 재미 본 자리는 이미 한 차례 소란을 피웠던 자리인 만큼 다른 4짜가 '옳거니, 이제야 이 자리가 비었군.' 하고 또 찾아들 확률은 낮다. 그러니 어제의 월척 조사가 "그 포인트를 오늘 양보해줄까 말까?"하고 으스댈 때 조용히 거절하고 딴 자리를 찾는 것이 훨씬 현명한 처사다.

또 붕어가 너무 많이 낚인 자리는 빈 집이 되어버린다. 어제 대박을 거둔 자리에서 오늘 몰황을 겪으면 낚시인들은 이유를 찾느라 부산하다. 가장 흔한 핑계가 수온이다. "수온이 어제보다 영 낮은데?" "새우가 얼음짱이야." 그러나 이유는 의외로 간단하다. 그 자리에 있던 붕어의 상당량을 어제 다 낚아버렸기 때문이 세 장의 사진을 봐 주세요. 고성군 회화면 어신리 산북지에서 47.5cm 붕어가 낚인 다음날, 소문 듣고 온 꾼들이 이미 연안에 쫙 깔렸지만 갓낚시팀은 이런 생자리들을 찾아서 대를 펼쳤습니다. 모두 수면에서 높은 자리여서 앉을 생각도 하지 않는 곳이지요. 앉기 편한 자리를 차지한 낚시인들은 밤새 몰황을 겪었지만 ①자리에서 37cm, 38cm, ②에서 35cm, ③에서 준척 한 마리를 낚았습니다.

이다.

☞그러나 대형지는 호황기가 길다 – 충주호, 해남 고천암호 등 대단위 수면의 낚시터는 호황기간이 길다. 수면이 넓은 만큼 붕어의 양이 많고, 그 많은 붕어들이 산란기특수나 오름수위 등의 특정한 호황시기에 대거 몰려들기 때문이다. 그런 곳이라면 어제의 대박 포인트를 물려받아 오늘 또 재미를 볼 가능성이 크다. 그러나 틀림없이 어제보다는 오늘의 조황이, 오늘보다 내일의 조황이 떨

어지게 마련이며, 그래서 아무리 대형지라도 호황이 1주일 이상 지속되는 포인트는 극히 드물다. 특히 소류지라면 호황기는 최대 3일이다. 그래서 '소문 듣고 찾아가면 늘 뒷차'인 것이다. 며칠 호황이 지속된 낚시터를 찾았을 땐 자리다툼이 벌어지는 곳을 피해 생자리를 찾아야 호황을 누릴 수 있다.

그동안의 경험으로, 한 저수지를 연달아 들어갈 때, 어제 낚은 붕어보다 오늘 낚은 붕어가 더 많았던 적은 나로서는 단 한 번도 없다. 항상 첫 날의 조황이 최상이었다. 첫 날 20마리가 낚이면 이틀째는 많아야 5마리쯤 낚이고, 사흘째는 한두 마리 아니면 꽝이다. 여러분의 경험은 어땠는가? 나와 비슷했다면 그것은 무엇을 말하는가?

명당이란 게 따로 있어 회유하는 붕어들이 계속 그곳으로 유입되는 게 아니라는 것이다. 밑밥이 계속 쌓여 그곳의 붕어 양이 점점 느는 경우란 없다는 것이다. 붕어의 회유범위는 제한적이어서 낚시인에게 붕어가 다량 뽑혀나간 자리에는 남은 붕어가 많지 않다는 것이다. 그러므로 붕어의 양은 생자리에 항상 많을 수밖에 없다. 특히 수가 적은 월척은 더욱….

밑밥을 사용한 집어(集魚) 역시 회의적이다. 대형 붕어는 사냥을 하는 육식성 어류다. 어느 특정지역에 식물성의 집어떡밥이 많이 깔려 있다고 해서 월척이 사냥터로 가지 않고 그곳에서 떡밥을 주워 먹고 있지는 않을 것이다. 다만 뻘바닥에 황토나 겉보리를 장기간 뿌려주면 바닥 리모델링 효과로 인해 그곳에 새우들이 꼬이고 그 새우를 잡아먹기 위해 대어가 들어올지는 모르지만, 그런 효과는 오늘 내가 뿌린 겉보리로 며칠 후에 다른 사람이 누릴 만한 것이다. 또 대물낚시에서 밑밥은 종종 잔챙이 붕어를 불러 모아 역효과를 내기도 한다.

떡밥의 집어효과란 것도 얼마나 신빙성 없는 것인지 간단히 알 수 있다. 옆 자리의 낚시인은 계속 붕어를 낚아내는데 나는 입질이 없었던 경험을 누구나 해보았을 것이다. 그때 나는 가만히 있었던가? 계속 떡밥을 갈아주며 바닥에 쌓지 않았던가. 시간이 지날수록 내 자리에는 떡밥이 쌓이고 옆 사람 자리는 계속 빈 바닥이겠지만(붕어가 먹다 낚이니까) 내 자리에 쌓인 떡밥이 집어력을 발휘해 옆 사람 자리에서 낚이는 붕어들을 끌어당겨서 역전시키는 경우는 거의 없다.

이처럼 회유와 집어를 뒷받침하는 사례들이 희귀한 상황에서 '기다리면 온다'는 믿음은 자칫 고집이 될 위험이 크다. 그래서 한 낚시터에서 2박 이상 장기전을 펼치는 것은 조과의 측면에서 본다면 현명한 전략이라고 보기는 어렵다.

생자리는 다듬지 말고 보호하라

생자리낚시를 즐겨보라고 하면 낚시인들은 생자리를 개간해서 낚시하는 것을 연상하고 야삽과 톱을 들고 나선다. 그러나 생자리는 개발보다 보존이 중요하다. 말끔히 다듬은 생자리는 이미 생자리가 아니다.

2002년 여름에 경남 고성군 영오면 양산리의 양산소류지(머릿골못)에서 무넘기를 노려 월척 세 마리를 낚은 적 있다. 모처럼 무더위 속에서 본 손맛이었고 붕어 힘도 장사급이어서 친한 낚시인에게 그 저수지를 알려주었다. 그러나 그는 돌아와서 "잔챙이만 몇 마리 낚았다"며 투덜댔다. 이상했다. 월척의 양이 상당할 것으로 추정되는 곳이었는데 왜 허탕을 쳤을까? 며칠 후 그 인근을 지나다가 머릿골못에 들러보니 그가 실패한 이유를 알 수 있었다. 낚시에 지장을 초래하지도 않는 제방의 풀을 말끔히 베어놓았던 것이다. 낚시인이 손대지 않은 생자리일수록 인기척에 대한 붕어의 경계심은 더 크다. 벌초하듯 풀들을 깡그리 쳐내는

의자를 사용해 풀을 눕히고 있습니다. 이렇게 하면 굳이 풀을 잘라내는 소음을 일으키지 않고도 낚시자리를 정리할 수 있습니다. 낚시인이 떠나면 하루 만에 풀들은 다시 꼿꼿이 일어서니 자연보호인 셈이죠.

야단법석에 달아나지 않을 월척이 어디 있을까?

이런 일화도 있다. 경상남도경찰청에 낚시를 무척 좋아하는 청장이 한 분 계셨는데 통영 한산도에 붕어가 우글거리는 보물소류지가 있다는 소문을 입수하고는 그곳으로 밤낚시를 나섰다. 그런데 경남도경에서 한산도 지서로 시키지도 않은 전화를 해서 "청장께서 가시니까 불편함이 없도록 하라"고 지시를 했나보았다. 비상이 걸린 한산도의 경관들은 청장이 낚시할 저수지를 미리 찾아가서 낚시하는데 걸릴 만한 물가의 잡목을 모조리 베어버렸다. 깔끔하게 다듬어놓은 연안에서 편하게 낚시하시라고 한 작업이었지만, 그 난리를 쳤으니 무슨 붕어가 낚이겠는가. 저수지에 도착한 청장은 '허허' 웃고 말았을 뿐 부하들이 나름대로 충성심에서 한 행동을 나무라지도 못했다고 한다.

낚시인 중에는 물가에 가면 숫제 집을 짓는 사람이 많다. 그런 사람의 차에는 큰 삽이 실려 있다. 해 지기 2~3시간 전에 낚시터에 도착하면 의자는 물론 텐트 칠 자리까지 널찍하게 다듬는다. 그리고 긴 수초제거기를 꺼내서 별로 빽빽하지도 않은 수초를 기어코 다 끌어낸다. 여름 뙤약볕에도 그런 작업을 쉬지 않는다. 결국 기진맥진해져서 정작 밤이 되면 의자에 앉아 꾸벅꾸벅 졸고 있다. 도대체 왜 그러는지 나로서는 알 수가 없다.

밀양의 한 저수지에서는 길에서 물가로 내려오는 비탈에 삽으로 계단을 파고 나무토막을 주어 와서 무너지지 않도록 멋지게 보강해둔 낚시인도 보았다. '나만의 낚시공간'을 다듬는 것에서 나름대로 즐거움을 얻는 것이려니 생각은 하지만 그런 공사로 야기되는 인기척이 물속의 붕어를 얼마나 멀리 쫓아내는지 좀 생각해보면 좋겠다.

생자리를 찾은 낚시인들이 물가에 큰 의자를 놓기 위해 비지땀을 흘리며 땅을 개간하는 것은 붕어를 쫓는 가장 나쁜 습관이다. 삽으로 땅을 파고 발을 굴러 다듬는 진동에 고기가 다 달아나며, 달아나지 않더라도 크게 놀라 은신처에 숨어서 꼼짝하지 않는다. 그리고 제방을 파고 논두렁을 허무는 그런 행위가 결국 시골주민들이 낚시인을 배척하게 만들고 있다.

앉을자리는 옹색한 대로 대충 다듬어 앉아야 한다. 물가가 가팔라서 의자를 놓기 힘든 곳도 약간만 위로 올라가면 평평한 곳이 있다. 그런 곳에 의자를 놓으면 낚싯대를 많이 펼쳐도 일목요연하게 조망할 수 있어 더 좋다. 풀이 무성하게 자란 곳은 의자를 접어서 풀 위에 놓고 체중으로 대충 누르면 평평하게 눕기 때문에 굳이 잘라내지 않아도 된다.

의자 앞의 수풀은 그대로 살려둔다

눈앞에 거슬리는 풀이나 나뭇가지가 있으면 기필코 다 쳐내야 직성이 풀리는 낚시인이 많다. 그 성격을 좀 죽이고 그냥 그대로 보존해두면 월척을 만나기에 한결 유리하다고 꼭 알려주고 싶다. 낚시인과 물 사이에 있는 수풀은 인기척을 차단해주는 훌륭한 장막의 역할을 한다. 일부러 그런 장소를 찾아다니는 갓낚시인들이 있는데 그런 천연의 보호막을 제거하다니… 물론 붕어를 끌어낼 때 좀 걸리기는 하겠지만 일단은 그 차단막을 이용해 입질을 받는 것이 더 낫지 않을까?

차단막의 신기한 마력을 느낀 일화를 소개한다. 진주시 이반성면 장안리 반덕지에서 겪은 일이다. 제방 오른쪽 모퉁이에서 낚시를 했는데 오른쪽 물속으로 돌출된 키 낮은 잡목덤불이 하나 있었다. 4칸대를 던지니까 찌가 그 덤불을 살짝 넘어갔다. 그런데 일어나서 던졌을 때는 찌가 보이는데 의자에 앉으니까 덤불에 가려 보이지 않았다.

어둠이 깔리고 30분쯤 되었을 때 4칸대의 총알이 "찰카닥" 소리를 내면서 뒤꽂이에 박혔다. 얼른 낚싯대를 당겨보니 25cm 붕어 한 마리가 요동치며 끌려나왔다. 찌가 보이지 않아 제때 못 챘는데 다행히 제물걸림된 것이었다. 다시 새우를 꿰어 던져놓고 선 채로 찌를 보며 5분 넘게 기다렸다. 입질은 없었다. 그런데 의자에 앉아서 담배에 불을 붙이고 한 모금 내뿜는 순간 또 "찰카닥" 하면서 4칸대의 총알이 박혔다. 이번에는 28cm짜리 준척이었다.

다른 낚싯대에는 입질도 없고, 오직 그 4칸대에만 입질이 오는데 희한하게도 내가 일어서 있을 때는 입질이 없고 의자에 앉아 있을 때만 입질이 오는 것이었다. 그런 식으로 밤 10시까지 덤불 너머 보이지 않는 곳에서 5번의 입질을 받았고 4마리의 붕어를 낚았다. 나중에는 나도 찌가 보이면 입질이 없을 것 같고 의자에 앉아서 찌가 보이지 않아야 입질이 올 것만 같았다. 보이지 않는 찌의 어신을 상상하며 기다리는 그 긴장감이란… 겪어보지 않은 사람은 모를 것이다.

나중에는 '내가 찌를 보는 순간 물속의 붕어가 나를 보고 있는 것은 아닌가' 하는 생각마저 들어 오싹해졌다. 정말 낚시인과 붕어 사이에는 어둔 밤에도 커튼이 필요한 것일까?

밤낚시터에 일찍 가지 마세요

언제부턴가 나와 서찬수씨는 출조시간이 되면 일부러 늑장을 부리는 버릇이 생겼다. 서울이나 부산, 울산에서 찾아온 서씨의 손님들은 시계를 보며 발을 동동 구른다. "밥 먹고 들어가면 해 지겠소. 빨리 갑시다!"

우리가 일부러 저수지에 늦게 도착하는 이유가 있다. 그동안 대박조황을 거둔 날을 돌이켜보니 모두 어둠살이 내릴 때 아슬아슬하게 도착해서 허둥지둥 낚싯대를 펼친 날이었고, 일찍 도착해서 만반의 준비를 갖추고 낚시한 날은 큰 조과를 거두지 못했다. 나와 서찬수씨는 그런 경험을 자꾸 반복한 끝에 결국 해답을 얻었다. '우리가 저수지에 일찍 도착해서 하는 행동은 모두 붕어를 쫓는 행동이었구나!'

해 지기 전에 넉넉하게 저수지에 도착하면 어떤 행동을 보이는지 상상해보라. 3~4명의 낚시꾼이 각자 한 바퀴씩 저수지를 빙 돌면서 연안을 탐색한다. 인기척을 전역에 뿌리는 것이다. 시간이 남으면 차에 시동을 걸어서 나중에 철수할 때 빼기 좋게끔 "부릉부릉" 전진후진을 반복하며 차를 돌려놓는다.

낚싯대를 다 펼친 낚시인들은 자꾸 욕심이 나는지 더 긴 대를 꺼내 넣지도 못할 좁은 수초구멍에 찌를 세워보겠다고 자꾸 퐁당거린다. 그래도 시간이 남으면 낚시자리 주변 잡목 정리에 들어간다. 괜히 걸릴 일도 없는 물속의 나뭇가지까지 꺼내서 치워둔다. 아예 지렁이를 달아서 낮낚시부터 시작하는 사람도 있다.

그런 행동들은 저수지에 늦게 도착하면 하지 않을 것들이며 사실 불필요한 행동들이다. 일련의 자그마한 소란이 낮부터 반복되면 정작 날이 저문 뒤 붕어의 입질이 나타나지 않는다.

그래서 나는 저수지에 일찍 도착해도 일부러 낚싯대를 펴지 않는다. 일단 긴 대 한 대만 펼쳐 수심만 체크한 다음 어느 방향으로 몇 칸대를 펼지 기억해두고 그 방향에 맞춰 받침대만 꽂고는 낚싯대는 가방에서 꺼내지 않는다. 나는 낮에 펼쳐둔 긴 낚싯대의 그림자가 밤에 연안으로 접근할 붕어를 미리 쫓는다고 생각하고 있다. 차에서 조용히 기다렸다가 어둠이 내리기 시작하면 그때 물가로 다가간다. 낚싯대를 한 대씩 펴서 새우를 달아 던지면 이내 붕어의 입질을 받을 수가 있다.

오늘도 허송세월 회원들은 일부러 저수지에 늦게 도착하려고 시간을 조절한다. 외지에서 온 낚시인들은 물론 초조하다. 그러나 저수지에 늦게 도착하는 날, 낚시의자도 풀밭에 대충 놓을 수밖에 없고, 낚싯대도 겨우 서너 대 펼쳐서 수초 앞에 대충 던질 수밖에 없는 날, 붕어가 마릿수로 솟구치며 우리를 환영해준다.

Part 14

붕어를 움직이는 자연현상

우리는 수온水溫이라는 요소에 너무 집착하고 있습니다. 허탕 친 낚시인들의 핑계 1위가 수온입니다. 고기가 안 낚이면 "수온이 낮아서…", 입질이 없으면 "아직 수온이 안 올라서…", 입질이 끊어지면 "수온이 벌써 내려가서…"라는 이유를 대지요. 참 핑계거리도 달리 없나 봐요.

수온이 무슨 미꾸라지도 아니고, 왜 번번이 미끄러지고 떨어지고 오르지 않아서 붕어를 제대로 못 낚게 할까요? 대체 수온은 언제나 한번 오르는 거죠?

제1변수는 수온이 아니라 '물색'

●수온

갓낚시를 통해 얻은 큰 기쁨 중 하나가 '수온의 굴레'에서 탈출한 것이다. 갓낚시를 접하기 전 나는 밤낚시터에 앉아 늘 수온의 변화를 예의주시해야 했다. 왜냐하면 주변 낚시인들이 모두 비장한 표정으로 이렇게 말했기 때문이다.

"밤이 깊으면 수온이 점점 올라서 자정부터 새벽 사이에 최고조를 이루는데 그때 틀림없이 대물이 한 번은 움직일 것이야! 만일 수온이 빨리 오르면 월척이 더 빨리 낚일 것이고, 불행히도 수온이 오르지 않으면… 그냥 기다림에 만족하고 다음을 기약할 수밖에 없어!"

나는 그 말을 철석같이 믿고 이제나 저제나 수온이 오를까 물가에 망부석처럼 앉아 밤을 새곤 했다. 아마 지금도 대물낚시에 입문한 낚시인들은 나처럼 수온의 상승을 기대하며 긴 밤을 꼬박 샐지도 모른다.

나는 '햇빛이 사라진 밤에 오히려 수온이 오른다는 말이 과연 사실일까?' 싶어 직접 수온계를 가지고 매 시간 수온을 재보았다. 오르기는커녕 점점 내려갈 뿐이었다. 그리고 붕어가 연달아 잘 낚이는 시간은 있었지만, 그 시간과 수온의 변화는 아무 상관도 없었다.

☞나는 봄에 수온을 측정해보았다. 봄에는 해 진 뒤부터 수온이 하강했고 상승하는 경우는 밤새 한 번도 없었다. 그러나 광주의 오승언씨는 "내가 관측한 바로는 여름에는 해가 지고 난 뒤에도 수

온이 계속 오르는 경우가 많았다. 태양열에 데워진 수온은 해가 진 뒤에도 한동안 오르는 것으로 나타났다"고 말했다. 오씨는 "그러나 자정을 넘어서면 수온은 다시 내려갔다. 그리고 새벽~아침에 예외 없이 가장 낮은 수온을 보였다. 그리고 붕어의 입질시간과 수온은 아무 연관이 없었다. 오히려 수온이 가장 낮은 아침에 큰 붕어가 잘 낚였다"고 말했다.

비 온 뒤 새물이 유입되는 최상류. 만일 흙탕물이 흘러들면 이 최상류에서 월척을 마릿수로 낚을 수 있습니다. 그러나 이 날 찾아갔을 때는 한발 늦어서 개울에서 맑은 물이 흘러들고 있더군요. 붕어는 맑은 물을 싫어하기 때문에 이런 상황이라면 오히려 상류를 피해야 합니다. 중류쯤에서 밤낚시를 해볼까 하다가 뱀들이 설쳐대서 도망쳐 왔습니다. 고성군 개천면 예성리 구례지.

그런 수온 기록을 낚시인들에게 증거물로 보여주며 '수온과 조황은 별 상관없더라' 고 말했다. 그러나 낚시인들은 아랑곳하지 않고 이렇게 말했다. "낚시의 오묘한 신비란 것이 그렇게 단순한 기계상의 수치로 나타난다면 얼마나 좋겠나. 그러나 내가 새우를 만졌을 때 따뜻하게 느껴지면 수온의 극히 미묘한 상승이 있는 것이며 바로 그때 대물이 본능적으로 움직이는 것이라네."

나는 또 '오묘한 신비' 라는 말에 이끌려 수온계는 치우고 매 시간 손을 물속에 담가가며 행여나 물이 따뜻하게 느껴질까, 그때 월척이 솟구칠까, 노심초사하며 밤을 새본 적도 있었다. 그러나 역시 아무 상관도 없었다. 손이 따뜻하게 느껴지는 건 새벽 추위에 내 손이 식으니까 물에 담갔을 때 상대적으로 따뜻하게 느껴지는 것이지 수온이 올라서 그런 것이 아니었다.

수온에 관한 해답을 찾기 위한 나의 길었던 방황은 갓낚시를 만나 종식되었다. 왜? 갓낚시에서는 월척들이 초저녁에 다 낚였기 때문이다.

해가 지자마자 찌를 자빠뜨리는 놈들을 걷어내느라 물속에 손을 담가볼 여유도 없었고, 자정 이후에는 오히려 입질이 뜸해지니까 자정 후에 수온이 오르든 말든 관심도 없어졌다. 그래서 그동안 갓낚시에 대한 많은 기사를 쓰면서 수온에 대한 얘기는 꺼내지 않았다. 지금 내게는 옛 추억과도 같은 수온을 다시 끄집어내는 이유는 입문자들에게 수온에 너무 집착하지 말라는 말을 해주고 싶어서다.

물론 붕어는 계절적인 수온의 변화에 따라 서식처를 이동하고 사냥 패턴도 달라진다. 그러나 그런 큰 수온 변화는 한 달이나 최하 1주일에 걸친 변화다. 오늘 우리가 낚시하는 하룻밤의 수온 변화는 미미하며 오늘밤 붕어가 낚이고 안 낚이는데 별 영향을 미치지 않는다. 만일 어제까지 잘 낚이던 붕어가 오늘 입을 다물었다면 그 원인은 다른 데 있을 것이다. 가령 인기척의 확산, 물색이나 수위의 변동, 달빛의 변화 등이 더 큰 원인으로 작용했을 것이다.

갓낚시는 수온과 관련해 다음의 세 가지만 알고 있으면 충분하다.

① 하루 중 수온은 해질 무렵과 초저녁에 가장 높으니까 해거름~초저녁에 입질이 활발하다.

② 봄에는 얕은 곳부터 수온이 먼저 오르니까 연안을 노리는 갓낚시가 봄에 가장 잘 된다.

③ 반대로 8~9월 혹서기에는 연안의 수온이 너무 높으니까 갓낚시가 잘 안되고 물이 식는 밤 10시 후 늦게 입질이 들어온다.

소양호의 11월 수온 측정 결과(단위 ℃)

	오후6시	오후9시	오후12시	오전3시	오전6시	오전9시
수 온	16.4	15.9	15.8	15.5	15.5	15.2
기 온	14.9	11	9	8.5	9.7	14.4

2006.11.3~4 소양호 추곡리에서 측정

●물색

내가 수온에 관한 미련을 떨칠 수 있었던 것은 수온보다 더 중요한 붕어낚시의 변수를 발견했기 때문이다. 그것은 물색이다.

물색은 수온보다 훨씬 상위의 변수다. 2003년 3월 17일 경남 의령군 정곡면 큰골지(대신지)에서 허송세월 회원들과 부산, 울산의 갓낚시 동호인들이 모여 시조회를 가졌는데, 해거름부터 새벽 1시까지 4짜를 비롯해 5마리의 월척을 낚았다. 이틀 전에 내린 폭우로 흙탕물이 밀려든 것이 호재였다. 3월의 빗물은 얼음물에 가까울 정도로 차가워 수온으로 보면 밤낚시가 불가능한 상황이었지만, 물색이 흐려지자 초봄의 월척이 밤에 연안으로 몰려나온 것이다. 대신지는 여름밤에도 한기가 돌 만큼 깊은 골짝의 전형적인 계곡지다.

그처럼 새물찬스는 여름 고수온기에만 형성되는 것이 아니었다. 초봄이나 늦가을에도 갈수상태나 청물(아무 맑은 물)상태의 저수지에 폭우로 흙탕물이 밀려들면 연안에서 붕어들이 떼 지어 낚였다. 봄철 새물찬스의 호황 원인은 산소부족의 해소나 고수온의 해소일 리는 없다. 단지 물색이 흐려졌기 때문이다.

평소에 청정옥수를 자랑하던 계곡지도 갈수가 되면 물빛이 탁해지고 그때 월척이 마릿수로 낚였다. 그래서 갈수기에는 평소 물이 맑아 낚시하기 어렵던 곳만 선정해서 다녀도 실컷 손맛을 볼 수 있었다.

한 저수지도 해마다 물색이 바뀌었다. 가령 진주시 진성면 이천리의 장자곡소류지에서 한 해에 7~8치 붕어를 새우로 타작하고, 이듬해 다시 찾았는데 물이 너무 맑아져 있었고 허탕을 쳤다. 그 이듬해에 가니 물이 흐려져 있었고 다시 붕어가 마릿수로 낚였다. 또 함안군 칠원면 구성리의 한 소류지는 우리가 '작업장'이라 부를 정도로 무지막지하게 붕어가 많아서 갈 때마다 굵은 붕어를 20~30마리씩 낚았는데, 한 해에는 가보니 바닥의 말풀이 보일 정도로 맑아져 있었다. 알고 보니 물을 빼고 붕어를 다 잡아낸 것이었다. 그래서 그 후 나는 '붕어가 많거나 많이 움직이는 저수지는 물이 흐리고 붕어가 적거나 움직이지 않는 저수지는 물이 맑다' 고 추측하고 있다.

즉 물이 맑은 저수지에서 붕어가 잘 낚이지 않는 이유는 그 투명도 탓에 붕어가 경계심을 품는 게 아니라, 맑은 물 자체가 붕어가 많이 없거나 아직 움직이지

폭우 직후 물이 흘러 넘치는 무넘기는 특급 명당이 됩니다. 이렇게 무넘기 연안에 뗏장수초까지 참하게 깔려 있으면 갓낚시에 입질이 보장된 것이나 다름없죠. 전날 초저녁에 낚은 35cm 월척을 아침에 다시 끌어내 보이고 있습니다. 고성 산북지.

않는다는 표식이기 때문이다. 그래서 물이 맑으면 밤낚시도 잘 안 된다.

유일하게 물이 맑아도 낚시가 잘 되는 곳이 말풀밭이다. 말풀은 탁수의 거름종이 역할을 하므로 말풀이 자라는 곳은 물이 맑다. 그러나 말풀밭에서는 새우미끼 밤낚시보다 지렁이미끼 아침낚시가 잘 되는 편이다.

따라서 오늘의 밤낚시터를 결정할 때 가장 먼저 고려해야 할 상황이 물색이다. 물이 맑은 곳은 일단 2순위로 돌려야 한다.

물의 탁도를 떠나 붕어가 잘 낚이는 물의 색깔(컬러)이 있다. 월척 확률이 높은 곳의 물색은 '자줏빛' 이다. 오래 된 고지의 토양에서만 우러나는 그 물색이 형성된 저수지는 대개 많은 월척을 보유하고 있다. 자줏빛 물은 축산폐수로 오염된 간장색 물과 다르다. 짙어 보이지만 투명도가 높아서 밤에 랜턴을 비추면 꽤 깊은 곳까지 투과된다.

둘째로 좋은 물색이 '황록색' 이다. 그런 물색은 붕어가 많이 움직여서 형성된 것으로 특대형은 드물지만 마릿수가 좋고 턱걸이 월척 정도는 쉽게 낚인다. 그리고 '녹색' 물은 오염이 심한 물이며, '회색' 물은 늪지나 수로에 흔한 뻘물색인데 밤낚시가 안 되고 아침에 붕어가 낚이는 것이 특징이다.

●달빛

갓낚시는 얕은 수심을 노리는 만큼 달빛의 영향을 많이 받는다. 그러나 일반 낚시도 달을 타기는 마찬가지다. 달이 밝으면 깊은 수심을 노려도 입질이 뜸하다. 휘영청 밝은 달은 어둠을 희석시켜 암흑을 틈타 연안으로 접근하는 대어의 발길을 가로막기 때문이다. 달빛의 악영향은 물빛이 맑을수록 크고, 수초가 적은 맨땅못일수록 크고, 하류보다는 상류 포인트에서 크다. 그러므로 달이 밝을 때는 얕은 상류는 피하는 것이 낫다.

보름 전후에 유망한 저수지는 다음과 같다.

① 가로등이 늘 켜진 마을의 저수지-붕어들이 빛에 익숙하여 달빛을 많이 타지 않는다.

② 수초가 많은 저수지-수초 그늘에 붙이면 제법 입질을 받을 수 있다. 오히려 수초가 밀생한 저수지는 달이 밝아야 밤낚시가 잘 되는 곳도 많다.

③ 계곡지 중 평소 깊은 수심에서 붕어가 잘 낚이는 곳-심층은 달빛의 영향이 적다. 이런 곳에선 새우보다 떡밥이 잘 먹히는 수가 많다.

갓낚시의 호기는 달빛이 약할 때다. 하현달부터 그믐을 거쳐 상현달까지, 달의 크기가 반달보다 작은 시기가 좋다. 음력으로는 23일부터 8일 사이의 15일간이다. 그 중 조황은 그믐이 가장 나을 것 같지만 또 그렇지도 않다. 완전한 그믐보다 초승달(초저녁에 잠시 빛나다가 져버리는 달)이나 그믐달(새벽에 잠시 떴다가 사라지는 달)이 뜨는 시기에 붕어가 더 잘 낚이는 수가 많다. 특히 초승달에 월척이 많이 낚이는 편이었다. 그 이유는 알 수 없다. 다만 달빛이 너무 없어도 붕어가 밤에 많이 움직이지 않는다는 느낌만 어렴풋이 받을 뿐이다.

반달이 뜨는 시기부터는 달빛이 강하기 때문에 달이 없는 시각을 골라서 낚시해야 한다. 그런 점에서 초저녁이 황금시간인 갓낚시에는 자정 이후 떠오르는 하현달(보름 후 점점 줄어드는 반달)이 좋다. 초저녁에는 칠흑 같은 어둠에서 얕은 수심을 노리고, 달이 뜨는 자정 이후엔 깊은 수심을 노려 계속 입질을 받을 수 있기 때문이다.

한편 상현달(그믐 후 점점 커지는 반달)은 밤 12시에 지는 달이다. 그래서 초저녁에 입질이 집중되는 봄과 가을에는 나쁘고, 밤늦게 입질이 시작되는 8~9월 혹서기에 좋은 달이다.

보름 전후에도 비가 내리는 날은 달빛이 완전히 가리므로 좋은 밤낚시 기회가 된다. 오히려 그 동안 달빛 때문에 밤 사냥을 못한 대어들이 활발히 움직여 그믐보다 더 좋은 조과를 종종 올릴 수 있다. 그러나 비가 오지 않고 구름만 얕게 끼어 있으면 달빛이 완전히 차단되지 않아서 큰 기대를 하기 어렵다.

재미있는 사실은 '그믐에는 구름이 낀 밤이 별이 총총한 맑은 밤보다 더 환하다'는 사실이다. 우리의 상식과는 반대되는 현상이 아닐 수 없다. 낮은 구름층이 도시의 불빛을 받아서 넓게 반사하기 때문인지, 아니면 구름이 낮의 태양빛을 저장이라도 하고 있다가 발산하는 것인지 알 길은 없으나 아무튼 구름 낀 밤이 맑은 밤보다 밝은 것은 틀림없는 사실이며, 달빛을 많이 타는 물 맑은 낚시터에서는 불황으로 직결될 만큼 무시하지 못할 영향을 미친다. 여러분도 유심히 관찰해보기 바란다.

나무그늘이 우거진 연안에 찌를 붙이고 있습니다. 달 밝은 밤에는 이런 나무그늘이나 수초 그늘을 찾아야 굵은 붕어의 입질을 볼 수 있습니다. 이 사진은 2000년 5월 함안군 함안면 대미골소류지 제방에서 촬영한 것인데, 지금은 사진 속의 나무들이 다 베어지고 없습니다.

●습도

한편 달빛 뿐 아니라 공기 중의 '습도'도 밤낚시 조황에 영향을 미친다. 같은 그믐이라도 어떤 밤에는 건너편의 낚시동료가 보이는데 어떤 밤은 내 낚싯대 손잡이가 안 보일 만큼 칠흑일 수 있다. 물론 그런 칠흑 같은 밤에 갓낚시가 잘 된다.

그 차이는 습기에서 비롯된다. 칠흑 같은 밤은 습도가 많은 밤이다. 그런 날 야간에 도로를 달리면 대기가 뿌옇게 흐려서 시계(視界)가 좁다는 걸 느낄 수 있다. 그래서 낚시가방에 밤이슬이 흥건히 내리는 날 밤낚시가 잘 되고, 밤공기가 메마르고 이슬이 내리지 않는 날은 밤낚시가 잘 안 된다. 그런 날은 야간 조도照度가 높기 때문에 약간 깊은 수심을 노리는 것이 좋다.

대개 일교차가 심할 때, 즉 낮에는 덥고 밤에는 추운 날에 밤 습도가 높다. 낮에 증발한 대기의 수증기가 밤에 갑자기 응결되면서 안개와 밤이슬이 되어서 내리는 것인데, 그래서 포근한 밤보다 손발이 시릴 정도로 추운 밤에 낚시는 훨씬 잘 되는 편이다.

그것이 과연 밝기의 차이인지 아니면 기압 때문인지는 확실치 않으나 어쨌든 경험적으로 그렇다는 것이다. 밤이라고 다 같은 밤이 아니며 반달이라고 해서 똑같은 밝기의 반달이 아니다. 항상 야간 조도에 관심을 기울이면서 상황에 맞는 낚시를 구사한다면 월척의 확률은 훨씬 높아질 것이다.

●바람

밤에 바람이 불면 낚시인들은 "아이고, 수온이 더 떨어지겠군"하며 불안해하지만 그럴 필요 없다. 앞서 말했듯이 수온이란 바람이 조금 분다고 오르락내리락하는 것이 아니다.

오히려 내 경험으로는 바람이 부는 밤에 붕어가 더 잘 낚였다. 여름 뿐 아니라 초봄과 늦가을에도 그랬다. 스산하게 부는 미약한 바람보다 수면에 물결이 일 정도의 바람이 더 좋다.

그때의 포인트는 바람을 등지는 곳보다 맞받는 곳이다. 물결이 밀려와 파도가 치는 자리에 붕어들이 몰려든다. 그곳의 용존산소량이 증가하기 때문일 수도 있

수면에 이는 물결. 바람이 불어 물결이 이는 날에 월척의 입질이 활발합니다.

겠지만 물결 덕분에 대어의 경계심이 해소되기 때문이라는 해석이 더 타당할 듯하다. 그런 면에서 바람 부는 밤에는 수면이 넓어서 큰 파도가 이는 대형지를 찾는 것이 더 유리할 수도 있다.

2004년 3월 의령군 화정면 상일리 고례골못에서 초저녁 강풍 속에 준척과 월척을 타작한 기억이 있고, 그 해 5월에는 함안군 여항면 내곡리 아침골못에서 강풍 속에 8치 붕어를 무더기로 낚은 적 있다. 두 곳 모두 바람이 그치자 입질도 끊겼다.

●비

대물낚시인들은 비를 호재로 본다. 그러나 여름에는 비가 호재이지만 1년 전체를 놓고 보면 비가 와서 낚시가 안 될 때가 더 많다.

비의 온도는 비가 형성된 높이와 전선(前線:기상학에서 따뜻한 기단과 찬 기단이 부딪쳐 변화하는 경계면)과 계절에 따라 달라진다. 한랭전선에서 내리는 소나기는 차고, 온난전선에서 내리는 이슬비는 따뜻하다. 그러나 비는 어떤 상황이든 저수지의 수온보다는 차기 때문에 낚시터의 수온을 끌어내리는 작용을 한다. 그런 면에서 여름철의 비는 수온을 적당히 내려서 낚시에 이로움을 주지만, 수온이 아직 높지 않은 봄과 가을에 내리는 비는 수온을 적정수준 밑으로 떨어뜨려 낚시에 해롭다는 것이 정설이다.

그러나 봄이라도 50mm 가량의 폭우가 내려 상류에서 흙탕물이 흘러들 정도라면 나름대로의 새물찬스를 형성할 수 있다. 수온에 상관없이 흐려진 물색에 힘입어 대어들이 상류로 몰려드는 경우가 많다.

여름비라도 6~7월의 장마와 8월 혹서기의 비는 전혀 다른 결과를 낳는다. 결론부터 말하면 7월 장마철의 비보다 8월의 비가 낫다. 그 이유는 장맛비가 수온을 필요 이상으로 떨어뜨리기 때문이다. 매년 6월 하순에 찾아드는 장마는 초기에는 모내기철의 배수로 수량이 줄어 있던 저수지에 새물을 공급함으로써 종종 놀라운 새물찬스 호황을 연출한다. 그러나 호시절은 늘 짧은 법. 일단 수위가 만수상태로 회복된 후에는 수온이 충분히 내려가 있는 상태이기 때문에 더 이상의 비는 오히려 악재가 되는 것이다. 그러므로 장마철은 여름이지만 저수온기에 해당하는 독특한 시기라 할 수 있으며, 그로 인해 장마철 우중낚시의 성공률은 기대와 달리 30%에도 못 미친다.

그러나 장마가 물러나고 폭염이 내리쬐는 7월 하순 이후에는 저수지의 수온이 25도 이상으로 가파르게 상승하면서 붕어들이 고온과 저산소증에 시달리게 되어, 그때 내리는 비는 대단한 우중낚시 찬스를 낳는다. 수심이 얕고 수면이 좁을수록 고수온, 저산소 현상이 두드러져서 물고기들이 먹이활동은커녕 움츠린 채 숨만 겨우 쉬고 있는데 그때 큰비가 오면 그동안 못했던 먹이활동을 일시에 펼치는 것이다.

우중낚시의 또 다른 특징은 밤보다 아침에 잘 된다는 것이다. 비의 양이 적으면 우중낚시라도 밤의 조황이 나은 편이지만 비의 양이 많고 흙탕물이 유입될 정도라면 아침에 더 큰 붕어가 많이 낚일 공산이 크다.

우중낚시에는 또한 저수온 만큼 큰 함정이 있다. 바로 저기압이다. 비는 반드시 저기압을 동반하는데 낚시인들은 경험을 통해 '물고기는 저기압 상태에서는 잘 낚이지 않는다'는 것을 알고 있다. 낚시인들의 경험담을 종합해보면 비 오기 전이 가장 낚시가 안 되고, 비 올 때가 그 다음이며, 비 온 뒤가 그 중 낚시가 잘 되는 것 같다. 비 온 뒤에는 저기압이 사라진다는 게 호황의 원인일 수도 있겠다.

우중낚시는 여름철에 빛을 발하는데 큰비가 내린 뒤에 호황을 보이는 저수지들은 다음과 같다.

▶뻘이 깊어 산소량이 부족한 저수지

아주 오래 묵은 저수지 중에 뻘이 깊이 퇴적된 저수지는 더운 여름에는 뻘에서 메탄가스가 발생해 산소량이 부족한 곳이 많다. 심할 경우 악취마저 풍긴다. 그런 저수지에 내리는 비는 신선한 산소와 같다. 고지(古池)에는 4짜에 육박하는 대물은 많은데 좀체 낚이지 않는다. 그런 곳에 폭우가 내려 신선한 새물이 유입되면 대단한 씨알 호황이 전개된다. 또 그런 곳은 장대비가 수면을 세차게 두드

좋은 비와 나쁜 비

▶가랑비는 이롭지만 장대비는 해롭다

가랑비가 소리 없이 내릴 때 붕어가 잘 낚이고, 빗소리가 요란하게 굵은 비가 내리면 붕어의 입질이 끊기는 수가 많다. 따라서 일기예보에 '50mm 이상의 호우가 예상된다'고 하는 날은 출조를 미루는 것이 좋다. 그러나 갈수에 허덕여 새물찬스가 예상되는 후보지가 있다면 장대비와 상관없이 도전해볼 만하다.

▶짧게 쏟아 붓고 그치는 소나기가 좋다

비에는 전선(고착)성 강우(장마가 대표적)와 지형성 강우(소나기)가 있다. 장기간 추적추적 내리는 비보다 단번에 와르르 쏟아 붓고 그치는 소나기가 붕어낚시에는 더 좋은 호재다. 물론 붕어 입질은 소나기가 그친 후에 나타난다. 대개 소나기는 천둥과 번개를 동반하고 나타난다. 낙뢰 후에 폭우가 내리면 허둥지둥 장비를 챙겨서 철수하기 쉽지만 잠시 차에서 기다리면 1시간 안에 그치는 수가 많다.

▶갈수(渴水)의 폭우는 이롭지만 만수(滿水)의 폭우는 해롭다

50mm 이상의 집중호우가 내리면 저수지 상류에서 흙탕물이 흘러들기 시작한다. 그 경우 붕어들이 흙탕물이 흘러드는 상류 개울 주변으로 몰려들어 활기찬 입질을 보이는 '새물찬스'가 전개된다. 그러나 새물찬스는 저수지가 갈수상태일 때 나타나는 것이지, 만수상태일 때는 오히려 새 물이 유입되는 곳을 붕어들이 피할 수 있다. 특히 장마철에 이미 저수지가 흙탕물로 뒤덮인 상황에서 또 흙탕물이 밀려들면 더한 악조건이 될 뿐이다.

리는 상황에서도 잦은 입질을 볼 수 있다.

▶갈수상태의 저수지

모내기철 배수로 수위가 많이 내려간 저수지는 물이 줄어든 만큼 심한 고수온, 저산소 현상을 보인다. 그곳의 붕어들은 갈수상태에서 먹이활동을 멈추고 있다가 비가 내리면 아연 활기찬 입질을 보일 확률이 높다. 만일 그런 곳에 빗물이 흘러들면 그야말로 새물찬스가 전개되는데, 새물이 흘러들기 전부터 빗방울이 떨어지는 것만으로도 붕어가 움직이는 경우가 많다.

▶평소에 물이 맑아 입질 뜸한 저수지

붕어는 제법 많이 있는데 물색이 너무 맑아서 잘 낚이지 않는 저수지가 비가 내려 물색이 탁해지면 깜짝 놀랄 만한 호황을 선사하는 경우가 많다. '터 센 곳'으로 알려진 계곡형 저수지들이 주로 그렇다. 상류가 바위계곡으로 이루어져 아무리 큰 비가 내려도 심한 흙탕물이 생성되지 않는 저수지, 평소엔 도저히 붕어가 낚이지 않을 것 같은 명경지수를 자랑하는 곳이 집중호우 뒤에 빛을 발한다.

우중낚시를 즐긴 낚시인들. 비가 오면 밤보다 오히려 낮에 월척을 만날 확률이 높습니다. 낮에도 새우나 참붕어를 써야 씨알이 굵습니다. 진주시 일반성면 운천리의 상촌지(운천지) 큰 골 상류.

▶대형 댐의 후미진 골짜기

집중호우가 내리면 소류지부터 흙탕물로 변하고, 대형지는 그보다 늦게 흙탕물로 변한다. 특히 대형 호수의 새물 유입구에서 떨어진 만입지형의 밋밋한 골짜기는 상당기간 맑은 물빛을 유지해준다. 그때 탁수에 쫓긴 호수의 붕어들이 그런 만입부 골짜기로 몰려들어 호황을 선사하는데 그것이 이른바 '오름수위' 찬스다. 충주호, 소양호, 파로호, 대청호, 임하호 등의 호수는 매년 여름 폭우에 두각을 드러내는 오름수위 대박 후보지들이다. 즉 새물찬스는 큰 비 직후 소류지부터 나타나고 중형지-대형지-댐의 순서로 전개된다.

▶말풀 수초가 많은 평지형 저수지

수초는 탁수의 거름종이 역할을 한다. 특히 밀생도가 높은 말풀은 웬만큼 탁수가 밀려들어도 수초 속은 탁수가 걸러져서 맑은 물색을 보인다. 또 뗏장수초나 마름수초도 어느 정도 탁수를 걸러준다. 그래서 홍수가 날 정도로 집중호우가 며칠 동안 계속 내린 후에는 수초가 많은 저수지를 찾는 것이 낫다. 또 수초가 많은 곳은 대부분 평지형 저수지인데, 평지지는 계곡지보다 물의 유입량이 적어서 같은 강우량에도 뻘물이 질 확률이 낮다.

Part 15

갓낚시 Q&A

서찬수씨에게 직접 물었다

"갓낚시는 일반 붕어낚시의 상식과 다른 내용이 많아 알쏭달쏭해요!"
잡지나 낚시TV, 인터넷을 통해 갓낚시를 접한 붕어낚시 동호인들의 공통된 소감입니다. 그래서 그동안 갓낚시와 관련해 낚시인들이 제기해온 의문 중 대표적인 것들을 골라 서찬수씨에게 직접 물어보았습니다.

서찬수씨, 이것이 궁금해요

갓낚시! 자꾸 의심스러워요

Q 정말 물가에서 월척붕어가 낚입니까?

A 가장 많이 받는 질문입니다. 의심만 하지 말고 일단 실천에 옮겨 보세요. 여러분 중 자기도 모르게 갓낚시를 한 사람도 있습니다. 예컨대 부채꼴 모양으로 낚싯대를 펼쳤을 때 맨 양쪽 두 대의 찌는 물가에 근접하게 되죠. 혹시 그 찌에서 붕어를 낚은 적은 없습니까? 또 아주 짧은 칸반대에 굵은 붕어를 낚은 적은 없습니까? 곰곰이 생각해보면 물가에서 붕어를 잡은 경험이 있을 겁니다. 다만 그것이 우연이라고 생각했겠지만 우연이 아닙니다.

Q 항상 저수지 가장자리만 노립니까?

A 아닙니다. 전체적으로 얕은 상류에선 긴 대로 저수지 중앙부도 노립니다. 다만 수심이 1m 미만인 곳을 주로 노리죠. 그리고 물속에 얕은 둔덕이 있으면 역시 긴 대로 그 둔덕 위에 미끼를 올립니다. 또 초저녁엔 물가를 집중적으로 노리지만 밤 12시부터 아침까지는 1.5~2m 수심까지도 골고루 노립니다.

Q 그래도 큰 붕어는 깊이 노린 긴 대에서 잘 낚이던데요?

A 아주 좋은 질문입니다. 그렇습니다. 큰 붕어는 긴 대에서 잘 낚이죠. 그러나 그 이유가 깊은 곳을 노려서만은 아닐 겁니다. 그보다 인기척을 감지한 붕어가 짧은 대의 사정거리까지 들어오지 않았을 가능성이 더 큽니다.

사실은 물속에 다른 이유가 있었다고 봅니다. 큰 붕어가 낚인 곳은 뭔가 특징이 있었을 겁니다. 수중 장애물이 있거나 말풀이 자라 있거나 조금이라도 들쑥날쑥한 요철이 있지는 않았습니까?

또 하나는 님이 새벽에 낚았을 경우입니다. 갓낚시는 해거름~밤 11시에 잘 되는 낚시입니다. 새벽과 아침에는 저도 깊은 수심을 노립니다. 그 이유는 새우들이 초저녁에 물가에 몰렸다가 밤이 깊을수록 깊은 곳으로 이동하며 붕어도 따라 이동하기 때문입니다. 그렇다고 2~3m 수심에서 낚지는 않았겠죠? 월척은 깊어도 1.5m 안팎에서 낚이지 아주 깊은 곳에서 잘 낚이진 않습니다.

Q 모든 낚싯대를 다 연안에만 붙입니까?

A 5대를 펼칠 경우 3대는 연안에 붙이고, 2대는 약간 안쪽에 펼칩니다. 간혹 붕어가 초저녁부터 깊은 수심에서만 낚일 때도 있기 때문입니다. 예로 한여름, 아주 물이 맑은 곳, 깊은 곳에 장애물이 빠져 있는 곳이라면 얕은 물가에선 입질이 없을 수도 있습니다. 또 밤 12시 이후엔 한두 대만 연안에 남겨두고 나머지 대들은 조금씩 깊은 수심으로 옮깁니다. 그러나 역시 깊은 곳의 낚싯대엔 입질이 뜸합니다.

Q 정말 뒤로 물러나야 할 만큼 붕어가 인기척에 민감합니까?

A 붕어가 잘 낚일 때는 떠들고 불을 비춰도 잘 낚이죠. 그러나 그것은 어디까지나 예외상황입니다. 혹 이런 경험을 하지 않았습니까? 자리만 비우면 입질을 하고 의자에 앉아 있으면 입질이 없는 경우, 낚시자리에서 떨어져 있을 때 입질해

챔질하려고 걸어가면 찌가 멈추는 경우, 저수지에 일찍 도착해 만반의 준비를 한 날은 붕어가 잘 낚이지 않는 경우, 입질이 없어서 한 대만 들고 옮겼더니 연달아 낚이던 붕어가 낚싯대를 더 가져와서 본격적으로 낚시하려 하면 입질이 끊기는 경우, 여러 사람이 밤낚시를 하는데 하필이면 일찍 자러 들어간 사람의 찌에만 입질이 오는 경우 등등… 그런 것들이 붕어가 인기척을 강하게 느끼는 사례라고 봅니다.

월척을 잘 낚지 못하는 사람들은 공통된 습관이 있더군요. 자리에 앉아 다리를 떨거나, 쉴 새 없이 손을 꼼지락거리거나, 의자를 삐걱삐걱 흔들거나 하는 산만함이 있었습니다. 그런 분일수록 물가에서 멀리 물러나는 게 좋습니다.

그런데 낚시인들로 늘 붐비는 저수지의 붕어는 인기척에 덜 민감합니다. 인기척에 적응이 된 것이죠. 반대로 인적이 드문 소류지의 붕어는 인기척에 아주 민감합니다. 붕어도 습관의 동물입니다. 함안군 군북면에 철길 옆 소류지가 있는데 이곳의 붕어들은 기차가 굉음을 내고 지나갈 때 잘 낚입니다.

Q 갓낚시를 촬영한 TV 화면을 보니까 물가에 다가앉아 낚시하는 적도 많던데요?

A 사실 물가에서 낚시하는 경우가 많습니다. 저는 생자리를 즐겨 찾는데 그런 자리는 뒤에 나무나 수풀이 있어서 물러날 수 없는 지형이 많기 때문이죠. 그러나 물가에 앉아도 찌를 세우는 자리는 건너편 물가이거나, 물속의 얕은 둔덕이거나, 좌우 측면의 얕은 곳을 찾아서 노립니다.

의자를 놓는 방식도 일반낚시 방법과 다릅니다. 보통 의자부터 놓고 낚싯대를 펼치지만 저는 낚싯대부터 던져 놓고 그에 맞는 자리에 의자를 놓습니다. 그러다보면 물가에 의자를 놓을 때도 있고, 물가에서 몇 m 뒤에 놓을 때도 있고, 수면에서 높은 곳에 의자를 놓을 때도 있습니다. 아무튼 노리고자 하는 포인트에 인기척을 최대한 적게 전달할 수 있는 곳에 앉아서 낚시하면 됩니다.

Q 물가에서 붕어가 안 낚일 때도 있지요?

A 그렇습니다. 사람 손을 많이 탄 유명한 저수지, 호황소문을 듣고 낚시인이 모여들어 소란스런 저수지, 물가보다 물 안쪽에 수초대 등 더 멋진 포인트가 형성된 저수지의 붕어들은 가로 잘 나오지 않습니다. 그러나 그런 곳에서도 생자리를 찾으면 갓낚시가 되며, 갓낚시를 하든 하지 않든 이미 붕어가 많이 낚인 자리보다 생자리에서 더 큰 재미를 보실 수 있을 겁니다. 자꾸 의심하지 마시고 시험삼아 한번 물가에 미끼를 던져보시기 바랍니다.

Q 기사를 보면 20cm 수심까지 월척이 올라온다는데 정말 그런가요? 그런 수심에서 월척을 낚아보셨나요?

A 20cm보다 더 얕은 곳에서도 월척을 낚아봤습니다. 찌를 던지면 20cm 수심이라도 실제 깊이는 그보다 더 깊습니다. 바닥에 아주 미세한 뻘의 앙금이 있기 때문입니다. 앙금으로 수심을 체크하면 20cm이지만 붕어는 그 앙금 속에 반쯤 파묻혀 있으므로 실제 붕어 배가 닿아 있는 수심은 30cm일 수 있습니다. 간혹 낮에 물가를 걷다가 뻘물이 생기는 걸 볼 수 있는데 뻘보다 몇 배 가벼운 앙금 속에 있던 붕어가 인기척에 놀라 도망가는 것입니다.

Q 갓낚시를 몇 번 해봤지만 잘 안되던데요?

A 물가라고 아무 물가에서나 붕어가 낚이는 건 아닙니다. 물가에도 엄연히 포인트가 따로 있지요. 물가에서도 수중턱이나 연안장애물을 찾아야 하고, 더러는 물가를 벗어나 안쪽의 수중둔덕에도 찌를 세워야 합니다. 물속을 볼 수 있는 눈을 가져야 합니다. 그런 눈은 이 책을 읽어보시면 어느 정도 뜨일 것입니다. 요즘은 낚시터에서 갓낚시를 하는 분들을 종종 만납니다. 그런데 하나같이 물가에만 찌를 세워 놓고 있습니다. 갓낚시를 제대로 이해하지 못하고 있기 때문인데, 이 책을 되풀이해서 읽어 보면 당신도 갓낚시 도사가 될 수 있습니다.

Q 갓낚시는 초저녁에 입질이 잦다는데 전 월척 입질을 새벽에 많이 받았거든요?

A 낚시방법과 포인트가 저와는 달라서 그럴 것이라 생각합니다. 대물붕어는 어느 곳이든 낚시를 시작할 때 입질할 확률이 높습니다. 왜냐면 대물은 힘이 세니까 가장 먹잇감이 많은 사냥터인 물가를 선점하여 낚시인이 오기 전에 물가에서 사냥하고 있을 확률이 높기 때문입니다. 그렇다면 인기척이 가장 적은 낚시의 스타트타임에 큰 붕어가 입질할 가능성이 큽니다.

즉 낮에 사냥하는 붕어라면 동틀 무렵~아침에, 밤에 사냥하는 붕어라면 해거름~초저녁에 물가에서 입질합니다.

만약 님께서 새벽에 입질을 받았다면, 그곳의 붕어가 낮에 사냥하는 붕어이거나, 초저녁부터 너무 깊은 수심만 노렸거나, 그 낚시터에 꾼들이 많아서 초저녁엔 소란하다가 새벽에 조용해졌거나 하는 여러 가지 이유가 있을 것입니다. 그리고 수초가 많은 저수지에선 밤 12시 이후에 입질이 시작되는 수가 많습니다. 그러나 대개 깊은 수심만 노릴 경우, 초저녁 물가의 피크타임을 놓치고 갓낚시에서 '2부타임' 이라 부르는, 붕어가 깊은 수심에서 먹이를 찾는 자정~새벽에 월척을 낚는 사람이 많습니다.

Q 수온이 낮을 때는 그래도 깊은 곳을 노리는 것이 낫지 않나요?

A 밤낚시냐 낮낚시냐를 분명히 한 다음에 말해야겠습니다. 낮낚시라면 수온이 낮을 땐 깊은 곳을 노리는 것이 나을 수도 있습니다. 가령 늦가을~겨울에는 붕어가 깊은 곳에서 잘 낚입니다. 그러나 초봄에는 낮에도 얕은 곳이 낫습니다. 얕은 곳이 일조량을 많이 받아 수온이 빨리 오르기 때문입니다.

한편 밤낚시는 수온이 낮을 때도 얕은 곳을 노리는 것이 낫습니다. 왜냐하면 얕은 곳의 수온이 더 높기 때문입니다. 물은 온도가 낮을수록 비중이 높아져서 밑으로 가라앉기 때문에 깊은 곳의 수온이 더 낮습니다. 그래서 갓낚시는 수온이 높은 여름보다 오히려 수온이 낮은 봄과 늦가을에 더 잘 됩니다.

Q 지금은 11월입니다. 수온이 많이 내려가고 있습니다. 요즘처럼 추울 때도 갓낚시가 되나요? 추우면 아무래도 조금 깊은 곳으로 가야 하지 않을까 해서요. 또 맨바닥보다 수초대가 더 낫지 않은지….

A 11월 말까지는 기온만 빨리 내려가지 수온은 많이 내려가지 않습니다. 갓낚시는 이곳 경남에선 보온장구만 갖추면 12월 중순까지 가능합니다. 초겨울엔 초저녁 얕은 수심에선 입질이 뜸하고 밤이 깊어지면 1~1.5m 수심에서 수온이 제일 높고 입질도 좋습니다. 그러나 더 깊은 곳은 노리지 마십시오.

Q 소류지 낚시를 즐기시던데, 큰 저수지에선 갓낚시가 잘 안 되나요?

A 이곳 경남은 대형지가 적고 소류지가 많아서 그리 보일지 모릅니다. 그러나 대형지도 갓낚시가 잘 됩니다. 오히려 대형지는 붕어 양이 많고 포인트 선택의 폭이 넓어서 자리만 잘 찾으면 더 좋은 조황을 보입니다. 최근 저는 경남에선 대형지 축에 드는 하동군 진교면 송원지(4만평)에서 갓낚시로 재미를 보았는데 낚시인들은 수초가 우거진 중류에 몰려 있고 최상류는 맨바닥에 아주 얕아서 그런지 텅 비어 있더군요. 그러나 상류에서 긴 대를 던지니까 월척이 쑥쑥 올라왔습니다.

특히 충청도에서는 유명한 대형지에서 갓낚시로 재미를 보았다며 좋은 기법을 알려줘서 고맙다고 전화해오는 낚시인이 많습니다. 대형지에서도 소란스런 곳이 아니라면 갓낚시가 잘 됩니다.

Q 혹시 경남에서만 통하는 낚시방법 아닙니까? 다른 지방에서도 해보셨나요?

A 저수지가 있고 붕어가 있으면 어디든 가능합니다. 경북, 전남, 충남의 갓낚시 동호인들과 만나 그 지역에서 갓낚시를 해보았는데 대부분 잘 되더군요. 그분들도 기존의 낚시보다 더 붕어가 잘 낚이고 재미있다고 하셨습니다.

저는 사실 타 지역의 낚시인들께 이 낚시를 굳이 강권하고 싶지 않습니다. 각지방마다 낚시터의 지방색이 있으니 그에 맞춰 낚시를 즐기면 될 것입니다. 저는 그냥 제 낚시를 즐기고 싶을 따름이고, 각자 원하는 스타일로 즐길 수 있기 바랍니다. 다만 갓낚시가 알려진 덕에 많은 낚시인을 알게 되었고, 제가 한 번도 뵌 적 없는 분에게서 호평을 들으면 왠지 기분이 좋고 그렇습니다. 낚시란 게 즐기는 취미 아니겠습니까? 붕어를 낚으며 즐길 수 있다면 낚시방법은 중요한 게 아니라 생각합니다.

Q 갓낚시를 꼭 해야 할 상황과 갓낚시가 잘 안 되는 상황을 알려주세요.

A 미답의 소류지, 신생지는 갓낚시가 아니면 호황을 맛보기 힘든 면이 있습니다. 갓낚시가 잘 안 되는 곳은 유료터처럼 낚시인이 집중된 곳입니다.

Q 어떻게 물가에서 붕어가 잘 낚인다는 사실을 알게 됐나요?

A 97년쯤인가, 제가 속해 있던 마산의 낚시회가 함안군 칠원면의 한 저수지에서 월척이 터졌다는 소문을 듣고 찾아갔습니다. 그런데 이미 소문이 나서 쓸 만한 자리에는 다 낚시인이 있었습니다. 그나마 빈자리에는 함께 간 회원들이 앉고, 저는 작은 골 최상류의 바닥이 보일 만큼 얕은 곳에 앉게 되었죠. 그런데 그날 밤 저수지 전역에서 낚인 월척보다 저 혼자 낚은 월척이 더 많았습니다. 저는 우연의 일치겠지 생각하면서도 반신반의하며 다른 저수지에서도 바닥이 보이는 자리에서 낚시해보았습니다. 그렇게 해서 알게 됐습니다.

Q 달이 밝은 밤에도 갓낚시가 잘 됩니까?

A 보편적으로 달이 밝으면 갓낚시가 잘 되지 않습니다. 갓낚시의 포인트는 얕은 만큼 달빛을 많이 탑니다. 달이 밝은 날에는 너무 인적이 드문 산중 소류지는 피하고, 가로등이 켜진 마을 앞 저수지, 차량통행이 빈번한 도로 옆 저수지를 찾는 것이 좋습니다. 그리고 평소에 낮낚시는 잘 되는데 밤낚시가 안 되는 저수지가

있을 겁니다. 그런 곳은 달이 밝은 밤에 밤낚시를 시도해보면 좋습니다. 한 가지 덧붙이면 달을 많이 타는 저수지가 있으면 밤보다 아침 일찍 찾아가서 낚시해보시면 의외의 조황이 있을 겁니다.

Q 갓낚시는 밤낚시용 기법이라 들었는데, 낮에는 갓낚시를 하지 않습니까?

A 낮에도 합니다. 비가 와 뻘물이 지거나, 기타 물색이 탁할 경우엔 낮에 갓낚시가 의외로 잘됩니다. 그러나 낮에는 붕어가 소음에 더 민감하므로 긴 대 위주의 낚시를 해야만 합니다.

Q 물러나 앉아보니 너무 불편합니다. 일단 살림망을 놓을 곳이 없고 붕어를 낚아도 땅 위로 끌어내야 하니 손맛도 덜한 것 같고… 물가에 그대로 앉아서 월척을 유인할 수 있는 방법은 없을까요?

A 공감합니다. 저는 살림망 대신 비닐바구니에 물을 담아 거기에 붕어를 담습니다. 붕어가 상하지도 않고 붕어를 끌어낼 때 살림망이 걸리지도 않아 더 좋습니다. 다만 여름에는 산소가 부족해 바구니 속의 붕어가 쉽게 죽습니다. 그때는 얼음(낚시점에서 1천원)을 바구니 속에 담아서 차갑게 만들거나, 살림망을 약간 먼 곳에 담가두고 두세 마리 낚을 때마다 바구니 속의 붕어들을 살림망에 옮겨줍니다. 손맛은 글쎄요? 일단 붕어가 내 앞으로 끌려올 단계면 힘은 다 빠지고 손맛은 끝난 것 아닌가요? 무엇보다 큰 붕어를 걸어야 손맛인데…. 정 물러나 앉는 게 불편하시면 상류를 주로 택하시면 됩니다. 완경사의 상류에서는 물가에 앉아서 긴 대로 건너편 벽을 보고 공략하니까요.

Q 서찬수씨는 갓낚시 대신 일반낚시를 할 때는 없나요?

A 있습니다. 저도 댐이나 강에서 떡밥낚시를 할 때는 일반인과 똑같이 낚시하고, 수초가 안쪽까지 멋지게 자란 저수지라면 굳이 가를 노릴 것 없이 정면으로

던져서 수초대를 노립니다(단 정수수초에 한함). 갓낚시란 일반낚시의 보조라고 생각하시면 어떨까요? 일반 낚시에서 더 입질을 받기 쉽도록 특화한 것이 갓낚시라 생각합니다. 제 경우엔 앞보다 좌우를 더욱 눈여겨보고 생자리를 많이 찾아다니다보니 자연적으로 갓낚시를 많이 하게 되는 것 같습니다.

Q 서찬수씨의 홈페이지에서 갓낚시 이론을 밑줄까지 쳐가며 고쳐 읽고 있습니다. 학교 다닐 때 이렇게 공부했으면…ㅎㅎ. 지난번 출조에서 수온을 재보니까 해질 무렵 28도에서, 새벽에 23도가 되었습니다. 수심 60cm에서 초저녁엔 잔챙이 일색이더니 23시가 되어서야 7~8치가 잡혔습니다. 일반적인 갓낚시는 해질 무렵부터 22시까지가 피크라고 들었습니다만….

A 수온이 높다고 늘 좋은 것이 아닙니다. 한여름엔 얕은 곳의 수온이 너무 높아서 붕어들이 깊은 수심에서 활동하며 또 수온이 식은 한밤부터 입질하는 수가 많습니다. 여름에 얕은 곳에 새우를 두면 빨갛게 익는 수도 있어요. 지금 같은 여름엔 깊은 계곡지나, 평지형이라도 나무그늘이 지는 곳을 포인트로 정하면 초저녁 입질을 볼 수 있습니다. 또 여름엔 대체로 새벽낚시가 잘 됩니다. 동틀 무렵에도 큰 붕어 입질이 잦아요.

Q 고기가 가로 나오지 않는 환경조건은 어떤 것들이 있을까요? 예를 들어 지금 같은 폭염이나, 태풍급 비바람이 퍼부을 때, 한겨울 혹한기… 그럴 때도 붕어가 가로 잘 나오나요?

A 계절이나 특정한 환경조건을 떠나서 붕어가 잘 낚일 때는 가로 잘 나오고, 잘 안 낚일 때는 가로 잘 안 나옵니다. 말씀하신 악조건에서는 붕어가 가로 잘 나오지 않습니다. 그렇다고 깊은 곳에서 잘 낚이는 상황도 아닙니다. 그리고 낚시를 해보면 역시 사람에게 쾌적한 시기가 낚시도 잘 되는 시기라는 생각이 듭니다.

살짝 거만한 저 표정들 좀 보세요. 그러나 펼쳐놓은 조과를 보면 어깨에 힘 줄만하죠? 경남 진주시 사봉면 봉곡리 터골소류지에서 밤낚시를 한 허송세월 정대수(좌) 김찬용 회원. 1m 수심의 연안 뗏장수초에 새우를 바짝 붙였더니 밤 9시부터 새벽 2시까지 쭉쭉 찌가 솟더랍니다.

미끼와 포인트가 궁금해요

Q 갓낚시 미끼는 새우만 쓰나요?

A 주로 새우를 쓰지만 상황에 따라 다른 미끼도 씁니다. 짙은 뻘물이 졌을 때는 밤에도 지렁이가 잘 듣습니다. 그리고 배스, 블루길, 동사리가 많은 곳에선 새우에 그런 잡어들이 먼저 달려드는데 그런 곳에선 떡밥, 옥수수, 번데기(통조림)로 갓낚시를 하면 좋습니다.

Q 밑밥은 쓰지 않나요?

A 밑밥은 전혀 사용하지 않습니다. 물속의 바닥이 중요합니다. 좋은 바닥이라면 밑밥이 없어도 붕어가 모여들고, 나쁜 바닥이라면 밑밥을 뿌려도 붕어가 오지 않습니다. 퇴적물이 적고 깔끔한 바닥이 좋은 바닥입니다.

간혹 뻘층이 두터운 곳에선 저는 잔 돌(자갈)을 밑밥 대신 뿌려줍니다. 돌 부스러기가 뻘을 덮어서 새우나 여러 미생물이 모여드는 효과가 있습니다. 새우낚시에서 수초를 걷어낸 자리에 겉보리를 넣는 목적은 집어보다 바닥을 깨끗하게 만드는 것인데, 그런 면에서의 효과는 겉보리보다 자갈이 더 낫습니다. 제가 찌를 세우는 곳은 음습한 바닥을 피해 물속의 자연 생태가 살아 있는 곳입니다. 그런 곳이라면 밑밥이 필요하지 않습니다.

Q 새우미끼는 자주 갈아주지 말라던데 왜 그렇습니까?

A 저도 그런 말을 종종 듣지만, 그것은 잘못된 방법입니다. 입질이 없을수록 미끼는 자주 던져주는 것이 좋습니다. 입질이 없다는 것은 붕어가 많이 움직이지 않는다는 것인데, 그 경우 미끼를 자주 던져서 주의를 환기시켜야 합니다. 특히 바닥에 퇴적물이 많은 곳에선 미끼가 파묻힐 위험이 있으므로 자주 들어내서 던져줘야 합니다. 그럼 붕어의 시각과 후각을 자극해서 입질이 들어옵니다. 입질

이 없다고 멍하니 있지 말고 그냥 들어냈다가 다시 던져주는 동작만 이따금 해주어도 입질을 더 자주 받을 수 있습니다.

Q 이곳은 경기도인데 새우를 파는 낚시점이 없습니다. 좋은 방법이 없을까요?

A 갓낚시는 새우만 사용하는 것이 아니라 어떤 미끼든 쓸 수 있습니다. 그러나 역시 새우가 있으면 좋지요. 일단 주변에 새우가 서식하는 저수지가 있을 테니 그곳의 새우를 채집망으로 잡아서 쓰도록 하십시오. 새우는 차가운 물에 산소기 포기와 함께 보관하면 가정에서도 3~4일은 살릴 수 있고, 톱밥에 버무려서 냉장실에 보관하면 이내 죽지만 2일은 미끼로 유효하게 쓸 수 있습니다. 그리고 충남 당진이나 서산까지만 가면 새우를 파는 낚시점이 많은 것으로 알고 있습니다.

Q 새우는 통새우 그대로 써야 잔챙이 성화를 피할 수 있다고 들었는데, 서찬수씨는 뿔을 잘라주면 더 좋다고 하셨더군요. 어느 말이 맞는지 헷갈립니다.

A 통새우가 잔챙이 성화를 피할 수 있다는 건 맞습니다. 저도 그런 곳에선 큰 새우를 그대로 씁니다. 그러나 잔챙이 성화가 없는 곳에선 통새우를 굳이 쓸 필요가 없다는 거지요. 그때는 붕어가 가장 먹기 좋은 새우를 달아서 빠른 입질을 유도하는 게 좋지 않겠습니까? 또 월척도 통새우를 한 번에 먹지 못하고 예신을 한참 보내다가 본격적으로 삼키는 경우가 많습니다. 그런 상황이라면 머리의 뿔을 잘라주면 예신이 짧아지고 바로 본신으로 이어집니다. 그러나 머리를 통째로 떼어내면 안 됩니다. 머리가 없는 새우에는 큰 붕어가 입질하지 않습니다.

Q 수중턱을 노리라고 하는데 어떤 곳을 말합니까?

A 간단히 말해 주변에서 가장 얕은 곳이 수중턱입니다. 찌를 여기저기 던져보아서 찌가 불쑥 솟아오르는 자리가 수중턱입니다. 그러나 대부분 깊은 곳에 찌를 세우는 것을 볼 수 있습니다. 그러지 마시고 가장 얕은 곳에 두고 기다리면 입질

도 잦고 씨알도 월등히 굵을 겁니다.

수중의 깊은 곳은 붕어동네에선 인적 드문 뒷골목과 같고, 얕은 곳은 왕래가 빈번한 사거리와 같습니다. 장사를 하려면 목이 좋은 곳에 전을 펴고 손님을 기다려야 하지 않겠습니까?

Q 갓낚시는 맨바닥을 선호한다지만 수초에서 벗어나면 붕어가 입질하지 않을 것 같아 불안합니다. 수초 없는 맹탕바닥에 던져둔 찌에는 입질이 없던데요?

A '수초 없는 곳에 붕어 없다' 는 말을 종종 듣는데 일종의 편견입니다. 수초 없는 맨바닥에서도 자신감을 갖고 낚시해보세요. 경험이 없으니 자연히 맨바닥에서 포인트 보는 눈이 없을 수밖에요. 자신이 없으니 점점 수초만 찾게 되고 맨바닥은 점점 피하게 되지요.

맹탕에도 수초가 있습니다. 무슨 말이냐면 수면이 아닌 물속에 '눈에 보이지 않는 수초' 가 있다는 것입니다. 즉 수초의 역할을 하는 작은 돌, 나뭇가지, 흙더미, 물골의 턱 등이 수초의 역할을 하며 그런 곳에서 붕어들이 휴식도 취하고 먹이도 찾고 알도 놓습니다.

그런 곳을 찾아서 미끼를 던져보세요. 눈에 보이는 수초 사이에 던진 것보다 더 잦은 입질을 받을 수 있다고 자신 있게 말할 수 있습니다.

Q 수초가 많은 곳에서는 어디를 노려야 하나요?

A 수초가 많은 저수지에 가시면 먼저 정수수초를 찾으세요. 말풀이나 마름 같은 침수수초보다 갈대나 뗏장수초, 부들 등 얕은 곳에 자라는 정수수초가 좋습니다. 정수수초가 자란 곳은 수심이 얕다는 증거이며 바닥이 단단하고 밝으며 살아 있다는 뜻입니다. 또 수초대 속에 돌이나 수몰나무가 있으면 더 좋은 포인트입니다.

한편 침수수초밖에 없으면 수초 가장자리를 노리세요. 아무리 수초가 밀생해 있어도 수초대와 땅 사이에는 찌 몇 개쯤 세울 수 있는 공간이 비워져 있습니다.

수심은 30cm면 충분합니다. 설령 수면이 수초로 덮여 있더라도 물가로 다가가서 받침대를 가지고 살짝 밀쳐 주면 멋진 공간이 만들어집니다. 말풀이 물가까지 덮여 있으면 붕어들은 가 쪽으로 더 경계심 없이 잘 나오는 성질이 있습니다.

Q 얕은 수심이라도 명당이 있을 텐데 그곳이 어딥니까?

A 당연히 명당이 있고말고요. 얕은 곳이라도 바닥이 깨끗한 곳, 물속에 작은 돌이나 나뭇가지가 있는 곳, 도로나 산자락을 끼면서 얕은 자리가 있는 곳, 물속에 굴곡이 있는 곳은 더 좋은 포인트라 생각합니다. 일단 물이 자주 흐르는 곳이 좋습니다. 그런 곳은 바닥의 퇴적물이 씻겨서 깨끗하고 새우 등 붕어의 먹이가 많습니다. 그래서 물이 흐르는 상류나 무넘기를 많이 찾고 중류나 하류라도 물이 내려오는 골을 선호합니다. 물이 자주 흐르는 곳은 경사 또한 완만해 더 좋습니다.

Q 기사에 보면 '80cm 수심'이 많이 언급되던데 왜 하필 80cm입니까?

A 80cm는 얕은 수심과 깊은 수심의 경계쯤 되는 수심입니다. 맑은 물이나 어두운 물이라도 이 수심에서 빛의 영향의 기준점이 되는 것 같습니다. 즉 맑은 물색이라도 80cm 수심이면 어느 정도 바닥이 어둡고, 어두운 물색이라도 80cm 수심이면 바닥이 그런대로 환하지요. 그래서인지 이 수심에서 흔히 말하는 대물의 출몰이 잦고 마릿수도 겸할 수 있는 것 같습니다.

Q 제방에서 갓낚시를 많이 하던데 특별한 이유라도 있습니까?

A 제방이 아니라 무넘기에서 자주 합니다. 제방의 중간부분에서는 큰 재미가 없습니다. 또 흙으로 된 제방은 갓낚시를 하기 좋지만 석축 제방은 돌 틈에 바늘이 자주 빠져서 짜증스럽습니다. 아마 제방에서 낚시하던 몇몇 사진이 색달라 보여서 님의 기억 속에 남아 있는가 봅니다. 저도 일반 대물낚시인과 마찬가지로 상

류에서 낚시하기를 가장 좋아합니다.

Q 깊은 곳에서부터 얕은 수심으로 훑어서 턱진 부분을 공략하라고 하셨는데 그렇게 해보니 바닥의 수초와 돌 등에 걸려서 어렵던데 쉬운 방법이 없는지요?

A 가장자리에 수초나 돌이 많아 바닥 걸림이 심하면 그런 걸림지대를 피해 약간 깊은 1m 수심에 찌를 맞추면 좋을 것 같습니다. 그리고 큰 수초대보다 작은 수초대에, 빽빽한 수초구멍보다 듬성한 수초구멍에서 큰 붕어의 입질 확률이 높고 마리수도 겸할 수 있습니다. 그 이유는 수초 밀생도가 적을수록 바닥이 좋고 물속 미생물이 많기 때문입니다. 또 수초와 연안 사이의 빈 공간을 멀리 떨어져서 공략하시면 좋은 조황이 보장됩니다. 저는 경북지방에서 그런 식의 낚시로 많은 재미를 보았고 영천의 몇몇 꾼들은 이 방법을 사용하고 있습니다.

Q 조우들과 출조하는데 갓낚시를 하려니 많은 신경이 쓰입니다. 한쪽에서 소란스럽게 해도 다른 한쪽은 정숙하다면 갓낚시가 가능한지요? 그렇다고 혼자 다닐 수도 없고… 조언을 부탁드립니다.

A 포인트 선정은 조우분들이 자리를 잡은 후 마지막으로 잡는 것이 좋습니다. 일단 가장 많이 걸어 들어가는 곳, 더 이상 진입이 불가능한 곳에 자리를 잡으면 조용히 갓낚시를 즐길 수 있습니다. 저도 일행이 많으면 그런 곳을 찾습니다.

Q 열심히 갓낚시를 배우는 초보입니다. 고기에게 인기척이 전해지기 때문에 물에서 멀리 떨어져 장대를 이용하라고 했는데 가령 물가에서 2칸 대 거리에 원하는 수중턱이 나왔을 때, 갓낚시는 몇 칸 대를 펴야 하는지요? 물가에서는 몇 m 이상 떨어져야 하는지요?

A 갓낚시란 무조건 뒤로 물러나 낚시하는 것이 아닙니다. 발밑이 포인트인 경우엔 물가에서 물러나는 게 좋지만 먼 거리에 포인트가 있으면 일반낚시와 같이 물

가에 앉습니다. 그런데 물가에서 2칸대 거리가 포인트라면 3칸반대로 노리고 그에 맞는 자리에 의자를 놓으면 좋겠군요. 저수지 규모가 작고 손을 타지 않은 곳일수록 물가에서 멀어지면 좋습니다.

채비가 궁금해요

Q 긴 대가 없으면 갓낚시는 힘든가요? 물가를 노리는데 꼭 긴 대가 필요합니까?

A 그렇진 않습니다. 가령 나무가 울창해 긴 대를 쓸 수 없는 곳에선 2칸 이하의 짧은 대로도 갓낚시를 합니다. 또 짧은 대로 편성해놓아도 의자를 뒤로 물려주면 인기척 전달을 줄일 수 있습니다. 그러나 그 경우 챔질하려고 낚싯대로 접근했다가 물러나기를 반복하는 과정의 발소리가 더 해로울 수 있으니까 긴 대를 쓰면 편리한 것입니다. 사실 갓낚시에 많이 쓰는 3.5칸 대가 요즘은 그다지 긴 대 축에 들지도 않습니다.

Q 서찬수씨는 낚싯대를 보통 몇 대나 폅니까?

A 제 경우엔 아주 특이한 자리가 아니고는 보편적으로 5~6대 정도 펼칩니다. 이 정도의 낚싯대면 좌우나 앞을 다 노릴 수 있습니다. 요즘 보면 10대 이상 너무 많은 낚싯대를 펴는 사람들이 있습니다. 그러면 붕어에게 경계심을 주게 됩니다.

낚싯대를 적게 편다고 적은 지점을 노리는 게 아닙니다. 갓낚시는 한 곳에 입질이 없으면 다른 곳으로 찌를 옮겨 봅니다. 그래서 4대를 가지고도 10군데의 지점을 찍어볼 수 있습니다. '이곳저곳 훑지 말고 낚싯대를 많이 펼치면 되질 않느냐' 고 묻습니다만 그물을 쳐놓으면 물고기가 접근하지 않듯이 많은 낚싯대 역시 물고기의 접근을 막습니다. 속담에 도망갈 곳을 주고 쫓아라는 말이 있듯이 붕어가 접근할 길을 열어두고 낚아야 합니다.

그리고 낚싯대를 많이 펴면 포인트 선택의 자신도 없어집니다. 이곳도 고기가 올 것 같고 저곳도 올 것 같아서 많이 펴는 것 아닙니까? 적게 펴는 버릇을 들이면 포인트 보는 눈이 빨리 숙련됩니다.

Q 서찬수씨는 어떤 낚시장비를 쓰는지 궁금합니다.

A 저는 여러 회사의 낚시장비를 쓰고 있습니다. 주로 필드테스트를 의뢰받은 제품이 많아 그것을 씁니다. 개인적으로는 낚싯대는 경질보다 중경질을 선호하는 편입니다. 긴 대를 즐겨 쓰니 무겁고 투박한 대는 불편해서입니다.

Q 받침대는 대충 꽂는데 그렇게 하는 이유라도 있습니까?

A 대충으로 보입니까? 제 딴에는 아주 신중하게 받침대를 꽂는데요? 받침대 꽂는 것이 갓낚시에선 아주 중요합니다. 대개 받침대부터 일정 간격으로 펼쳐 놓고 낚싯대를 하나하나 펴는 사람이 많은데 저는 반대입니다. 수심과 물속 지형을 파악한 후 몇 칸 대를 어디에 펼지 결정한 다음, 그 방향에 맞춰 받침대를 꽂습니다. 그래서 때로는 한쪽 방향에만 여러 받침대가 몰릴 수 있고 그것이 무질서하게 보이나봅니다.

또 받침대는 가급적 뒤꽂이보다 높여서 대 끝이 수면에서 많이 들리게 합니다. 그래야 붕어를 끌어낼 때 옆의 낚싯대를 휘감는 경우가 줄어듭니다. 또 낚싯줄이 물속으로 많이 가라앉지 않아서 얕은 수심에서도 줄이 바닥에 깔리는 걸 막을 수 있습니다. 줄이 바닥에 깔리면 접근하는 붕어가 그 줄을 건드릴 수 있고 그러면 바로 되돌아가버립니다. 낚싯대를 많이 펼치면 붕어가 줄을 건드릴 위험이 더 커지죠.

요즘은 저도 낚시터에 가면 알아보는 사람이 많아져서 남들 보기에 좋게 펴볼까 하는 생각도 더러 합니다만 일단은 겉보기보다 붕어를 낚는 것이 중요하지 않을까 해서 한 대 한 대 다 받침대의 방향과 높낮이를 달리 하고 있습니다.

Q **찌는 어떤 것을 쓰는 게 좋은가요?**

A 갓낚시뿐 아니라 대물낚시는 보통 얕은 곳을 노립니다. 깊어도 2m를 넘지 않습니다. 이런 곳에 적합한 찌는 짧으면서도 찌톱은 상대적으로 긴 찌가 아닐까 합니다. 저는 당연히 제가 직접 디자인한 'F303' 이란 찌를 권합니다. 이 책에도 사진이 나와 있는데, 부력 중심이 밑에 있어 얕은 수심에 세우기 좋습니다. 부력은 바다낚시용 고리봉돌을 기준으로 1호부터 2호까지 있는데 저는 1.5호 봉돌에 맞는 부력을 선호합니다.

Q **갓낚시는 찌불도 희미하게 하더군요. 저는 줄보기 케미를 사용하는데 갓낚시에선 쓰면 안 되겠군요? 줄보기가 없이 어떻게 밤낚시를 할지 벌써 걱정입니다. 좋은 방법이 없을까요?**

A 줄보기 케미가 없어도 큰 무리가 없을 겁니다. 생미끼낚시는 떡밥낚시와 달리 낚싯대를 들었다 놓았다 하는 횟수가 극히 적은데다 찌밑수심이 얕으니까 찌에 부착된 케미만으로도 줄을 잡는 데는 문제가 없을 것으로 압니다. 그래도 불편하면 유동식 채비를 하세요. 유동채비를 하면 봉돌과 찌의 거리를 최소화할 수 있으니 줄보기 케미가 필요 없습니다. 그리고 밤낚시를 할 때는 장비와 채비를 최대한 간단하게 꾸려서 랜턴을 켜지 않고 하는 습관을 들이시는 게 좋습니다.

Q **합사 대신 경심목줄을 쓰는 것으로 알고 있습니다. 그런데 좀 뻣뻣하지 않은가요? 아무래도 합사목줄에 비해 붕어가 흡입할 때 이물감을 주지 않겠습니까?**

A 토종붕어는 미끼를 먹을 때 이물감 따위는 느끼지 않는 것 같습니다. 그리고 붕어가 입질하면 곧 봉돌이 움직이는데 그런 봉돌의 무게가 이물감이 되지 목줄을 합사로 쓴다고 해서 이물감이 줄지는 않습니다.

아무튼 합사목줄은 봉돌에 엉킴이 잦아서 제 경우엔 떡밥낚시에서도 합사목줄을 쓰지 않습니다. 특히 합사는 장애물이나 수초에 잘 감깁니다. 챔질된 붕어가 수초를 휘감았을 때 합사목줄은 잘 풀리지 않지만 경심목줄은 쉽게 풀리는 등 장점이 많습니다.

Q 경심 목줄의 특성상 합사보다 수명이 짧아서 잘 끊어지지 않나요? 목줄은 얼마 만에 교체하는지… 케블라합사와의 비교분석도 부탁드립니다. 그리고 목줄 길이를 5~7cm로 쓴다고 하셨는데 보통 새우를 쓸 때는 9~10cm가 좋다고 하던데요.

A 경심 목줄의 수명은 어느 곳에서 낚시하느냐에 따라 다릅니다. 바닥이 험한 곳(돌, 나무)에서는 수명이 짧으니 세 번 출조에 갈아주시고(상처가 있으면 바로 교체), 바닥이 깨끗한 곳 (뻘, 마사, 황토)에서는 바늘이 먼저 무뎌지니까 바늘의 수명까지 사용할 수 있습니다. 목줄 길이는 10cm로 길게 써도 좋습니다. 다만 장애물이 있을 땐 목줄이 너무 길면 밑걸림이 잦습니다(여기서 '목줄 길이'는 바늘을 뺀 길이다).

케블라합사도 일반 합사와 마찬가지로 채비가 안착될 때 엉킴이 발생하고 합사가 포개져서 경심보다 입질이 늦습니다. 봉돌이 무거울수록 목줄 엉킴이 잦으니 경심이 유리합니다. 챔질시 훅킹도 잘 됩니다.

Q 3호 카본줄로 바늘을 묶었는데요. 줄이 굵어서 그런지 직선으로 안 서고 곡선이 되는데요. 문제없습니까? 제가 잘못 묶어서 그런 건가요?

A 줄이 둥근 타래에 감겨있기 때문에 금방 바늘에 묶으면 동그란 모양이 나옵니다. 그러나 물속에 들어가면 이내 펴지니까 문제없습니다. 그리고 묶은 바늘을 바늘채비집에 걸어놓으면 이내 곧게 펴집니다.

Q 감성돔7호 바늘을 쓴다고 들었는데, 더 작은 바늘을 쓰면 더 잘 낚이지 않습니까?

A 생미끼 낚시에서는 큰 바늘이 작은 바늘보다 챔질이 잘 됩니다. 또 걸린 고기를 놓칠 위험도 적습니다. 큰 바늘을 쓰면 작은 붕어는 낚이지 않는 게 아니냐 걱

정하는 분들이 있는데 이렇게 생각해보시죠. 애나 어른이나 숟가락의 크기는 똑같지 않습니까? 갓난아이라면 몰라도 아이들의 입이 작다고 티스푼으로 밥을 먹지는 않습니다. 마찬가지로 작은 붕어도 입을 벌리면 감성돔7호 바늘을 충분히 삼킵니다. 물론 떡밥낚시를 할 때는 감성돔 2호 이하의 작은 바늘을 써야 하지만, 새우 외에도 지렁이, 참붕어 등 생미끼를 쓸 때는 감성돔7호 바늘이 전혀 크지 않습니다.

Q 감성돔7호 바늘을 구할 수가 없습니다. 낚시점에선 그런 바늘은 없다던데요?

A 지금은 7호 바늘 구하기가 조금 힘듭니다. 예전에는 바다낚시에서 맥낚시를 할 때 참갯지렁이용 바늘로 많이 팔았지만 지금은 바다낚시도 작은 바늘로 찌낚시를 하므로 낚시점에 있을 리 없습니다. 저는 낚싯바늘 제조업체에 직접 주문해서 한 번에 많이 사다놓고 쓰고 있습니다. 7호 바늘이 없으면 감성돔6호 바늘을 써도 괜찮습니다. 저도 아주 작은 새우밖에 구하지 못한 날에는 감성돔 6호나 5호를 사용합니다. 그리고 참붕어를 쓸 때나 옥수수를 쓸 땐 감성돔 3~4호도 간혹 씁니다.

그처럼 바늘의 크기는 붕어의 씨알이나 활성도에 따라 바꾸는 게 아니라 미끼의 종류와 씨알에 맞춰 바꿉니다.

Q 감성돔7호 바늘을 구하지 못해 그와 크기가 비슷한 벵에돔바늘과 돌돔바늘을 쓰고 있습니다. 벵에돔바늘 14호쯤 하면 될 것 같아서 낚시점에 주문해서 샀습니다. 이런 바늘을 써도 괜찮은지요? 감성돔바늘은 잘 펴져서 대물용이 아니라는 사람도 있더군요.

A 돌돔바늘과 벵에돔바늘은 감성돔바늘보다 무겁고 두껍습니다. 그래서 새우를 뀁 때 새우가 잘 뭉개지고 잘 빠집니다. 그리고 붕어가 들어 올릴 때 약간 무거운지 찌올림이 깨끗하지 못합니다. 강도야 최고지만 붕어에겐 무리가 있는 바늘입니다. 감성돔바늘이 잘 펴진다는 건 작은 바늘의 경우지 7호는 그렇지 않습니다.

그리고 바늘은 큰 장애물에 걸리면 좀 펴지는 것도 좋아요. 그래야 채비 손상이 덜하죠. 아무리 무른 바늘도 붕어 입에 꽂히면 여간해선 펴지지 않습니다. 반대로 강한 바늘도 붕어 주둥이에 설 걸리면 휘어지거나 부러지죠. 그래서 강한 바늘보다 예리해서 깊이 박히는 바늘이 덜 부러집니다.

찌맞춤과 어신 파악이 궁금해요

Q 찌맞춤을 일부러 하지 않는다 들었는데 찌맞춤은 일단 예민하면 좋은 것 아닙니까? 찌가 예민하면 충분히 기다렸다 채면 되는 것 아닌가요?

A 갓낚시를 해보면 알겠지만 물가에서 나타나는 붕어 입질은 난폭하고 시원스럽습니다. 물가에 접근한 붕어들은 사냥욕구에 가득 찬 놈들이라 4치, 5치도 새우에 달려들어 먹으려고 듭니다. 그런 판국에 여러 개의 찌를 예민하게 맞춰두면 널뛰듯 오르내리는 찌를 보느라 눈이 아플 지경이 될 겁니다. 일반낚시의 입질을 연상하시면 안 됩니다.

그리고 챔질타이밍을 잡기 쉬워서만 찌맞춤을 일부러 둔하게 하는 것이 아닙니다. 봉돌의 비중이 가벼우면 잔 붕어들이 봉돌을 끌고 자꾸 장애물 속으로 들어가기 때문에 그런 것을 막기 위해서도 약간 무거운 봉돌이 좋습니다.

Q 찌를 맞출때 '가볍게' '무겁게'들 말하시는데요. 저는 수조에서 찌고무가 수면에 나오게, 안 나오게 등으로 맞추거든요. 그런데 이 사이트에 들어와서 보니까 '서서히 가라앉게' '조금 빨리 가라앉게' 등으로 말씀하시는데 좀 혼란합니다. 또 떡밥낚시용 찌맞춤과 새우, 지렁이낚시용 찌맞춤을 할 때는 각각 어떤 방식으로 해야 하는지요.

A 제가 하는 찌맞춤은 찌 밑에 봉돌만 달고 수조에 넣어서 측정합니다. 미끼별로 보면,

새우, 지렁이, 번데기 ------천천히 가라앉게

떡밥, 옥수수, 콩 ----------가라앉았다가 천천히 떠올라 수면에 일치하게 맞춥니다. 너무 예민하게 맞추시면 토종붕어 입질에 헛챔질이 많아요.

Q 수조에서 한 찌맞춤은 실제 현장에선 둔한 찌맞춤이라고 해서 혼란합니다.

A 앞서 말했듯이 새우미끼를 쓸 때는 찌맞춤이 둔해도 붕어가 찌를 끝까지 밀어 올리니까 걱정하지 마세요. 그리고 갓낚시가 아니라 일반 떡밥낚시를 할 때도 저는 그렇게 예민하게 맞춰 쓰지 않습니다. 그냥 수조에서 찌 밑에 봉돌만 달았을 때 천천히 내려갔다 천천히 올라와 수면에 일치하는 정도면 충분히 예민합니다. 한편 새우낚시를 할 때는 천천히 내려갔다 그냥 바닥에 닿아 있는 상태로 맞춰 씁니다.

그런 상태로 낚시터 현장에 가져가면 낚싯줄, 바늘, 케미라이트, 미끼, 수압 등이 무게로 추가되어 약간 둔한 찌맞춤이 되는 것은 사실이지만, 토종붕어는 5치만 넘으면 충분히 찌를 밀어 올려 주니까 걱정할 필요 없습니다. 그러나 유료낚시터의 붕어, 떡붕어와 희나리는 아주 예민한 찌맞춤이 필요하기는 합니다만, 자연 저수지의 토종붕어에겐 오히려 지나치게 예민한 찌맞춤은 불편합니다.

Q 떡밥낚시만 하다가 새우를 써보았는데 자꾸 헛챔질을 합니다.

A 새우미끼를 썼는데도 헛챔질을 한다면 봉돌이 너무 가벼운 것이 원인일 수 있습니다. 중부지방의 낚시인들은 채비를 예민하게 맞추는 버릇이 있는데 새우낚시를 할 때는 헛챔질의 원인이 됩니다. 새우낚시는 예민성을 강조하면 득보다 실이 많습니다. 큰 붕어를 잡으려면 채비도 좀 무던하게 쓸 필요가 있습니다.

만약 지금 채비 그대로 계속 낚시한다면 찌가 완전히 솟아서 수면에 드러눕거나 물속으로 완전히 끌려들 때까지 기다렸다 채면 걸릴 겁니다. 그리고 바늘이 너무 작지는 않습니까? 바늘이 새우 표피를 뚫고 나올 만큼 크지 않으면 헛챔질이 잦습니다.

Q 찌톱을 수면에서 많이 띄우시던데 그러면 입질을 판별하기 나쁘지 않나요?

A 갓낚시는 물가의 경사면에 찌를 세우는 경우가 많은데 경사면에선 조금만 찌가 움직여도 두세 마디 이상 높이가 달라지므로 일반낚시처럼 찌 높이를 균일하게 맞추기 어렵습니다. 또 초저녁 입질은 얕은 곳에서 잦다보니 찌를 자꾸 물가로 당기게 되어 찌톱이 수면에서 많이 올라옵니다. 이때 붕어가 입질하면 찌가 기우뚱거리기 때문에 오히려 수직으로 솟는 찌올림보다 판별하기에 더 좋습니다. 그리고 예신 단계에서 찌가 오르락내리락하기 때문에 그때 이미 시선이 갑니다.

또 찌불을 높이 띄우면 얕은 수심에서 물속에 빛이 조금이라도 덜 들어가서 입질이 잦습니다. 작은 케미의 빛이 무슨 영향이 있겠는가 싶겠지만 실제로 낚시해보면 그 차이가 아주 큽니다. 물이 맑은 곳에선 입질을 받고 못 받는 차이가 날 수도 있습니다.

Q 붕어낚시의 묘미는 찌올림이라고 하는데요. 통상 갓낚시에서는 찌톱을 많이 내놓아야 좋다고 해서 따라 해봤는데 솟는 입질보다 들어가는 입질이 많아 입질 파악하기가 힘들고 눈이 피곤하더군요. 수심이 어느 정도면 일반낚시처럼 찌를 잠수시켜 놓고 낚시가 가능할까요?

A 처음엔 찌를 많이 띄워두면 낯설고 불안할 것입니다. 수심은 80cm 이상이면 케미라이트를 수면에 맞춰도 괜찮습니다. 다만 케미를 물속에 잠수시키는 건 만류하고 싶군요. 얕은 수심에서도 찌를 수면에 맞추고 싶으시면 케미에 검은 칠을 해서 빛을 줄여주면 좋습니다.

Q 케미를 수면에서 10cm 이상 내놓고 쓰라고 하셨는데 다대편성할 때 찌톱을 많이 올리니 시각적 혼란이 오더군요. 깜빡 졸다가 눈을 뜨면 왠지 찌가 올라오는 느낌도 들구요.

"새우미끼엔 입질이 뜸하다고 해서 일곱 대나 펼쳤다가 바빠서 혼났다"는 울산 낚시인 정대규씨. 초저녁부터 쏟아지는 입질에 크게 놀랐다는군요. 경남 함안군 함안면 대미골소류지.

A 얕은 수심이나 맑은 물색일 경우 케미 빛이 큰 영향을 미칩니다. 저는 맑은 물일 경우 유성매직 칠까지 하지요. 그동안 여러 차례 경험으로 찌톱을 많이 올려놓으면 조황이 월등히 좋았습니다. 보기보다 입질의 차이가 많이 납니다. 처음엔 조금 불편하고 착시 현상이 일어나고 주위가 산만해도 한두 번 해보면 익숙해집니다. 찌톱을 많이 올릴수록 입질이 시원한 것이 많고 찌를 조금 올린 후 옆으로 가져가는 입질이 많아요. 천천히 챔질해도 됩니다. 1m 이상 수심일 경우는 일반 새우낚시와 같이 찌톱을 수면에 일치시켜도 됩니다.

그리고 찌와 찌 간격도 중요합니다. 맨바닥일 경우 1m 이상이 좋아요. 가까운 곳에 2개의 찌를 세우는 것보다 1개의 찌를 세우는 것이 입질을 많이 받아요. 혹시 한 낚싯대에 입질이 자주 와서 다른 낚싯대까지 그쪽으로 붙이면 입질이 끊어지는 경험을 한 적 없는지요. 새우낚시는 다대편성이 불가피하지만 최대한 적게 펴는 것이 유리할 때가 많아요. 찌가 모일수록 고기는 멀어집니다. 특히 얕은 곳, 수초가 없는 곳에선 더 심합니다. 꾼들은 흔히 말하지요. 마음을 비운다고. 그러면서 많은 낚싯대를 펼치는 것은 지나친 욕심입니다. 정말 마음을 비워보세요.

그리고 낚시할 경우 입질이 오는 대에서만 입질하는 경우가 많아요. 그럼에도 불구하고 현재 펼친 낚싯대도 많은데 더 펼치는 경우도 많이 봤습니다. 결론은 바쁘기만 하고 수확은 저조합니다. 찌톱에서 이야기가 이상한 방향으로 갔습니다.

Q 찌를 상당히 올려놓으시던데, 입질이 오면 주로 어떤 형태로 옵니까? 물고 들어가나요, 아님 밀어 올려주나요? 밀어 올리는 입질은 잘 파악되지 않더군요. 찌 끝을 보려니 눈도 아프고, 바람도 타고… 요긴한 테크닉 좀 알려 주십시요.

A 바닥지형에 따라 조금 차이가 나지만 입질이 오면 찌를 올려준 후에 옆으로 또는 대각선 아래로 가져갑니다. 올려줄 때 챔질해도 되지만 옆으로 끌고 갈 때 채면 더 확실하지요. 그리고 찌를 너무 뚫어져라 보지 마십시오. 붕어가 겁나서 입질하지 않습니다. ㅎㅎ 농담이구요. 그냥 어렴풋이 찌를 바라보는 게 사실은 입질을 파악하기 더 좋습니다. 떡밥낚시가 아닌 한 찌올림을 보지 못해 놓치는 경우란 거의 없습니다.

낚시터가 궁금해요

Q 봄, 여름, 가을, 겨울에는 각각 어떤 저수지를 찾아야 합니까?

A 봄과 겨울(동절기)엔 수온이 높고 햇빛을 많이 받는 저수지가 좋고, 여름과 가을(하절기)엔 수온이 낮고 햇빛을 적게 받는 저수지가 좋습니다. 제 경우 동절기에는 활엽수가 많은 저수지를, 하절기에는 침엽수가 많은 저수지를 찾습니다. 포인트를 정할 때도 동절기엔 해가 떠서 지기 전까지 햇빛을 가장 많이 받는 연안을 고르고, 하절기엔 해 그림자가 빨리 지는 연안을 고릅니다. 특히 한여름에는 나무그늘이 있는 곳에서 낚시가 잘 됩니다. 주변에 나무가 없거나 적으면 입질을 못 받는 경우가 많습니다.

Q 갓낚시는 계절적으로 언제부터 시작하며, 언제까지 가능한지요? 늦가을에 수초대와 맹탕지역이 있다면 어느 곳을 선택하는 것이 좋을까요? 저는 수초지대를 선호합니다. 또 새우가 전혀 서식하지 않고, 블루길과 배스가 서식하는 저수지에서 식물성 미끼로도(삶은 콩, 옥수수) 갓낚시가 유망한지요?

A 갓낚시는 3월초~12월말까지 합니다. 겨울에는 낮낚시를 하는데 낮에도 가급적 가 쪽으로 붙이면 붕어가 잘 낚입니다. 수초대가 좋으냐 맨바닥이 좋으냐는 물색에 따라 달라집니다. 물색이 맑으면 수초지역이 좋고 그렇지 않으면 맨바닥의 턱이 유리하며 씨알 또한 좋습니다. 그리고 식물성 미끼로도 갓낚시가 가능합니다. 이곳 경남에도 배스나 블루길이 많습니다. 제 경우엔 콩이나 옥수수보다 떡밥을 단단하게 뭉쳐서 씁니다. 참고로 가을철엔 수초가 많은 저수지라면 맑은 물이 좋아요. 봄철과 반대입니다.

Q 물색이 흐린 곳이 좋다고 강조하시던데, 물 맑은 저수지는 갓낚시가 안됩니까?

A 잘 됩니다. 경남의 저수지는 90%가 계곡지이며 그 중 50%가 아주 맑은 물색을

가지고 있습니다. 저는 그런 곳에서 갓낚시를 많이 합니다. 맑은 물을 자주 접하기 때문에 달빛과 케미 불빛을 큰 낚시변수로 생각합니다. 맑은 물일수록 시기를 맞추는 게 중요하며, 시기만 잘 맞추면 갓낚시의 위력은 대단합니다. 그리고 당연한 말이지만 평소에 물이 맑은 저수지는 물이 흐려졌을 때 대호황을 보입니다.

Q 2년 전 물을 뺀 소류지가 있는데 올해 새우로 세 번 도전했습니다(새벽에 한 번, 저녁부터 22시까지 두 번). 제방과 우안에 뗏장이 조금 있을 뿐이고 형태는 계곡형에 가깝습니다. 처음 도전은 제방에서 뗏장 언저리(수심1~1.2m), 두 번째는 상류 중앙 콧부리에서 좌우로(수심 1m 전후), 세 번째는 좌안 급경사에서 가장자리 및 중앙에 얕은 수중언덕 공략(가 쪽은 70cm, 수중언덕은 60cm). 이제 우안 뗏장과 좌안 최상류 물 유입구만 남았는데, 문제는 새우에는 전혀 입질하지 않는다는 겁니다. 중태기(버들치)도 서식하며 떡밥으로 낮낚시에 4치에서 8치까지 마릿수도 보았고 지렁이를 넣으면 완전히 잔챙이가 가지고 놉니다. 이거 우째야 됩니까? 한 번 더 도전해봐야 하는 건지? 포기해야 하는 건지? 고민됩니다.

A 좌안 중앙부 60cm 수중턱과 물이 흘러드는 최상류가 좋아보입니다. 설명을 봐서는 새우에 월척이 낚일 만한 곳입니다. 새우가 잘 먹히는 곳 같아요. 그리고 밤보다 낮에 새우나 참붕어로 공략해보세요. 밤낚시는 좀 기다렸다가 여름이나 가을에 다시 도전해보세요.

Q 여기는 대전입니다. 저는 항상 10대 정도 펴고 두 대는 긴 대로 가 쪽으로 폈습니다. 그러면 초저녁부터 입질을 받을 때도 있었고, 없을 때도 있었습니다. 그래서 갓낚시를 조금은 이해합니다. 이곳은 낚시인이 굉장히 많습니다. 어디에 월척이 나왔다 하면 주말에 인산인해입니다. 저는 직장인이라 주말밖에 시간이 안 납니다. 갓낚시 글을 읽고 머리에 떠오른 저수지가 엄청난 계곡지입니다. 제방부터 전부 생자리입니다. 양쪽은 산이고 나무가 우거져 낚시할 자리는 몇 군데 없습니다. 최상류는 진입이 불가능합니다. 수심은 최하 3칸 대 이상을 펴야 본바닥에 닿을 정도입니다. 아무리 찾아도 직벽 밖에 없는데, 비탈에 찌를 붙여 70~80cm 수심을 노리면 되는지요?

A 지금 생각하신 낚시방법이 적절한 것 같군요. 수심이 깊을수록 고기들은 가로 더 잘 붙습니다. 믿음이 제일 중요합니다. 그런데 경사가 아주 급하다면 1~1.5m 수심까지 약간 깊이 노려보도록 하십시오. 1m 안팎 수심에 수중턱이 있는 직벽을 찾으면 아주 좋습니다. 전체가 급경사인 곳에선 봉돌을 무겁게 사용하시는 것이 좋습니다.

Q 옥수수가 잘 먹히는 소류지가 있는데요. 새우는 살지 않습니다. 그런 저수지에도 갓낚시가 가능할까요? 새우가 살면 새우의 이동경로(초저녁 물가)로 갓낚시가 될 것 같은데, 새우가 없으니 대물붕어가 물가로 다닐까 궁금합니다. 수초는 별로 없고 수심이 2~3m 정도 나옵니다. 물가라고 해도 수심이 1m는 넘습니다.

A 새우가 없어도 참붕어나 민물망둑 같은 작은 물고기가 물가에 있으므로 붕어들은 가에서 먹이를 사냥합니다. 옥수수가 잘 먹혀도 새우를 쓰면 더 굵은 붕어가 낚일 것으로 봅니다. 전체적으로 직벽이 형성되어 가장자리마저 깊은 곳은 1.5m 수심에 찌를 세워도 무방합니다. 단 직벽이 끝나고(상하 방향) 저수지 본바닥이 시작되는 그 지점에 찌를 세우면 좋을 것 같네요. 그런데, 아무리 그런 곳이라 해도 직벽이 끝나면서 얕은 완경사가 시작되는 지역이 한곳은 존재할 듯 한데요. 상류마저 깊어도 무넘기는 아마 얕을 겁니다. 그저 제 생각일 뿐입니다.

Q 제가 아는 저수지인데 수중턱은 존재하지만 수초는 물론 물속에 장애물 하나 없는 곳이 있습니다. 이런 곳에서도 갓낚시가 가능한지 궁금합니다. 제방은 바위로 쌓아 올린 제방이구요. 제방 쪽 공략이 좋을까요?

A 그 저수지에 붕어만 있다면야 어디서건 먹이 사냥을 하지 않겠습니까? 철저한 맹탕에서 오히려 갓낚시가 잘 됩니다. 수중턱 위를 노리거나 아니면 완전히 가장자리에 찌를 세워보세요. 제방 쪽에선 무넘기가 좋습니다.

맨바닥의 포인트 고르는 법-얕고 깨끗한 바닥, 전체적으로 깊은 곳에서 가장자리(깊은 곳의 가장자리는 깊어도 무관함), 얕은 바닥이 길게 이어진 곳(긴 대가 유리), 얕은 곳과 깊은 곳의 차이가 많은 곳(물속의 턱), 물속의 굴곡이 많은 곳(불룩한 곳에 찌 세움), 제방 옆의 무넘기, 홈통에서 맞은편 가장자리 노리기 등입니다.

Q 떡밥과 지렁이만 쓰다가 갓낚시 기사를 보고 새우를 써보기 시작했습니다. 근데 새우를 어느 정도 돼서 갈아줘야 하나요? 시간이 지나면 새우가 하얀색으로 바뀌던데 그때는 새우를 갈아줘야 하나요? 또 하나 댐낚시에서 수위 변동이 심하고 수상스키 타는 사람이 많아서 물결이 좀 심한데 갓낚시가 가능할까요? 그리고 경사가 완만해 턱이 없어요. 20m쯤 나가도 수심이 1.5m밖에 안 됩니다. 또 저는 댐 좌대낚시를 즐기는데 좌대에서도 갓낚시가 가능할까요?

A 갓낚시는 꼭 새우만 쓰는 게 아니라 떡밥이 잘 먹히면 떡밥으로 하셔도 됩니다. 새우는 입질이 전혀 없어도 한 시간에 한 번 정도 갈아주시는 게 좋구요. 새우가 하얗게 변하는 건 죽어서 변색되는 것인데 죽은 새우에 입질이 더 잘 오니까 하얗게 되었다고 갈아주면 안 됩니다. 댐은 수위변동이 심해도 얕은 수초대나 장애물 주변을 노려 낚시하시면 됩니다. 수중턱이 없으면 최대한 가장자리에 찌를 붙이면 됩니다. 좌대에서는 깊은 쪽보다 얕은 쪽, 육지 쪽을 보고 낚시해보면 좋아요. 좌대 밑도 붕어들의 은신처입니다.

Q 갓낚시 테스트를 하러 동일 저수지로 2회 출동했습니다. 8/3일(음력 10일) 밤이슬 엄청내림=조과는 7치 3수, 8/5일(음력 12일) 밤이슬 없음=조과는 7~8치 6수. 두 번째 출조가 달이 밝아서 조과가 떨어질 것이라 생각했는데, 반대현상이 생겼습니다. 밤이슬과 관계가 있는지요?

A 공기 중에는 수증기가 있는데 낮밤의 온도 차이가 많이 날수록 많은 이슬이 되어 내리는 것으로 알고 있습니다. 바람이 불거나 온도 차가 적으면 이슬의 양도 적습니다. 저는 이슬이 많이 내리는 날 조과가 좋았는데 님의 경험과는 반대이군요. 달이 밝아도 조과가 좋았다는 것은 그 저수지가 달빛의 영향을 적게 받

는 곳이 아닌가 합니다. 가령 주위에 가로등이 있다든지 물색이 흐리다든지…. 솔직히 두 번의 출조만 가지고는 판단하기 힘든 것 같습니다.

Q 6년 전에 잉어를 키웠던 저수지가 있는데 물을 다 빼고 잉어를 잡아낸 곳입니다. 낚시하는 사람은 없습니다. 갓낚시를 해봤는데 오후 5시30분경 7치 붕어가 한 마리 잡히고 그 다음 계속 버들치와 피라미가 찌를 가만 두지 않았습니다. 80cm 수심에서 2.3m로 수심층을 옮겨서 낚시했더니 잡어들의 공격이 조금 줄어들었습니다. 밤 10시쯤 8치를 추가하고 철수했습니다. 버들치나 피라미 퇴치법 좀 가르쳐주세요. 메주콩을 쓰면 좀 나은지요. 그리고 이런 곳에서 떡밥낚시는 어떤지도 궁금합니다.

A 크게 매력적인 저수지는 아니군요. 꼭 출조해야 한다면 비가 와 흙물이 질 경우나 해가 진 후부터 낚시를 시작하면 버들치 입질을 조금 피할 수 있습니다. 또 생미끼보다 떡밥을 아주 단단하게 사용하면 버들치 성화가 줄어듭니다. 그리고 필히 낚싯대를 적게 펴고 낚시하시고, 모든 입질에 챔질하지 말고 버들치 입질이 아니라고 판단될 때만 챔질하세요. 그런 곳에선 옥수수도 버들치 입질을 피할 수 없고, 콩은 먹히지 않는 바닥여건의 저수지입니다. 콩은 마사토질에선 잘 먹히지 않고 또 콩을 자주 사용하는 저수지라야 붕어들이 먹습니다.

Q 여기는 소류지 천국 경북 영천입니다. 평지형 소류지가 있는데 둑방 쪽은 수심이 1.8m 정도이고 말풀이 많아 채비를 내릴 수 없구요. 무넘기는 안쪽으로 2m까지 수심이 50~70cm 정도. 무넘기 반대쪽 둑방에는 부들이 있구요. 수심은 80~100cm 정도. 중앙부는 갈대가 너무 많아서 섬을 이루고 있고, 갈대 사이로 버드나무가 자라요. 상류는 부들이 자라 있습니다. 수심은 70~80cm 정도. 부들은 듬성듬성 있습니다. 최상류 물 내려오는 곳은 마사토구요. 수심이 50~70cm입니다. 40년간 마르지 않아 대물이 많다는군요. 무넘기에서 새벽에 40cm 수심에서 36 붕어 잡는 것 목격했구요. 저는 상류가 좋아 보이는데, 갓낚시로 하면 어디가 좋은 포인트일까요?

A 사진을 보내주심 좋을 텐데… 제 생각에는 최상류 마사토가 A급 포인트 같군

요. 수심도 좋고 바닥이 정말 좋은 것 같군요. 물이 마르지 않는 곳일수록 얕은 곳, 즉 햇볕이 잘 드는 곳에만 바닥이 살아 있어 미생물이 많습니다. 제 생각에 꾼들이 그동안 부들이나 갈대를 노렸을 테고 물 내려오는 것은 생자리일 가능성이 큽니다. 달이 없는 밤을 택해 낚시해보시되, 무조건 낚싯대를 적게 펴십시오. 정말 중요합니다. 얕은 마사토 바닥은 낚싯대를 많이 펴면 그물 같은 낚싯줄 효과가 나타나 입질을 받을 수 없습니다. 둘째는 무넘기가 좋은 것 같군요.

Q 여기는 경주인데 맹탕에서 갓낚시를 가끔 해보았는데요. 조과는 아주 좋더군요. 회사 동료의 어른 댁에 놀러 갔다가 소류지를 하나 발견했습니다. 못 전체가 급심이고 상류에는 수몰나무가 약간 있고, 수초는 하나도 없고요. 또 그 위에 비슷한 크기의 못이 또 하나 있는데 상류에는 부들이 병풍처럼 있고 중하류는 수심이 깊어요. 두 곳 중 어느 곳에서 낚시를 해볼까요?

A 두 곳 다 낚시를 해볼 만합니다. 먼저 아래 못은 전체가 깊어도 얕은 곳은 무조건 있습니다. 예로 전체적으로 5m 수심이고 얕은 곳이 2m이면 그곳이 포인트가 됩니다. 갓낚시라고 무조건 1m 미만이 아니고 그 저수지에서 가장 얕은 곳을 찾으면 됩니다. 그리고 위 못은 부들밭 주변이 좋을 것 같군요. 부들이 없어도 1m 수심대가 넓게 형성된 곳이라면 좋은 포인트가 될 것 같군요.

Q 제가 자주 다니는 저수지에는 붕어는 많은데 갈겨니, 블루길 등 잡어가 너무 많아요. 퇴치방법이 없을까요?

A 무서운 녀석들이죠. 그러나 어찌 보면 고맙기도 한 녀석들입니다. 그런 잡어들이 있어 낚시인의 마수(?)로부터 붕어 자원이 남아 있지 않나 생각도 드니까요. 그런 곳에선 낚싯대를 많이 펼 욕심만 버리면 어느 곳보다 좋은 낚시터가 될 수 있습니다. 즉 한 대나 두 대만 펼쳐서 계속 잡어들을 낚다보면 어느 순간 붕어가 입질할 때가 있습니다. 그때 얼른 한두 대 더 펼쳐서 낚시하면 아주 흡족한 손맛을 볼 수 있습니다.

현재 우리나라의 대물낚시를 보면 '낚싯대를 많이 펴야 대물꾼'이라는 인식을 하는 것 같습니다. 그러나 잡어가 많은 곳에서 많은 대를 펼치면 챔질하고 미끼 갈아주다가 지쳐 쓰러집니다. 잡어가 많으면 간단하게 낚싯대를 줄여주면 됩니다. '노느니 염불한다'는 말이 있지요. 그런 여유를 가지고 낚시하다보면 필히 붕어를 만날 수 있고 그 와중에 대물도 만납니다.

잡어의 입질이 너무 집중되면 조금 쉬었다 하면 잡어 입질이 덜합니다. 또 잡어가 많으면 채비는 가벼울수록 좋습니다. 빠른 속도로 내려가는 미끼가 잡어의 식욕을 더욱 돋우는 현상을 유발합니다. 보통 잡어가 많으면 미끼를 빨리 내리라고 하는데 제 경험으로는 그렇지 않습니다.

한편 배스가 많은 곳에선 채비를 자주 던져 주십시오. 그러면 처음에는 배스의 입질을 연타로 받을 것입니다. 그러다 어느 순간부터 배스는 꾼이 던지는 미끼에 반응을 하지 않습니다. 배스는 영리한 놈 같아요. 저것은 먹으면 안 된다는 것을 빨리 깨닫는 듯합니다. 또 같은 미끼에는 금방 싫증을 내는 고기입니다. 그래서 배스꾼들도 입질이 뜸해지면 자꾸 다른 루어로 교체한다지 않습니까?

Q 유료낚시터라도 토종붕어가 방류된 곳이면 갓낚시가 됩니까?

A 네, 가능합니다. 제 경우에도 연 2~3회 유료터를 가봅니다. 유료터에 가면 연안의 각진 모서리 부분에서, 주위에 사람이 없을 경우에 갓낚시가 잘 됩니다. 수심이 경사가 지면 더욱 좋습니다. 새우를 써도 되지만 떡밥을 약간 단단하게 뭉쳐서 가 쪽에 붙여주면 낚시터 주인에게 제재를 받을 만큼 많이 낚을 수 있습니다. 그런데 붕어 외에 잉어나 향어가 방류된 곳이라면 갓낚시에는 잉어나 향어가 먼저 달려드니까 붕어만 낚고 싶다면 약간 깊은 수심을 노리는 게 좋습니다.

※질문 중 일부는 서찬수씨의 홈페이지에서 발췌했습니다. 서찬수씨의 홈페이지 주소는 www.f303.co.kr

낚·시·춘·추 실전 낚시④

월척 쉽게 낚는 책

3쇄 인쇄 2009년 11월 10일 | **3쇄 발행** 2009년 11월 15일

저자 허만갑 | **발행인** 김국률

디자인 이상준 김광규 이근우 김현숙

발행처 예조원 **출판등록** 제2009-000143호

주소 412-762 경기도 고양시 덕양구 토당동 53-44, 24/3

전화 031-816-5625, 02-2272-7272 | **FAX** 031-979-7878

ISBN 978-89-94129-06-8 03690 | **값** 13,000원